Bravo Britain!

ein unpopulärer Flirt

Susanne Tansley

© 2018 Susanne Tansley

Künstlerische Gestaltung: Eva Fox
Foto von Emily Wilkinson von Pexels
Lektorat, Korrektorat: Brigitte Janoschka
Verlag und Druck: CreateSpace, Amazon
Susanne Tansley, Langenfeldstrasse 2, 83457 Bayerisch Gmain
tansleysusi@gmail.com
ISBN Taschenbuch: ISBN-13: 978-1720883791

Das Werk, einschließlich seiner Teile, ist urheberrechtlich geschützt. Jede Verwertung ist ohne Zustimmung des Autors unzulässig. Dies gilt insbesondere für die elektronische oder sonstige Vervielfältigung, Übersetzung, Verbreitung und öffentliche Zugänglichmachung.

Bibliografische Information der Deutschen Nationalbibliothek: Die Deutsche Nationalbibliothek verzeichnet diese Publikation in der Deutschen Nationalbibliografie; detaillierte bibliografische Daten sind im Internet über http://dnb.d-nb.de abrufbar.

WIDMUNG

für meine Eltern

DANK

Dem Lieblingsengländer, der dieses Buch begleitet hat,
den jüngeren Tansleys für Ermutigung, Korrektur und Lay-out,
der Lektorin, Frau Brigitte Janoschka,
der künstlerischen Leitung und Inspiration, Frau Eva Fox.

Inhalt

	Seite
Vorwort	
Kapitel	
1 „Bravo Britain"- Motivsuche	009
2 Pimm's – der britische Sommer kann kommen	017
3 A Cup of Tea – erste Hilfe auf Britisch	023
4 Über manche Dinge spricht man nicht - die feine englische Art	033
5 Stiff Upper Lip – eine Ode an die Oberlippe	043
6 Understatement – *"a way of life"*	051
7 Happy Hour – die Hüllen fallen	059
8 Deadpan Humour – ein Einstieg in den englischen	065

Humor

9 The Dinner Party – der Engländer *"at home"*	074
10 Remembrance Sunday – der feierlichste Tag des Jahres	088
11 Schule – nicht immer umsonst?	096
12 Kreatives Schreiben – eine Schulstunde	119
13 A Festival of Education – *"it's cool to be clever"*	131
14 *"What's the Dresscode?"* – ein Plädoyer	152
15 Der Gentleman und sein Club	165
16 Die Firma – eine Monarchie well done	191
17 Authority and Rules – und wann sie beachtet werden	215
18 *"Come over for Sunday Lunch"* – ein Sonntag bei Freunden	225
19 The Pub Quiz – eine englische Institution	236
20 The Last Night of the Proms – ein patriotischer Sommerabend	245
21 *"The English are best"* – und was ist mit dem Rest?	255
22 Nachgesang	271
22 ½ *"Bravo Britain Unplugged"*	273

Anhang

Quellen

Vorwort

Ein Bravo für Britannien? In diesen Tagen? Ein Applaus inmitten des Rosenkriegs zwischen Kontinentaleuropa und der Insel im Nordwesten? Undenkbar. Sie haben doch "*No*" gesagt!

Dabei sollte eigentlich alles ganz anders kommen. Die Geburtsstunde für die harmlose Idee zu diesem Büchlein liegt im Jahre 2013, lange vor dem Votum, und wir können mit Fug und Recht behaupten - Hand aufs Herz! - unsere Intention war gänzlich Brexit-*free*.

Liebenswerte Geschichten vom Inselvolk sollten es werden. Nicht mehr, aber auch nicht weniger. Wer hätte denn auch ahnen können, dass britische Landeskunde innerhalb von zwei Jahren gefährlich werden würde?

Bonmots aus dem englischen Exil, bis vor kurzem noch als harmlose Pausenfüller bestens geeignet, dem stockenden Gespräch mit dem langweiligen Tischnachbarn in die nächste Runde zu verhelfen, sind heute weitestgehend tabu.

Vorsicht ist geboten! Vorsicht auf der Cocktail Party, dem Sommerfest, dem Glühweinstand am Adventsmarkt – die vagabundierende Zweitseele ist in Bedrängnis. Der lebenslange Flirt ist unpopulär geworden. Wohl beraten, wer sein anglophiles Glaubensbekenntnis für sich behält; und gesellschaftlichen Selbstmord beginge gar der, der sich womöglich verständnisvoll für die britische Sache zu erkennen gäbe.

Wir haben deshalb lange gezögert. Auch wir wollen schließlich weiterhin eingeladen werden!

Aus reinem Selbsterhaltungstrieb schicken wir deshalb voraus: Dies ist kein politisches Buch, Gott bewahre! Das überlassen wir gerne anderen.

Aber je länger wir den täglich stärker werdenden Gegenwind beobachten, desto mehr drängt es uns, sie nun doch zu erzählen, unsere 21 Kapitel über den britischen *"way of life"* und seine großartigen Liebenswürdigkeiten. Niemand sonst hat sich schließlich dafür gefunden. Und dabei hätte es eigentlich auch bleiben sollen.

Aber nun das! Ein Nachgesang hat sich eingeschlichen, ein 22. Kapitel und sogar noch ein halbes dazu. Niemand weiß mehr so genau, wieso. Urteilen Sie selbst, wenn es soweit ist. Aber bitte machen Sie nicht den Fehler, jetzt gleich dorthin zu blättern. Der Bausatz zum Verständnis für die Briten muss chronologisch abgearbeitet werden. Sonst bleibt zum Schluss eine Schraube über, aus welchem Hirn auch immer....

Kapitel 1

„Bravo Britain" – auf Motivsuche

Wir sind ein wenig traurig. Warum eigentlich die ganze Aufregung?

Die Briten sind heute nicht anders, als sie es immer waren: ein stolzes Volk mit einer geografisch bedingt einzigartigen Geschichte. Ein wenig scheu, ein wenig verrückt, ein wenig formell, ein wenig rebellisch, ein wenig kauzig, ein wenig hochmütig, ein wenig steif, very *British* eben!

In diesen Tagen vergessen wir fast manchmal, dass wir sie ja eigentlich gerade deshalb lieben, oder?

Ja, sie sind schräg, snobistisch, ein wenig dekadent und zuweilen dramatisch unzeitgemäß. Nicht alles ist Gold, was in Britannien glänzt, weiß Gott. Und nun haben sie Kante gezeigt. Aber *so what*? Sagt unsere Reaktion nicht auch ein wenig etwas über uns? Dabei mögen wir sie doch eigentlich, oder müssen wir das Verb bereits in die erste Vergangenheit setzen? Wir überlegen.

Frau Merkel schaut angeblich am liebsten „Inspector Barnaby", viele von uns vermissen die „Downton Abbey"-Staffeln und lieben die Rosamunde-Pilcher-Sonntagabende, die uns auf Herrenhäuser in Cornwall entführen, in wildromantische

Landschaften und ebensolche Rosengärten, in denen wir uns für 90 Minuten dem Traum nach unserem eigenen Lord hingeben können.

Seit der hervorragenden BBC-Verfilmung von Jane Austen's „Stolz und Vorurteil" haben wir auch eine recht genaue Vorstellung davon, wie dieser auszusehen hat. Es müsste schon Mr. Darcy sein und, wie Colin Firth, im weißen Hemd dem eigenen Teich entsteigen. Wenn auch Daniel Craig's Badehosenszene aus „Casino Royal" nicht ganz unattraktiv ist, so würden sich doch einige Damen spontan für Mr. Darcy samt seinem Stammsitz Pemberley entscheiden.

Monthy Python hat auch bei uns Maßstäbe gesetzt und bleibt Höhepunkt des berühmt berüchtigten, tiefschwarzen englischen Humors. Unser eigener unvergessener Viktor von Bülow, alias Loriot, war bekennender Angelsachse und hat bei seinen Sketchen oftmals Anleihen beim englischen Vorbild genommen. Unvergesslich seine „Fernsehansage" oder sein „Jodeldiplom" – beides hätte auch aus englischer Feder stammen können.

Was wären die Detektive unter uns ohne Arthur Conan Doyle und Serien-Spürnasen ohne „Sherlock"? Bevor es die heute umstrittenen amerikanischen „House of Cards"- Folgen gab, waren die englischen skandalfrei und die ganze Familie liebt die hervorragenden David Attenborough-Produktionen „Unser blauer Planet" oder „Planet Erde".

Wir haben „Let's Dance" aus England importiert. Nur der Himmel weiß, warum wir nicht den Originaltitel "Strictly Come Dancing" beibehalten haben, oft umgangssprachlich und liebevoll nur mit "Strictly" abgekürzt. Soviel Englisch hätte man uns doch zumuten können?

Der Exportanteil britischer Fernsehproduktionen nach Europa und insbesondere auch nach Deutschland steigt stetig weiter. Netflix, das neue Wundermedium, liefert uns „The Crown", und wir vertilgen das Master-Genre der Briten, Krimiserien aller Art. Wir haben also auf rein voyeuristischer Ebene eine nachweisliche Vorliebe für die Insel.

Der wöchentliche Blick in die Illustrierten bestätigt darüber hinaus, dass unser Interesse am englischen Königshaus unverändert hoch ist. Wir freuen uns über die neuesten Süßbilder von Prince George´s fünftem Geburtstag. Wir haben mitgewettet, als es darum ging, welche Namen seine Schwester wohl tragen würde. Wir zitterten kurz um die Ehe der Cambridges, als William in Verbier Skifahren und *Partying* war. Aber nach der Geburt von Louis scheint ja nun bei Kate und Will wieder alles in Ordnung zu sein. Und jetzt auch noch Harry und seine Meghan!

Stammt unsere Empfänglichkeit für das Englische womöglich daher, dass gemeinsames Blut in unseren Adern fließt? Man muss kein Historiker sein, um zu wissen, dass die Angelsachsen, ein germanisches Sammelvolk, ab dem 5. Jahrhundert Großbritannien bevölkerten. Der aus Jüten, Friesen und Niederfranken bestehenden Gruppe gefiel es auf der Insel und bis 1066 hatten sie dort freie Fahrt. Dann kamen die Normannen, aber das ist eine andere Geschichte.

Ab 1714 regierte dann schon wieder das deutsche Haus Hannover, eine Seitenlinie der Welfen. 1837 bestieg mit Königin Victoria die mittlerweile am zweitlängsten regierende Monarchin - Elisabeth II. hat sie am 9. September 2015 überholt - den Thron und eine große englisch-deutsche Liebesgeschichte ging in die Geschichtsbücher ein. 1840 heiratete Victoria ihren Albert, einen deutschen Prinzen von Sachsen-Coburg und Gotha. Als sie 1901 starb, endete die Hanoverische Epoche der englischen Geschichtsschreibung. Ihr Sohn Edward VII. bestieg als erster Herrscher des Hauses Sachsen-Coburg und Gotha den englischen Thron.

Dann ging alles schief. Am 13. Juni 1917 bombardierten deutsche Gotha G IV Bomber London und trafen die englische Schule Upper North Street School in Poplar, London. Achtzehn Kinder starben. Der Hausname Gotha war für die englische Königsfamilie unhaltbar geworden. König George V. benannte wenige Wochen später, am 17. Juli 1917, das Königshaus in „Windsor" um.

Wir bereisen die Insel gerne und ausgiebig. Eine Statistik aus dem Jahr 2016 besagt, dass wir Deutschen (mit 3,34 Millionen), nach den Franzosen (4,06 Millionen) und nur ganz knapp nach den Amerikanern (mit 3,45 Millionen), die drittstärkste

Touristengruppe im Vereinigten Königreich darstellen. Insgesamt steht die britische Insel für die weltweit achtstärkste Touristendestination. (Quelle 1)

Wir trinken englischen Tee, und manche von uns haben sogar die ein oder andere Rosentasse für unsere eigene kleine Teezeremonie aus England importiert.

Liebe österreichische Freunde von uns sind eigenen Angaben zufolge süchtig nach Fortnum and Mason's Earl Grey Loose Leaf, so dass der Lieblingsengländer diesen zweimonatlich in Industriepackungsgröße importieren muss. Er erledigt diese Pflicht übrigens sehr gerne. Bei jedem Fortnum's Besuch fällt für ihn eine kleine Schachtel Violet and Rose Creams ab. Einfach köstlich, diese kleinen Fondant-Pralinen und unbedingt ihren stolzen Preis wert.

Wir lieben die Weltstadt London mit all ihren Möglichkeiten, lernen Englisch als erste Fremdsprache an unseren Schulen, und manche von uns schicken ihre Söhne und Töchter sogar auf englische Schulen.

Beim ersten Tropfen Regen zücken wir gerne unsere Barbour-Jacken und die guten Gummistiefel von Hunters, um unsere englische Affinität zu zeigen. Die Damen stechen ihre Konkurrenz bevorzugt mit einem Burberry-Täschchen aus, und auch die Herren hierzulande pflegen das Image des tadellos gekleideten Gentleman, wobei sie ab und an zu Hemden von Charles Tyrwhitt aus dem gehobenen Versandhandel greifen.

Englisch ist unangefochten die wichtigste Sprache bei den Übersetzungen für den deutschen Buchmarkt. Im Belletristik-Bereich kamen die Übersetzungen aus dem Englischen im Jahr 2015 gar auf einen Anteil von 68,9 Prozent (2014: 70,2 Prozent). (Quelle 2)

Manchmal lesen wir sogar englische Bücher in der Originalsprache, besonders wenn wir unseren Nachbarn im Flugzeug beeindrucken wollen.

Seit kurzem interessieren wir uns auch für die englische Küche, wer hätte das noch vor zehn Jahren gedacht. Lange vorbei ist die Zeit der undefinierbar grünen Klöße mit Pfefferminz-Soße und dem schlabberigen Weißbrot. Die *Top Cuisine* mit *Celebrity*

Chefs spielt sich heute in London ab. Wir lieben Jamie Oliver, den *Naked Chef*, das zeigt ein Blick in die Auslagen deutscher Buchhandlungen, und wir verehren die englische Küchengöttin Nigella Lawson. Niemand bereitet eine Cocktailparty glamouröser zu als sie.

Man muss daher, selbst bei kürzester, oberflächlicher Betrachtung, zu dem Schluss kommen, dass wir die Insulaner mit all ihren charmanten Eigenheiten - wenn nicht vielleicht sogar manchmal beneidet – eigentlich doch immer wertgeschätzt haben?

Die momentane Medienstimmung tut ihr Bestes, uns umzuerziehen. Die ganze Republik macht mit.... Die ganze? Nein! Eine Stimme für die Briten soll es geben, aus der entlegensten Ecke des Landes, unbeugsam wie Asterix.

Brexit hin oder her. Es ist Zeit für eine Liebeserklärung! Großbritannien ist mehr als der Boxsack derzeitiger politischer Befindlichkeiten.

Der Beginn dieser Liebe liegt im Jahre 1975, als die ersten Agatha-Christie-Romane im Original unter dem Weihnachtsbaum lagen und das junge Leserherz auf Anhieb von den facettenreichen Typologien eines englischen Colonels, eines Dorfpriesters oder einer Dame von Adel begeistert war. Das Feuer war gelegt, und die ersten Sprachreisen nach Südengland beflügelten die Romanze weiter.

Herrn Oberstudiendirektor Schneider, dem begnadeten Lehrer unseres Englisch-Leistungskurses, war es zu verdanken, dass wir in den Osterferien 1981 mit einigen Hartgesottenen auf eigene Faust in einem alten VW Bus die Insel ansteuerten. Herr Schneider war ein Unikat, ein anglophiler Rebell im Tweed-Sakko.

Unser Trip damals war im besten Sinne des Wortes erfrischend exklusiv, nicht vergleichbar mit den heutigen Studienfahrten. Wer wollte, fuhr mit, wer nicht wollte, blieb zu Hause. Es handelte sich um eine gänzlich außerschulische Veranstaltung, eine Initiative, einen Alleingang. Wie schön, dass das damals noch möglich war. Diejenigen, die die Sprache ein wenig mehr liebten und Landeskunde aus erster Hand betreiben wollten, durften einsteigen. Herr Schneider ist vor Kurzem verstorben. Gerne hätte ich ihm noch einmal gesagt, wie prägend seine wunderbare Idee und sein persönlicher Einsatz für uns waren. Er war eine Persönlichkeit, ein Charakterkopf, immer aufrecht und galant. Er wusste um die vielen Stärken der Engländer.

Auch damals waren die Briten schon ein Volk für sich, eigensinnig, komisch, witzig, voller Tradition und Stolz und mit scheinbar unendlich vielen Kathedralen, zum Verlieben einfach - und das alles zehn Jahre vor Gründung der Europäischen Union. Warum haben wir das eigentlich alles vergessen? Unser Gedächtnis ist erstaunlich kurzzeitig und selektiv geworden. Das England, in das wir damals reisten, gab es lange vor Brüssel.

Das Leben nahm seinen Lauf, und es kam, wie es kommen musste. Es wurde ein Engländer.

Als ich jüngst auf dem Polizeiamt meines bayerischen Wohnorts wegen eines Kreditkartenbetrugs vorstellig werden musste, sah mich der diensthabende Beamte ob der Buchstabierung meines Nachnamens prüfend an. Als ich aber bereits in der nächsten Zeile meinen Geburtsort mit genau dieser Kleinstadt angeben konnte, hellten sich seine Gesichtszüge auf. „Musste es denn unbedingt ein Engländer sein?" Jetzt lächelte der nette Beamte. „Unbedingt" – strahlte ich zurück.

Und jetzt ist es passiert. *"Why, oh´ why Brittannia"* - warum wollt ihr uns verlassen? Man fühlt sich an die Worte des sterbenden Caesar erinnert.

Fünfzehn Jahre Leben auf der Insel haben ihre Spuren hinterlassen. Unsere Geschichten an der Seite eines Lieblingsengländers, so wollen wir ihn nennen, werden uns helfen, dieses seltsame Volk ein wenig besser zu verstehen.

Es ist ein sehr persönlicher Blick auf einen Teil der britischen Gesellschaft. Nun stimmte ausgerechnet genau der Teil überwiegend für *"Leave"*, und so gesellte sich zu unserem unschuldigen Potpourri – eigentlich völlig ungewollt - auch ein ganz klein wenig Ursachenforschung für das Votum hinzu.

Vor allem wollen unsere Anekdoten aus diesem wunderbaren Land voller Tweed-Anzügen, Tea-Time und Typologien allerdings dem anglophilen, aber politikmüden Leser neuen Lebenswillen einflößen und ihn in seinem Entschluss bekräftigen, der Insel mit ihrem Reichtum an Tradition, Geschichte und Persönlichkeit die Treue zu halten.

Wir können doch das Kapitel zwischen unseren Ländern nicht zuschlagen, bevor wir nicht abschließend geklärt haben, was jetzt wirklich der Unterschied zwischen *Stiff Upper Lip* und *Understatement* ist, warum eine englische Lady sich Goodwood mehr als alles andere wünscht, wann man in England *at home* ist und wann der Engländer die Hüllen fallen lässt.

Nicht zuletzt drängt es uns doch, endlich aus berufenem Munde zu erfahren, welches Haustier bei einem englischen Gentleman Anspruch auf Ausschließlichkeit erheben darf und welche Sockenfarbe sein Herrchen auf gar keinen Fall trägt.

Ein Blick in englische Schulen soll uns für kreatives Schreiben begeistern und vielleicht das ein oder andere Vorurteil begradigen helfen.

Wir werden uns zu einem englischen Mittagessen einladen lassen und mit unseren Gastgebern "Wink Murder" spielen.

Wenn bei uns am 11. November die nächste Karnevalsaison beginnt, werden wir uns nun auch erinnern, dass es in Großbritannien an diesem Tag um etwas ganz anderes geht. Wir werden mit einer Schuldirektorin eine Tasse Tee trinken (müssen) und verstehen, dass dieses urtypisch englische Getränk das Unsägliche sagbar machen kann. Und wir werden uns darüber aufklären lassen, warum die Feuerwerkskörper in England am 5. November fliegen.

Und vielleicht gehören Sie, lieber Leser, ja sogar zu den Mutigen, die es schon immer vermutet haben: *"The English are best"*. In diesem Fall liefert unser kleines Kompendium schlagkräftige Munition, und nach der Lektüre unseres gleichnamigen Kapitels können Sie das gleichnamige Flanders-and-Swan-Lied sogar mitsingen.

Die hier gesammelten Geschichten erheben keinerlei Anspruch auf Vollständigkeit, sie öffnen lediglich ein kleines Fenster. Sie mögen erheitern, informieren, nachdenklich stimmen und vielleicht sogar den eigenen Horizont um ein wenig Kurioses erweitern.

Auf die Frage von Madame Wu, welche ausländische Sprache

der Sohn lernen solle, lässt Pearl S. Buck in ihrem Werk „Die Frauen des Hauses Wu" den Priester antworten:

„Französisch ist die schönste, Italienisch die poetischste, Russisch die kräftigste und Deutsch die gediegenste. Aber in der englischen Sprache werden mehr Geschäfte gemacht als in jeder anderen." (Quelle 3). Die Nobelpreisträgerin schrieb diese Zeilen 1946.

Und jetzt unterstellt man der Insel Isolationismus? Verwirrende Zeiten.

Großbritannien kann, wie kaum ein anderes Land, auf eine jahrhundertelange Welthandelstradition und eine globale Grundstimmung im Herzen zurückblicken. Ja, wir hätten sie gerne am Tisch behalten, schon alleine ihrer starken Stimme wegen. Großbritannien hat etwas zu sagen. Heute mehr denn je!

Schluss also mit Abgesängen und Nachrufen auf die Insel! Großbritannien ist lebendig, wenn auch ein wenig verrückt, und wird es bleiben. Glauben wir deshalb den Unkenrufen nicht. Vertrauen wir auf das, was uns lieb ist. Halten wir England die Treue, so wie die Briten Europa die Treue halten werden.

Lassen Sie sich verführen, mit mir und einem Augenzwinkern eine Melange aus urenglischen Zutaten zu genießen. Schmunzeln Sie, wundern Sie sich und öffnen Sie den Engländern ihr Herz - ganz unpolitisch, versteht sich.

Noch ein kleiner technischer Hinweis, bevor wir dann direkt in den englischen Sommer reisen. Ja, wir stehen dazu, unsere Erzählungen werden dem Leser ein wenig Englisch abverlangen. Wir vertrauen hierbei auf eine gewisse Grundaffinität, die Sie ja überhaupt erst zu diesem Buch greifen ließ. Eigennamen und Begrifflichkeiten verbleiben selbstverständlich im Original, einige Bonmots und Schlagfertigkeiten sind manchmal gänzlich unübersetzbar oder auch einfach schöner im Englischen. Wo immer möglich und bei längeren Zitaten, Gesprächen oder Gedanken haben wir uns um eine Übersetzung bemüht. Wir hoffen hierbei ein gelungenes Gleichgewicht gefunden zu haben.

Lang lebe das Königreich mit all seinen Eigenheiten!

Kapitel 2

Pimm's – der britische Sommer kann kommen

Ein englischer Sommer. Ein Samstagnachmittag. Blühende Rosen, kletternd, hängend, Stamm oder Strauch, alle Arten sind vertreten und duften uns entgegen, der wohlgepflegte Rasen umspielt formvollendet die plätschernde Teichanlage des Landhauses, der Pool glitzert einladend in der Sonne, leidenschaftlich gepflegte Riesenfuchsien und Nelkenbeete in allen Farben sind wegen des milderen Winterklimas *hardy*, winterhart also, und versprechen, ihre liebevollen Besitzer auch in der nächsten Saison noch zu erfreuen. Duftig gekleidete Damen und Herren in stilsicheren Ralph Lauren Chino-Hosen und Boden Blusen, bzw. Barbour Polo Shirts finden sich ein zu einem Nachmittag im Freien, die Chancen auf ein Barbecue stehen gut. Eine Runde Krocket wird vorbereitet. Man fühlt sich ein wenig wie Alice im Wunderland. Fast könnte man vermuten, auch hier werde gleich mit Igeln und Flamingos gespielt.

Diese Bilderbuchidylle ist, meinen Sie, auch auf Sylt oder Grünwald anwendbar?

Doch halt, betrachten wir die Szenerie etwas genauer. Etwas stimmt nicht mit Ihrer vorschnellen Schlussfolgerung. Bitte achten

Sie auf das Getränk, das vom Hausherren zur Begrüßung serviert wird. Halbhohe Gläser mit einer rötlich-braunen Flüssigkeit werden gereicht. Früchte scheinen darin zu sein und verschiedenes Grün. Welches Grün genau lässt sich auf die Distanz nicht sagen und stimmt vorsichtig. Halt, da schimmert es noch blau. Eine Bowle tippen Sie? Ein Fruchtpunsch? Szenenwechsel.

Ein englischer Sommer. Blühende Rosen, ein kleinerer Rasen, immer noch vollendet gepflegt, kein Teich oder ein viel kleinerer, vielleicht ein aufblasbares Planschbecken, definitiv Fuchsien und Nelkenbeete, adrette Damen und Herren in Marks and Spencer Hosen und Poloshirts ohne Markenetikett. Auch in diesem bescheideneren Haushalt werden Freunde erwartet. Auch hier bereitet man die Terrasse und den *Back Garden* fröhlich vor. Zusätzliche Stühle werden aufgestellt. Auch hier wird sich ein Barbecue anschließen, und auch hier entdecken wir das rötlich-braune Getränk zur Begrüßung.

Es handelt sich also um ein universell genießbares Getränk, und spätestens hier scheiden Parallelen zu Sylt oder Grünwald aus. Niemals würde man in den gepflegten Villen unserer Oberschicht etwas konsumieren, was gleichzeitig auch in weniger privilegierten Haushalten getrunken wird. Standesdünkel auf Deutsch? Wo man das doch so gerne den Engländern vorwirft.

Ein Sommerdrink für alle also! Kein halbwegs patriotischer Engländer – und wir sprechen von 99% der Gesamtbevölkerung - wird an diesem Sommertag etwas verkosten, das nicht quintessenziell britisch ist. Pimm's , natürlich!

Pimm's wird von Osten bis Westen getrunken, von Dover bis nach Land's End in Cornwall, von Bournemouth im Süden bis nach Newcastle im hohen Norden. Er ist über alle sozialen Unterschiede erhaben und verbindet die Nation von Mai bis August wie sonst nur das Königshaus. Des Engländers Startschuss für den Sommer: der erste Pimm's der Saison.

Er ist unbedingt im Freien zu konsumieren, am besten *on the lawn*, also auf der grünen Wiese im Garten, eventuell noch auf der Terrasse oder unter einem Sonnenzelt. Wie wunderbar zivilisiert! Niemand trinkt Pimm's drinnen. Sollte es tatsächlich schauern, die Pimm's Trinker bleiben draußen.

"It's Pimm's o'clock somewhere!", so sagt man in England. Im Sommer ist immer irgendwo Pimm's-Zeit. Was aber nun ist Pimm's und was vor allem das Grün und Blau?

Pimm's besteht aus einer Grundzutat: einer Flasche Pimm's No. 1, die in jedem Supermarkt, an jeder Tankstelle, sogar manchmal im Post Office zu erstehen ist. Pimm's gehört wie Wimbledon, Cricket oder Regen zum englischen Sommer und darf in keinem gut sortierten *Drinks Cabinet*, der englischen Hausbar, fehlen.

Die genauen Inhaltsstoffe einer Flasche Pimm's No. 1 sind nicht bekannt. Einen Hauptanteil trägt auf alle Fälle der Gin, zumindest bei dem Klassiker No. 1, den die Gesellschaften oben für ihren Sommerdrink verwenden. Angeblich sollen noch Orangenlikör, Zitronenschalen, Curry, Nelken, Kräuter und verschiedene Wurzelarten in dem Gemisch enthalten sein.

Nun macht aber eine Flasche Pimm's noch keinen Pimm's, wenn Sie verstehen, was ich meine. Des Weiteren benötigt der Gastgeber folgende Zutaten: Erdbeeren, Orangen, Äpfel, Gurken (das Grün), Limonade oder Ginger Beer, Minze und die niedliche Pflanze Borretsch (das Blau).

Der Hausherr, in aller Regel ist die Pimm's Zubereitung eine Männerangelegenheit, schreitet ca. drei bis vier Stunden vor Veranstaltungsbeginn zur Tat und stückelt Früchte wie Gurke klein und setzt selbige in einem großen Krug einer entsprechend großzügigen Portion Pimm's aus. Der Kühlschrank wurde vorher eigens umgebaut, so dass der hohe Krug nun darin für einige Stunden Platz finden und ziehen kann.

Bei Ankunft der Gäste wird der Krug mit qualitativ hochwertiger Limonade oder Ginger Beer aufgefüllt und das Getränk gut verrührt. Serviert wird der fertige Pimm's in *Cups*, halbhohen Longdrink-Gläsern, mit jeweils einem reichlichen Schöpfer Früchten und viel Eis. Als Dekoration werden Minzblätter und Borretschblüten darauf gestreut.

Der *Pimm's Cup* hat übrigens, - wir befinden uns im Königreich - eine lange Tradition. Den Chroniken zufolge wird er erstmals im Jahre 1859 erwähnt.

James Pimm (1798-1866), der Sohn eines Bauern aus Kent,

hatte in Schottland eine klassische Ausbildung genossen und sich eigentlich auf Theologie spezialisiert. Als junger Mann Anfang zwanzig verschlug es ihn nach London. Dort wurde er der Theologie untreu und begann eine Karriere als Schalenfischhändler. Der junge Unternehmer eröffnete seine erste Austernbar 1822 gegenüber dem Buckingham Palace und konnte bald diverse Mitglieder des Königshauses zu seinen Gästen zählen. In Kürze kamen mehrere weitere Restaurants dazu und damit nicht genug: der geschäftstüchtige James Pimm empfahl seinen Gästen einen auf Gin basierenden, mit Gewürzen und Zucker verfeinerten Aperitif, der als Vorbild für den späteren *Pimm's Cup* diente. Die Rezeptur blieb streng geheim.

Der geniale Sommerdrink begleitete das Britische *Empire* um die Welt und erreichte in den 20-er Jahren auch in den USA und Kanada internationales Renommee.

Neben Pimm's No. 1 war das Sortiment zwischenzeitlich um die Marken No. 4 (Original Rum Sling), No. 5 (Original Rye Sling) und letztlich No.6 (Original Wodka Sling) ergänzt worden. Überlebt haben allerdings nur der Klassiker No.1 und, schon weit abgeschlagen, der No.6.

Auch an Pimm's gingen leider Modernisierungsbestrebungen nicht vorüber, und so gibt es heute neben einer Brombeer- und Holunderblütenversion auch eine Erdbeer- und eine Minz-Rezeptur. Allerdings bekleidet der Pimm's No. 1 nach wie vor unangefochten den ersten Platz im Herzen der Engländer.

Lange Jahre urlaubten wir von England aus in den Bergen Österreichs. Die Katschberghöhe hatte es uns angetan. Wir waren im Beherbergungsbetrieb der Familie Sonnleitner sommers wie winters wie zu Hause.

Eines Sommers entdeckte mein Lieblingsengländer beim abendlichen Drink an der Bar des Hauses im hintersten Regal eine Flasche Pimm's No. 1. Sie war leicht angestaubt, aber durchaus noch im MHD Bereich. Das patriotische Herz schlug höher, Flasche und Mann strebten einander unaufhaltsam entgegen.

Es folgten die nächsten Schritte. Der liebenswerte, österreichische Barkeeper war auf Nachfrage mit den Eigenschaften, geschweige denn der Verwendungsweise, der missachteten Flasche völlig überfordert. Der Ärmste sah sich nun einem völlig begeisterten Briten gegenüber, der - mit Händen und Füßen gestikulierend - das noble Getränk und seine Eigenschaften anzupreisen begonnen hatte.

Wolfgang, der Hotelier selbst und Mann der Stunde, wurde hinzugezogen. Die Flasche sei ihm, so erfuhren wir, von einem englischen - wer hätte das gedacht - Gast vor Jahren mitgebracht worden und schlummere seither auf dem Regal, da niemand so recht wisse, was damit anzufangen sei.

Ein glücklicher Zufall? Das sollte sich noch herausstellen. Aber was zusammengehört, muss zusammenkommen und deshalb bot sich der urlaubende Brite spontan an, am nächsten Tag die Flasche ihrer sinnvollen Verwendung zuzuführen und Pimm's, *"as we drink it"*, zuzubereiten.

Gesagt, getan. Die Küche stellte für den nächsten Tag die erforderlichen Zutaten zur Verfügung und der Lieblingsengländer die eingangs beschriebene idyllische Szene in den Katschberger Alpen originalgetreu nach. Es wurde geschnippelt, angesetzt und aufgegossen.

Auf die Blumen musste verzichtet werden, da die Katschberghöhe zwar in mannigfacher Weise Wiesenkräuter bietet, aber eben österreichische, und keine englischen. Am Abend wurden dann die Familie Sonnleitner samt einiger verwirrter Gäste zur Verkostung an ihre Bar gebeten. Der englische Gentleman war in seinem Element, schenkte aus, verzierte und reichte die *Pimm's Cups* an seine Gäste. *Cheers*! Ob es an dem fehlenden Kraut lag? Die Nachsicht, Höflichkeit und Freundschaft der Familie Sonnleitner sind nicht hoch genug zu loben. Es blieb ein reizender Abend, der Lieblingsengländer war im siebten britischen Sommerhimmel, und die Gastgeber sowie alle Hinzugerufenen zeigten sich charmant rücksichtsvoll gegenüber der Exzentrizität des Gebräus. Man sah einige verzerrte Gesichter, hörte vereinzelt tapfere Bemerkungen wie „interessant" und „mal was ganz Anderes". Niemand wollte dem so sympathischen Engländer den Wind aus den Segeln nehmen.

Die Moral von der Geschicht? Pimm's No. 1 gehört nach England. Export und Nachbildung *ex insula* sind nicht empfehlenswert. Doch halt! Könnte der Lieblingsengländer zum ersten Mal in seinem Leben zum Trendsetter geworden sein? Es wäre für ihn die allergrößte Beleidigung, deshalb wage ich den Gedanken kaum einzufügen.

Und doch hört man, dass sich Pimm's gerade in den letzten Sommern auch auf den Terrassen unserer noblen Hauptstadtbars einen Platz an der Sonne erobert hat. Er wurde in München gesichtet und in Frankfurt, in Berlin und Hamburg. Man erzählt sich sogar, dass man Pimm's am Wörthersee in Kärnten antreffen kann. Pimm's ist angesagt! Er ist herb, ein früchtestrotzender Hingucker und der neue Liebling der hippen Stadt-Elite, „sehr präsent" eben, wie es ein Münchner Barbesitzer beschreibt. Selbst in Insidermagazinen wie „Mixology", dem Journal für Barkultur, ist Pimm's mittlerweile zu finden.

Wer hätte das gedacht? Der *hardcore* Pimm's-Trinker bleibt allerdings lieber auf seinem englischen Rasen. Hip? - Niemals.

Kapitel 3

A Cup of Tea – Erste Hilfe auf Britisch

Bitte gähnen Sie jetzt nicht ungeduldig oder überspringen dieses Kapitel gar in der Annahme, es sei bereits alles über die Teeleidenschaft der Engländer geschrieben, zitiert, karikiert oder auch filmisch dargestellt. Man weiß spätestens seit Asterix und Obelix, dass die Briten gerne Tee trinken.

Auch jeder Tourist, der je die Insel bereist hat, wird den ihm besonders lieben oder hilfsbereiten Daheimgebliebenen den ein oder anderen Teebeutel oder *Accessoire* zum Thema Tee mitgebracht haben.

Tee, das bewährte Not-Mitbringsel, noch rasch im Duty-free Bereich erstanden, soll sie alle erfreuen: Tante Hedwig, Zdenka, die slowakische Putzhilfe, oder Herrn Kronmeier, den Nachbarn, der freundlicherweise die Blumen versorgt oder die Katze gefüttert hat.

Beliebte Motive wie Big Ben, ein roter London-Bus, ein englischer Bobby oder gar Buckingham Palace zieren die Verpackungen. Wenn man ganz viel Glück hat, steht gerade eine königliche Hochzeit an, dann strahlen sogar Verlöbnis-Bilder der Glücklichen von den Teedosen.

Mit Tee aus England macht man einfach Freude. Das weiß jedes Kind. Ein glaubwürdiges, authentisches, nachweislich originelles Souvenir. Engländer trinken Tee überall, zu allen Anlässen und besonders um fünf Uhr nachmittags zu einem Gurkensandwich.

So weit reicht unser aller Durchschnittsverständnis und die vermutete Simplizität hinter dem Faktotum „Tee in England". Wer könnte jedoch erahnen, wieviel mehr es für den Engländer bedeutet? Nur ein Getränk? - Ein Philister, wer solches mutmaßt. Tee ist Nationalsymbol.

Der Vollständigkeit halber sei erwähnt, dass Tee selbstverständlich auch als Getränk und Durstlöscher gilt. Man trinkt ihn gerne, und die Zubereitung ist ein kleines Ritual für sich. In erster Linie braucht man hierfür Teebeutel, den Wasserkocher, und die Teetasse. Es ist übrigens ein Gerücht, dass der Tee lose sein muss, wie uns hochpreisige Geschäfte glauben machen möchten. Der englische Haushalt, gehoben oder nicht, lebt für, von und wegen ganz normaler Teebeutel.

"I'll go and put the kettle on", diese Äußerung muss unangefochten den ersten Preis für den am häufigsten gesprochenen Satz der englischen Sprache gewinnen. Warum „Ich setz' dann mal den Wasserkocher auf" immer noch nicht in deutschen Schulbüchern zu finden ist, drückt auf bedauerlichste Art und Weise die Ignoranz und Rückständigkeit des deutschen Lehrplans aus.

Das Substantiv *the kettle* ist im Vokabularium der höheren Schulbildung nicht vorgesehen. Ich habe bei der Recherche zu diesem Text meinen 14-jährigen Sohn befragt, der nun seit vier Jahren Englischunterricht an einem bayerischen Gymnasium genießt. Er hat bislang die Vokabel *kettle* nicht gelernt, ein landeskundlicher Skandal. Der Gedanke daran, wie um Himmelswillen die Jugendlichen beim Schüleraustausch im nächsten Jahr zu ihren englischen Gastfamilien geschickt werden sollen, ohne zu wissen, was ein *kettle* ist, lässt einen erschaudern. Wir lehren Englisch klar am Ziel vorbei.

Aber zurück zur Teezubereitung. Nachdem nun das elektrische Instrument *kettle* Wasser zum Kochen gebracht hat, gießt man es unmittelbar in den *teapot*, die Teekanne, die im Original braun und bauchig ist. Braun deshalb, weil sich diese

Farbe ideal mit den hartnäckigen Teein-Ablagerungen ergänzt, die wegen der Überbeanspruchung dieses Utensils unvermeidlich sind. So denkt man zumindest, die Kanne wäre sauber.

Es ist nun von entscheidender Bedeutung, dass sich in der Kanne bereits die vorher zeitgleich mit Einschalten des *kettle* hineingelegten Teebeutel befinden. Zum Verständnis wiederholen wir diese zwei einfachen, aber doch grundlegenden Merksätze. Erstens, die Teebeutel müssen sich in der Kanne befinden, bevor das Wasser auf sie trifft. Zweitens, das Wasser muss unbedingt kochend sein. Einfach, denken Sie? - Weitgefehlt!

Im feindlichen Ausland wird durchgängig gegen diese beiden Grundregeln verstoßen, auch und gerade in guten Häusern, sogar in der sternegezierten Gastronomie. Der reisende Engländer, der im kontinentalen Europa Tee bestellt, wird unweigerlich aufs Kläglichste enttäuscht. Eine Teekanne mit meist lauwarmem Wasser wird serviert, der Teebeutel liegt einzeln verpackt, oder - noch schlimmer – nackt, daneben.

Noch unerträglicher wird die Vergewaltigung, wenn die dereinst kochende - und sogar dies muss man oft anzweifeln – Grundflüssigkeit in einem Glas serviert wird. Ein Glas? Für Tee? Die bei uns vielerorts als schick geltende Abwandlung der Teetasse ruft bei einem Briten nur Kopfschütteln hervor und bestärkt ihn nachhaltig in der ohnehin bereits gefestigten Annahme, dass dem britischen Empire nichts Gutes nachfolgte.

Der Engländer muss nun bei vollem Bewusstsein das Sakrileg begehen, den Teebeutel nachträglich in das sich bereits in Abkühlung befindliche Wasser zu tauchen, und er muss hierfür auch noch bezahlen. So ist es nicht erstaunlich, dass die meisten reisenden Engländer entweder gleich einen *kettle* mit sich führen, oder nur in Etablissements absteigen, in denen die Zimmerausstattung einen eben solchen vorsieht. Und Gnade Gott dem Beherbergungsbetrieb, der dies dann nicht einhält. Sie denken Brexit sei schlimm? Dies ist der Stoff, an dem sich Kriege entzünden, oder zumindest eheliche Scheidungsgespräche, wovon ich – wie wir noch sehen werden - selbst ein Lied singen kann.

Über die verfügbaren Teesorten sind genügend andere Nachschlagewerke gefüllt. An dieser Stelle sei nur bescheiden vermerkt, dass es trotz der unterschiedlichen Geschmäcker einige allgemein verbindliche Empfehlungen gibt.

Zum englischen Frühstück wird English Breakfast Tea, eine starke Version des Schwarztees, getrunken. Am Vormittag greift man schon einmal gern zu einem Earl Grey und am Nachmittag zu einem Darjeeling. Ein Everyday Tea, wie beispielsweise von Twinings, kann zu allen Tageszeiten genossen werden.

Anlässlich eines Familienurlaubs in einem 5-Sterne-Domizil in Portugal, das sonst keine Wünsche offenließ, wurde der Lieblingsengländer jüngst auf eine unvermutet harte Probe gestellt.

Seine Gattin hatte betrüblicherweise vergessen, im Gepäck eine Packung Twinings English Breakfast Tea mitzuführen. Als diese unverzeihliche Nachlässigkeit aufflog, war es bereits zu spät. Wir waren ohne Twinings abgeflogen, was für meinen Lieblingsengländer ungleich schlimmer war, als habe er seinen Pass vergessen.

Im Urlaubsparadies angekommen, stellte sich bereits nach wenigen Stunden das Gefühl einer Nacktheit ein, gefolgt von einer leichten Reizbarkeit, die dann in einen lethargischen Zustand mündete, aus dem es kein Entrinnen gab. Nur ein vergleichbarer Teebeutel konnte hier Abhilfe schaffen. Alle erreichbaren Delikatessenläden hatten allerdings bereits geschlossen, sodass wir uns bis zum Frühstück gedulden mussten.

Das Frühstücksbuffet war dem Fünf-Sternehaus würdig und wir konnten uns neben allen kontinentalen Delikatessen über Baked Beans, geschmorte Champignons, matschige gekochte Tomaten, Bacon und hervorragende Rühreier freuen. Es braucht nicht eigens erwähnt zu werden: dieses Haus hatte Erfahrung im Umgang mit britischen Gästen. Umso erstaunlicher daher die anschließende Erfahrung am hübsch eingedeckten Frühstückstisch.

Selbstverständlich hatten wir Tee bestellt. Es kam die erwartete Kanne mit relativ heißem, wenn auch nicht kochendem, Wasser und ein kleiner Behälter mit den verschiedensten, einzeln verpackten Teebeuteln: Grüner Tee, Darjeeling, Earl Grey, Jasmin und Hibiskus-Tee und nochmals Earl Grey, diesmal mit

Zitronengeschmack. Der einzige, der zwingend richtige Frühstückstee, English Breakfast eben, war jedoch nicht dabei.

Jetzt hieß es, geistesgegenwärtig und blitzschnell zu entscheiden. Sollte man doch den Earl Grey als Ersatz nehmen und damit den Wärmegrad des in der Teekanne befindlichen Wassers vorteilhaft nutzen, oder die Kellnerin auf English-Breakfast-Mission schicken und in Kauf nehmen, dass der Ausgang zum einen fraglich war, zum anderen aber das Wasser bis dahin in jedem Falle erkaltet wäre.

Bange Sekundenbruchteile verstrichen. Die Verzweiflung und der Earl Grey siegten. Der allgemeinen Hektik am Tisch und einer leichten Panikstimmung war es zu verdanken, dass zu allem Überfluss nun auch noch zwei unterschiedliche Earl-Grey-Teebeutel, einer klassisch, einer mit Zitronengeschmack, in die Teekanne geworfen wurden. Kein noch so fünf-sterniges Frühstücksbuffet konnte diesen Schaden wieder gut machen. Am nächsten Morgen war man besser vorbereitet. Ich hatte meinen Fehler im nächsten Delikatessenladen vor Ort umgehend behoben. Der Lieblingsengländer und Twinings waren wieder vereint und konnten sich noch vor dem Frühstück in die Augen schauen. Des Weitern war die Kellnerin bestimmt angewiesen, die erforderliche Menge an Frühstückstee in ihrem Sortiment vorzuhalten. Der Urlaub war gerettet. Sie merken aber schon, wie kitzlig das Thema ist.

Sollten Sie je in England Renovierungs- oder Baumaßnahmen beaufsichtigen müssen, ein bestenfalls zweifelhaftes Vergnügen, welches eigentlich ein eigenes Kapitel verdient hätte, ist es für eine halbwegs zufriedenstellende Fertigstellung des Projekts unerlässlich, den Handwerkern in regelmäßigen Abständen eine Tasse Tee anzubieten.

Hierbei wird zunächst verbindlich geklärt, auf welche Art der hilfreiche Arbeiter seine *cuppa*, eine liebevolle Abkürzung für *cup of tea* bevorzugt. Die Fragen *"White?"* also mit Milch, und *"One or two sugars?"* also, ein oder zwei Teelöffel Zucker, sind die klassischen Kriterien, die man noch an der Haustürschwelle klärt.

In jeder englischen Küche wird im Übrigen ein Regal mit *mugs* vorgehalten. Für formloses Teetrinken in der Familie, mit

Freunden und für die Handwerker Bewirtung wird ein *mug* verwendet. Er ist einem Kaffeebecher vergleichbar, nur grösser, weil ja deutlich mehr Milch hineinmuss.

Man spricht aber trotzdem von einer *cup of tea*, einer *cuppa* eben, und nicht von einem *mug of tea* oder womöglich *mugga* - nur eine der vielen kleinen Ungereimtheiten des Englischen. Eine Teetasse wird nur verwendet, wenn die beste Freundin zu Besuch kommt, oder wenn man es eben stilvoller haben will.

Zurück zu unseren Bauarbeitern: Es versteht sich von selbst, dass man für solche Zwecke niemals einen feinen Darjeeling, einen Lapsaong-Souchong oder auch einen Earl Grey verwenden würde. Die einzige Waffe im Umgang mit englischen Handwerkern ist der sogenannte Builders Tea, also ein starker Schwarztee, beispielsweise von den Marken Yorkshire oder Typhoo. Auch ein English Breakfast Tea kann angeboten werden, Hauptsache er ist stark und süß.

Manch Hartgesottene fordern mit einem Augenzwinkern sogar *"Three sugars"* von der Hausfrau: *"You know, I am a sweet one, my dear!"*. Die erfahrene Lady wird hieraufhin drei Teelöffel Zucker in den Tee schütten und das „Ich bin nämlich ein Süßer, meine Liebe" samt des vertraulichen Zwinkerns ignorieren. Wenn Sie dieses Ritual nun jede Stunde wiederholen, stehen die Chancen auf eine halbwegs ordentliche Arbeit gar nicht so schlecht.

Kommen wir nun zu den Sekundäreigenschaften des Tees, die in ihrer Bedeutung nicht hoch genug eingeschätzt werden können.

Tee ist unangefochtener Trostspender, wichtigster Bestandteil der englischen Hausapotheke und Erstversorger in Kriegs- und Katstrophenfällen. Manche munkeln, Tee sei, neben der exzellenten militärischen Ausbildung der Berufsarmee, die größte britische Waffe in kriegerischen Auseinandersetzungen. Für die Moral der Truppe ist er unerlässlich. So ist es kein Wunder, dass jeder englische Panzer einen *kettle* mit sich führt. Das ist kein Witz!

Tee ist die Notaufnahme auf Haushaltsebene. Er ist Ersthelfer im Alltag, überbrückt kitzlige oder unangenehme Situationen, kleinere oder größere Peinlichkeiten, beruhigt Nerven, und schließt Versorgungslücken emotionaler Art, für die der Engländer sonst schwer Worte findet.

"Have a cup of tea, dear!" so die englische Standardantwort auf viele missliche Lebenslagen.

Ob Börsencrash, der Wertverlust einer kürzlich erworbenen Immobilie, der Tod eines Angehörigen, eine katastrophale Runde Golf, die in Aussicht gestellte Ankunft der Schwiegereltern oder die Verlängerung ihres Aufenthalts, ein gebrochenes Bein, ein blutiger Zwischenfall der eigenen Hand oder der eines Familienmitglieds mit Rasenmäher oder Brotschneidemaschine, eine vermasselte Prüfung, politische Umwälzungen, Kriegserklärungen oder das abrupte Ende einer jungen Romanze - zuerst einmal wird Tee getrunken.

Als unser jüngster Sohn gerade zwei Jahre alt war, wohnten wir in unmittelbarer Nachbarschaft einer wenig wünschenswerten Familie. Beide schnupften Koks und bewarfen sich gegenseitig schon einmal des Nachts mit Aschenbechern, so dass die Polizei öfters zu unchristlichsten Zeiten in die ansonsten friedlichen Gefilde der beschaulichen Gegend ausrücken musste.

Zu allem Überfluss wurden diesem harmonischen Haushalt zwei große Schäferhunde hinzugefügt, die ganze Tage an langen Leinen im rückwärtigen Garten befestigt waren und äußerst selten Gassi geführt wurden. Die Hunde mutierten, wie nicht anders zu erwarten, zu gefährlichen Riesen, die hinter dem Gartentor bedrohlich bellten oder knurrten.

Eines Nachmittags kam es zu folgendem Zwischenfall: Ich war mit unserem Kleinkind allein zu Hause und danke bis heute einer höheren Macht, dass er genau an diesem Nachmittag nicht - wie sonst stets - hinter mir her wackelte, als ich den Müllsack seiner Tonne zuführen wollte, ein Botengang, der mich am Nachbargrundstück vorbeiführte.

Etwas rüttelte am nachbarlichen Gartentor, es sprang auf und einer der beiden Schäferhunde, völlig unzutreffend Blue benannt, schoss im Galopp auf mich zu. Die Zähne waren gefletscht, die Zunge umspielte seine Lefzen.

Ich bin kein ängstlicher Mensch und habe vor Hunden - auch vor großen - keine Angst. Aber in diesen Sekunden lief alles wie ein Film vor meinem geistigen Auge ab. Wo war das Kleinkind? Stoßgebete zu seinem Verbleib im Haus flogen gen Himmel. Blue würde gleich springen, da war ich mir sicher. Wie mein Gesicht schützen? - Instinktiv wandte ich mich seitwärts zu dem Hund und spürte schon den heißen Atem des großen Tiers. Plötzlich ein schriller Pfiff und ein scharfes Rufen. Der Besitzer war unerwarteterweise zu Hause und rief den Hund, der sich, einem kleinen Wunder gleich, in den eigenen Garten zurückscheuchen ließ. Einige kurze unhöfliche Worte wurden gewechselt, die ich hier nicht wiederholen möchte. Ich zitterte am ganzen Körper und wankte zurück ins Haus.

Als Erstes rief ich den Lieblingsengländer im Büro an. Dieser versicherte mir, sich wegen der Formulierung eines Mahnschreibens an Herrn Blue umgehend mit seinem Anwalt in Verbindung zu setzen. Um der Sache den notwendigen Nachdruck zu verleihen, sollte ich meinerseits direkt die Nummer der städtischen Instanz Dog Warden anrufen, einer nützlichen Einrichtung, an die man sich bei gefährlichen Hunden wenden kann.

Ich wählte also mit immer noch zittrigen Fingern besagte Nummer und wurde auch direkt verbunden. Ein sehr liebenswerter Herr am anderen Ende der Leitung hörte mir geduldig zu und nahm meine Aussage zu Protokoll. Noch bevor mein Wortfluss ganz versiegt war, räusperte sich mein Gesprächspartner am anderen Ende der Leitung, freundlich und doch bestimmt, so wie es eben nur ein Engländer kann:

"And now, my dear, you go and just put the kettle on and make yourself a nice cup of tea. Believe you me, a nice cup of tea will do wonders. And make sure you put your feet up, too."

„Und jetzt, meine Liebe, schlage ich vor, Sie setzen den Wasserkocher auf und machen sich eine schöne Tasse Tee, denn die wirkt Wunder. Und dann legen Sie die Beine ein wenig hoch."

Den kurzen Anflug feministischer Rebellion einer Nichtengländerin gegen die vermeintliche Bevormundung einer kleinen Hausfrau kämpfte ich nieder. Aus heutiger Sicht ist mir klar: Ich wohnte damals erst vier Jahre in England, viel zu kurz natürlich, um den tieferen Sinn seiner Empfehlung ganz verstehen zu können. Aber was soll ich Ihnen sagen? - Die *cuppa* tat wirklich gut.

Tee ist Allheilmittel, Streitschlichter und Überbrückungshilfe für alle möglichen und unmöglichen Gesprächssituationen, in denen ansonsten womöglich der Gesichtsverlust eines Gesprächspartners zu befürchten stünde.

Droht ein häuslicher Zwist mit dem Ehepartner oder kehrt der Sohn mit einer schlechten Note zurück, bietet der muntere Ausruf *"I'll just go and put the kettle on, shall I?"* den entscheidenden Moment, sich zu sammeln und die Unversöhnlichkeit gegensätzlicher Ausgangspositionen zu mildern. Mit dem Abstand von einigen Minuten und alleine schon durch das Festhalten an der Teetasse gestärkt, lässt es sich erneut in die Schlacht ziehen.

Unter bestimmten Bedingungen kann eine angebotene Tasse Tee jedoch auch größeres Übel signalisieren und ist als Warnsignal durchaus nicht zu unterschätzen, wie die Geschichte von Mrs. O'Connor illustrieren soll.

Leider sind wir Eltern von Söhnen und in dieser Funktion wohlvertraut mit den verschiedensten Ordnungswidrigkeiten, die an englischen Grundschulen und Gymnasien zu begehen sind.

So wurde ich eines Tages von der Grundschule unseres jüngsten Sohnes angerufen, ich möge bitte noch am gleichen Tage bei Mrs. O'Connor, der Direktorin der Box Hill Preparatory School, vorstellig werden.

Es sei kurz erwähnt, dass Box Hill einen ausgezeichneten Ruf als streng katholisch geführte private Einrichtung genießt und auf eine lange Tradition als eine der führenden Mädchenschulen in Guildford zurückblicken darf. Erst seit Kurzem waren Jungen in Box Hill zugelassen.

Als ich nun das holzgetäfelte, altehrwürdige Schulleitungsbüro betrat, kam mir Mrs. O'Connor in wie immer untadeligem Kostüm und hochhakigen Schuhen forschen Schritts entgegen und bugsierte mich zur ledernen Besuchersitzgruppe mit Blick auf den Park.

"Good Day, Mrs. Tansley", so tönte ihr lupenreines Oxford Englisch an mein besorgtes Ohr, *"May I offer you a cup of tea?"*

Ich wusste sofort, diesmal war es ernst. Es ging um mehr als Nachsitzen oder schlechte Noten, um weit mehr. Mit einer Tasse Tee werden auch englische Hiobsbotschaften überbracht.

Mit ernstem Blick reichte mir Mrs. O'Connor die für mich vorgesehene Teetasse. Ich rutschte tiefer in das Chesterfield Sofa. In wenigen präzisen Worten war das Unfassbare geschildert. Unser Sohn Justin und ein zweiter Missetäter waren in der Pause ertappt worden, als sie auf den Rasen pinkelten. Nun war dies an und für sich schon schlimm genug. Etikette wird an englischen Privatschulen schließlich großgeschrieben. Was allerdings dem Fass den Boden ausschlug: es handelte sich hierbei nicht um den Pausenhof- oder den Sportplatzrasen, sondern - Mrs. O'Connor musste an dieser Stelle ihre Teetasse absetzen und rang um Fassung - um Our Lady's Lawn.

Our Lady's Lawn ist ein ausnehmend gepflegtes Stück Grün, auf dem eine geschmackvolle Sockelstatue der Schutzheiligen von Box Hill, der Jungfrau Maria, platziert ist. Schon das bloße Betreten von Our Lady's Lawn ist selbstverständlich für die Schüler und Schülerinnen streng verboten. Und nun das.

Mrs. O'Connor erwartete, und bekam, auch die gebührliche Sippenhaftung für das Unglaubliche. Ich klapperte erschüttert mit meiner Teetasse und erbot mich wortreich, auch im Namen von Justins Erzeuger, aufs Schärfste mit dem jungen Mann ins Gericht zu gehen.

Das sei nicht nötig, so Mrs. O'Connor, beide Übeltäter seien bereits in ihr Büro zitiert und entsprechend gerügt worden. Sie sei sicher, es würde nicht mehr vorkommen. *"Thank you very much for coming in, Mrs. Tansley"* – ich war entlassen.

Auch das kann Tee: Unsägliches sagbar zu machen.

Kapitel 4

Über manche Dinge spricht man nicht – die feine englische Art

Über manche Dinge spricht man nicht auf der Insel. Kronen gehören zu England, royale wie metaphorische. Die Krone der hohen Kunst des galanten Schweigens und Nichtkommentierens geht klar an die Briten.

Manche nach Jahren des Exils in Teewasser weichgekochte Germanen und andere Stämme behaupten sogar, es gäbe weit mehr Dinge in Britannien, über die man nicht spricht, als solche, über die man spricht.

Als kurze Auflockerungsübung und Einführung in das schwierige Kapitel des britischen Gesprächs möge uns deshalb das eine Thema dienen, über das man jederzeit frisch und fröhlich sprechen darf, ohne in irgendwelche Fettnäpfchen zu treten: das Wetter.

Es möge unser Sicherheitsgurt werden. Gut angeschnallt können wir uns mit diesem Gesprächsstoff schnell aus allen verzwickten Situationen befreien und fast als Engländer durchgehen.

Eine Umfrage unter 2000 Briten hat ergeben, dass alle Vorurteile über die Wetterlastigkeit der englischen Unterhaltung stimmen. Circa dreimal pro Tag verweist der Brite auf das Wetter. Für jeden Wetterbeitrag, Regen, Sonne und Temperatur, wendet er ungefähr drei Minuten auf. Zusätzlich benötigt er ca. elf Minuten pro Woche, um den Wetterbericht im Fernsehen oder seiner Handy-App zu prüfen. Insgesamt, so die Studie, verbringt er auf diese Weise hochgerechnet ungefähr fünf Monate seines Lebens. Drei Viertel der Briten flüchten in Richtung Wetter, wenn eine Unterhaltung unangenehm, lästig oder langweilig wird.

Interessanterweise werden hierbei Kommentare über niedrige Temperaturen bevorzugt. *Cold weather* wird häufiger besprochen, gefolgt von *wet* und *windy*; weit abgeschlagen folgt *hot*. Der clevere Philosoph wird hieraus seine eigenen Schlussfolgerungen ziehen.

Mit folgenden Personengruppen wird am häufigsten über das Wetter gesprochen: mit Fremden, älteren Mitmenschen, Arbeitskollegen, Freunden und Eltern. Achtung: macht man eine Bemerkung über das Wetter, so erwartet man keine Gegenmeinung. So interessant ist es nun auch wieder nicht. Man spricht über das Wetter, weil es nicht wirklich wichtig ist.

Nicht über das Wetter spricht man nur, wenn dieses selbst aus naheliegenden Gründen zum Hauptthema geworden sein sollte. Befindet man sich zum Beispiel im Auge des Orkans spricht man nicht mehr über diese Widrigkeit. Hier muss man ganz schnell auf *Stiff Upper Lip*, die steife Oberlippe umschalten (siehe dort).

Nachdem wir nun wissen, worüber wir (fast) immer und überall sprechen können, und auch verstanden haben, dass es nicht unbedingt ein Kompliment ist, mit einem Briten länger als drei Minuten in ein Wettergespräch verstrickt zu werden, wenden wir uns nun den Themen zu, über die man überhaupt nicht spricht. Einfacherweise gibt es hier zwei, die über jeden Zweifel erhaben sind: die Kritik am Königshaus oder an der Fußballmannschaft.

Mit Kritik an ihrem Königshaus oder ihrer Fußballmannschaft konfrontiert, verwandeln sich die Briten in echte Eiszapfen. Mit deutlichem Abstand folgen die Themen Geld, das man zwar hat, über das man aber nicht spricht, und - zumindest in den weniger hippen Kreisen - das eigene Gefühlsleben.

Bis hierher ist alles einfach. Nun wird das Kapitel komplexer und kann nur anhand zweier kleiner Geschichten näher beleuchtet werden. Die folgenden Anekdoten können sich so nur in England zutragen. Sie illustrieren, was sonst unmöglich theoretisch zu beschreiben wäre.

Unsere erste Geschichte beginnt um 1690. Der erste Duke of Richmond, illegitimer Sohn von Charles II., suchte, um seiner Jagdleidenschaft nachgehen zu können, nach einem geeigneten Häuschen im Grünen. Er fand Goodwood in der Nähe von Chichester, in der Grafschaft Sussex im Süden Englands.

Der Hauptsitz der Familie, Richmond House, in Whitehall, London, brannte 1791 nieder. Ein großer Teil des Kunstbesitzes konnte jedoch gerettet werden. Um diesen zu beherbergen, wurden zwei große Flügel von dem damaligen Stararchitekten James Wyatt an Goodwood angebaut.

Zehn Herzöge später sind wir bei dem heutigen Erben, Charles Henry Gordon-Lennox, Earl of March and Kinrara, besser bekannt als Lord March angekommen, der den Landsitz zu neuen Höhenflügen führte.

Schon sein Vater, der zehnte Duke of Richmond, hatte Goodwood auf gesunde wirtschaftliche Füße gestellt und sich insbesondere dem Motorrennsport verschrieben. 1948 öffnete in Goodwood die erste Rennstrecke nach dem Krieg und erfuhr begeisterte Unterstützung aus der Bevölkerung. Das motorsportbegeisterte Publikum Englands hatte einen neuen Treffpunkt gefunden.

So ist Goodwood heute vor allem bekannt für sein seit 1993 jährlich im August stattfindendes Goodwood Festival of Speed, einer riesigen Motorsport-Sommer-Party. Der rennsportbegeisterte Lord March inszeniert hier ein spektakuläres Event, und nirgendwo sonst ist eine Rennstrecke so schön, so elegant und so britisch. Diese Hommage an den Rennsport sucht ihresgleichen und ist auch auf internationaler Ebene die größte ihrer Art. Zu bestaunen sind Renn- und Sportwägen aus allen Epochen der Motorsportgeschichte, von Vorkriegsmodellen bis hin zu modernen Formel-1-Boliden, sowie viele ehemalige und aktuelle Rennsportgrößen.

Daneben gibt es noch das Goodwood Revival Festival, ein

Oldtimer Treffen der allerfeinsten Art. Die Besitzer und ihre Begleiterinnen sind ihrem Untersatz entsprechend in Kostüme der 40-er, 50-er und 60-er Jahre gekleidet. Eine riesige, elegante, historische Kostümparty ergießt sich über die ausnehmend schöne Goodwood-Szenerie, und der Landsitz versinkt jeweils im September für einige Tage im Glanz der Nachkriegszeit.

Auf den Goodwood-Ländereien finden sich außerdem noch eine Flugschule, ein Golfkurs, eine Jagd, eine Tontaubenschießanlage und ein herausragendes Cricket-Feld. Die zweite sportliche Leidenschaft von Lord March - nach dem Rennsport - ist allerdings das Pferderennen. Hierfür gibt es Glorious Goodwood, nach Ascot und Epsom eines der großen Drei.

Das heutige Glorious Goodwood kann seine Ursprünge auf das Jahr 1802 zurückverfolgen. Damals schuf der dritte Duke of Richmond die als "The Harroway" bekanntgewordene Pferderennstrecke für das Militär von Sussex. Als Pferderennen nach dem Zweiten Weltkrieg wieder erlaubt waren, stieg die Popularität von Goodwood und schon 1953 besuchten 55.000 Zuschauer das Dienstagsrennen im Juli.

Meine elegante Freundin Innes lud im Juli 2007 zu einem ihrer gefeierten *Glorious Goodwood-Racing Picnics* ein. Innes ist eine echte Lady und erfüllt die Kriterien eines typischen Goodwood-Gastes vollumfänglich. Sie stammt aus altem Geschlecht - nicht ganz adlig aber fast - und wir können Innes auf alle Fälle in der *Old-Money*-Kategorie ansiedeln. Wir unterscheiden in England streng zwischen *Old Money*, alten Familien mit Ansehen und Einfluss, und *New Money*, den lästigen Neureichen, die leider oft *stinking rich*, also stinkreich sind, aber eben keinerlei Stil besitzen.

Es gibt für diese letztere Kategorie eine herrliche Insiderbezeichnung, "*NQOCD*", kurz für: "*Not Quite Our Class, Dear*". Hiermit wird unverhohlen jemand tituliert, der „nicht genau unsere Klasse hat, mein(e) Liebe(r)". Will man über jemanden die gesellschaftliche Guillotine fällen, so raunt man sich hinter vorgehaltener Hand "*NQOCD*" zu, und die Eingeweihten wissen Bescheid.

Leider haben Innes's drei Ehemänner ihr ganzes Familienerbe

durchgebracht, und sie ist nun selbst dringend auf der Suche nach etwas *New Money*, um ihren nicht ganz unerheblichen Lebensstil zu finanzieren.

Das Spektakel Glorious Goodwood ist ein Pferderennen für jedermann. Wirklich? Nun ja, die Massen stellen sozusagen die Statisten. Undurchdringliche Absperrungen halten sie jedoch von der feineren Gesellschaft fern, die so ganz unter sich sein und - wie es sich gehört - eben mal ein Wort mit dem Jockey oder dem Rennstallbesitzer wechseln kann.

Lisa, eine von Innes's noch feineren Freundinnen, besitzt nun etwas, das für englische Verhältnisse dem Heiligen Gral ziemlich nahekommt: das Recht auf einen privaten Parkplatz direkt an der Rennstrecke.

Es handelt sich hierbei um die ganz nach britischem Understatement unauffällig als Parkplatz Nummer 2 ausgewiesene Grasfläche innerhalb der Rennstrecke direkt gegenüber der Haupttribüne. Einige wenige alte Familien haben nun das erbliche Recht, dort ihren Range Rover oder Bentley zu parken und so das Rennen auf Augenhöhe mit den Pferden zu verfolgen.

Ist der Fortnum-and-Mason Picknickkorb ausgepackt und der Tipp auf Sieg in einer der naheliegenden Wettboxen abgegeben, kann man nun ganz *entre-nous* das Rennen verfolgen. Man hat es geschafft. Die soziale Spitze ist erklommen. Nichts und niemand kann einem das erhabene Gefühl nehmen, den Plebs wirklich weit hinter sich gelassen zu haben.

Diese Parkplätze, bzw. das Recht direkt auf Parkplatz Nummer 2 vorzufahren, werden in den alten Familien von Generation zu Generation weitervererbt. Man kann sie nicht käuflich erwerben, egal wie neureich man auch ist.

Lisa selbst erzählte mir die Geschichte in bestem *Queen's English*. Ich hing an ihren Lippen und konnte nicht glauben, dass es so etwas noch geben konnte. Ich liebe England und seine dekadenten Kauzigkeiten, aber Lisa war selbst für mich eine Nummer *too much*. Aber hören Sie selbst. Lisa flötete:

"When Daddy was on his deathbed, I was at his side and he said, Darling Lisa, from all of my estate, what is it you would like above all else? And I said, Daddy, there is only one thing I would

like above all else, can I have Goodwood, please?"

In etwa zutreffend übersetzt mit: „Als Daddy im Sterben lag, war ich an seiner Seite und er sagte: „Darling Lisa, was hättest Du von meinem ganzen Erbe am liebsten?" Ich sagte: „Daddy, es gibt nur eines, was ich wirklich lieber als alles andere hätte. Kann ich bitte Goodwood haben?"

Daddy schloss für immer seine Augen und so erhielt Lisa besagten Stellplatz. Ihr Verhältnis zu ihrem Bruder war danach nie mehr so wie früher. Der gute Quentin hatte wohl selbst ein Auge auf Goodwood geworfen. Er hatte Glück. Bei „Inspector Barnaby" werden Miterben aus weitaus geringerem Anlass mithilfe schwarzer Handschuhe beseitigt. Ich vermute, Daddy hinterließ Lisa auch sonst noch einiges, denn sie war einfach eine überlebensgroße Vertreterin der britischen Oberschicht, schwerer Tobak, selbst für den größten Brit-Fan.

Aber zurück zu unserem Picknick. Es war so weit. Der Tag im Juli war gekommen. Die von Innes und Lisa geladenen Gäste begaben sich nach Goodwood. Der Lieblingsengländer hatte eine geschäftliche Ausrede vorgeschützt, und so machte ich mich alleine auf den Weg.

Die Damen waren wohlfrisiert und gut behütet, in eleganten Chiffonkleidern, smarten Hosenanzügen oder Kostümen und High Heels von Jones oder Russell and Bromley. Die Herren beeindruckten in hellen Anzügen mit Krawatte.

Wir Sterblichen mussten unsere Wägen auf einem der großen hierfür vorgesehenen Felder parken und dann zu Fuß den Weg Richtung Parkplatz Nummer 2 antreten.

Innes und Lisa waren selbstverständlich längst vor Ort und arrangierten Champagnergläser, Tafelgeschirr, Silberbesteck, *Hors-d'-œuvre*, Fleischpastetchen, Hühnerbrüstchen und diverse andere Delikatessen. Die für den Nachtisch vorgesehenen Tortenbehälter wurden mit übergroßen Picknickschirmen beschattet. Die Pferde wurden in einem nahen Rundell vorgeführt und die Jockeys vorgestellt.

Der einzige Wermutstropfen: Der Himmel war leicht überzogen, und es deutete sich Regen an. Niemand jedoch kommentierte dieses Omen, außer mir, dem deutschen Gast. Kein

Wunder, dass wir im Ausland einen so schlechten Ruf genießen.

"Oh dear, you might be unlucky with the weather!", „Oh je, da könntet Ihr wohl Pech mit dem Wetter haben!" entfuhr es mir.

Alle lächelten freundlich zurück. Eine leichte Prise von „was für eine Langweilerin" war spürbar. Dabei wandten sie sich noch forscher ihren Vorbereitungen zu.

Der Wind nahm zu und das ganze Drama seinen Lauf. Schon beim Champagner Ausschank regnete es heftiger, und die Herren halfen zuerst den Damen in die Barbour Jacken und zogen dann ihre eigenen über. Alle übrigen verfügbaren Schirme wurden aufgestellt, gehalten oder an dem Kofferraumdeckel des Range Rovers befestigt.

Der Regen blieb gänzlich unerwähnt, wogegen das Gespräch über das Rennen, die Wetten und darüber, wer wohl schon einmal von dem an Nummer sieben gesetzten Pferd des übernächsten Rennens gehört hatte, munter fortfloss. Die High Heels der Damen sanken immer tiefer in den nunmehr bereits bedenklich glitschigen Rasenmatsch unter unseren Füssen.

Es wurde gelacht, getrunken, gegessen. Niemand sagte auch nur ein Wort über das Wetter, das in diesem Moment eben selbst zum Epizentrum wurde und vor allen Dingen mit dem viel angesagteren Renn-Spaß kollidierte.

Über bestimmte Dinge spricht man nicht, nicht auf einem *Glorious Goodwood Picnic* auf Parkplatz Nummer 2.

Nachdem mein Kleid ruiniert und meine Schuhe ein komplettes Abschreibungsobjekt waren, war mir mein Ruf egal, und ich outete mich endgültig als langweilige Spielverderberin. Ich räumte das Feld vorzeitig. Meiner Freundschaft mit Innes tat dieser Rückzug Gott sei Dank keinen Abbruch. Lisa hingegen hat mir nie verziehen. Ich bin sicher, sie bedauerte meinen Lieblingsengländer und fragt sich bis heute, was er wohl in mir sieht.

Die Kapitel über die britische *Stiff Upper Lip* oder das Britische *Understatement* sind diesem hier verwandt, obwohl es dort mehr um Herzensangelegenheiten und die hohe Kunst des Nichtmeckerns geht, auch eine Erfindung der Engländer, man denke nur an das *Queueing*.

Aber auf der Suche nach Situationen, die man ungeachtet schreiender Komik oder Tragik komplett unkommentiert lässt, darf Malcolm Scofield nicht fehlen. Malcolm war 15 Jahre lang unser Nachbar. Er und seine Frau Sue waren uns ans Herz gewachsen. Zu der Familie gehörten noch Sean, der Sohn, Nigel, der taube Spaniel, Spencer, der leicht verrückte Jack Russell Terrier und Sooty, die schwarze Katze. Leo und Elliott, die beiden Golden Retriever, waren zwar verblichen, zierten aber, in Öl porträtiert, die Scofieldschen Wohnzimmerwände. Malcolm und Sue waren die Nachbarn, die man sich wünscht. Bedingungslos hilfsbereit, immer winkend und stets für einen netten Abend gut. Ihr Grundstück grenzte direkt an unseres.

Nun muss noch erwähnt werden, dass wir unsere Söhne zweisprachig erziehen und es mir ein Anliegen war, ihnen in ihren jungen Jahren in der Diaspora auch ein Stück deutsches Brauchgut mitzugeben. Ich selbst bin in einer bayerischen Alpenstadt nahe der österreichischen Grenze aufgewachsen. Um den 5. bzw. 6. Dezember herum verwandelt sich unsere Gegend in eine vorweihnachtlich schaurige Szenerie, die sonst nur noch, soweit ich weiß, von den Österreichern und komischerweise von den Holländern zelebriert wird.

Der heilige Nikolaus besucht die Kinder und bereitet den Weg für das Christkind. Er symbolisiert den Heiligen Bischof von Myra und ist eine ehrwürdige Figur. Er ist meist groß und trägt ein goldenes Buch mit sich, in dem er lesen kann, ob die Kinder das Jahr über gut oder böse waren. Wenn sie brav waren, bekommen sie kleine Geschenke und Süßigkeiten in die eigens dafür polierten und bereitgestellten Stiefel, waren sie allerdings böse, holt sie der Krampus, aber davon ein andermal.

Als unsere Söhne fünf und zwei waren, packte es uns. Für den diesjährigen 6. Dezember sollte nun kein Ziel zu hoch sein. Ein heiliger Nikolaus musste her. Da im geliebten Ausland hierfür allerdings kein geeignetes bzw. völlig unzureichend geschultes Personal zu finden war, stellte sich der Lieblingsengländer selbst zur Verfügung.

Es wurden keine Kosten und Mühen gescheut und von einem renommierten Kostümverleih in London eine Haartracht und ein beeindruckender Bart organisiert. Es war wohl kein Zufall, dass selbiger Kostümausstatter auch an den Dreharbeiten zu „Harry Potter und der Stein der Weisen" beteiligt gewesen war. Nikolaus und Hagrid, der Riese, hätten Brüder sein können. Ich selbst stellte den Nerz zur Verfügung. Darüber wurde noch schnell das rote Cape aus den Beständen meiner Schwiegermutter drapiert und fertig war der Heilige. Der Plan ist schnell erzählt:

Das Kostüm wurde in der Garage hinterlegt. Der Lieblingsengländer sollte bei abendlicher Rückkehr aus dem Büro direkt in die Verkleidung schlüpfen und lautstark klopfen. Ich würde im Haus erst die Kinder ablenken und sie dann die Tür öffnen lassen. In dem Moment würde der Heilige aus der Ferne würdevoll winken und in die Dunkelheit verschwinden.

Ein einmaliges Erlebnis für unsere Kinder, da waren wir uns sicher. Gesagt, getan!

Die Kinder waren abgelenkt, es klopfte, sie öffneten die Tür, sahen als Erstes ihre gefüllten Stiefel und dann, im aufkommenden Nebel perfekt in Szene gesetzt - den Heiligen Nikolaus! Dieser winkte drehbuchgemäß und entglitt dann gemachen Schrittes in die Nacht und in Richtung des nachbarlichen Anwesens.

Die nun folgende Szene ist mir selbst ebenfalls nur überliefert, da ich bereits die Tür wieder geschlossen hatte und das grenzenlose Kinderstaunen genoss. Sie hatten gerade den echten Nikolaus gesehen!

„Oh Mami, warum ist Daddy noch nicht zurück? Jetzt hat er den Nikolaus verpasst. Wann kommt er denn endlich?" Sie mussten ihm unbedingt jetzt und sofort alles erzählen.

Doch draußen, der trauten häuslichen Szene im Inneren verborgen, plötzlich eine bizarre Szenerie: Flutlicht! Helle Beleuchtung!

Der heilige Nikolaus hatte Malcolm's großzügigen Bewegungsmelder ausgelöst und verharrte in Schreckstarre im Rampenlicht, das den nachbarlichen Vorgarten grell ausleuchtete. Ein Zurück war nicht möglich, da ja womöglich die Kinder noch vor der eigenen Haustür oder an den Fenstern standen. Ein Verweilen auf dem Scofield'schen Grundstück war unvermeidlich.

Aber damit noch nicht genug: In selbiger Sekunde brauste

Malcolm's BMW heran, auch er kehrte aus dem Büro zurück. Beim Aussteigen, Aktenkoffer in der Hand, gewahrte der Hausherr die vermummte Figur in seinem Vorgarten. Die nun folgende kurze Unterhaltung kann in einer solchen Situation nur zwischen zwei Engländern stattfinden.

Folgende Worte wurden gewechselt, und nur diese. Ungelogen, Hand aufs Herz. Sie müssen auch nicht übersetzt werden, so einfach und gleichzeitig unschlagbar sind sie.

Malcolm: *"Oh hi Kerrin, how are you?"*
Nikolaus: *"Hi Malcolm, good, thank you, how are you?"*
Malcolm: *"Yeah, fine, thanks. See you round!"*

Nicht mehr und nicht weniger. Kein Erwähnen der merkwürdigen Tracht, kein Nachfragen nach dem Warum, Wieso, Weshalb, nichts dergleichen. Über manche Dinge spricht man nicht. Nicht in England.

Kapitel 5

Stiff Upper Lip – eine Ode an die Oberlippe

Wir kommen nun zu einer alten englischen Tugend, um die man heute in der Tat besorgt sein muss. Sie ist schwer erkrankt, möglicherweise todkrank. Und dabei ist sie doch so einmalig schön, so unvergleichlich britisch, so faszinierend wie unverständlich.

Sie hat über Jahrhunderte hinweg die Insulaner ausgezeichnet, sie hat blutige Revolutionen und Kriege geführt, sie hat ein Weltreich aufgebaut und verloren. Churchill hatte eine und mit ihr eine Nation zum Sieg über Hitler-Deutschland geführt. Die Queen hat eine und musste ihretwegen den größten Popularitätsverlust ihrer Amtszeit hinnehmen. Vertreter der englischen Oberschicht und des Public School Systems halten weiter an ihr fest. Sie ist der Grund, warum wir Maggie Smith in ihren Rollen so lieben und warum sie als Lady Violet in „Downton Abbey" noch gut 150 Jahre alt hätte werden können. Wir hätten ihr weiter zugeschaut.

Und dennoch ist sie bedroht. Von Meinungsumfragen, Hysterien der sozialen Netzwerke, Fußballern und dem Untergang des Abendlandes im Allgemeinen. *Alas*! Es sei ihr deshalb ein eigenes Kapitel gewidmet: der guten, alten, britischen *Stiff Upper Lip*.

Wörtlich übersetzt haben wir es hier also mit einer steifen Oberlippe zu tun. Haben Sie schon einmal versucht, nur die Oberlippe in einen gegenüber der Unterlippe steifen Zustand zu versetzen? Und dann Großartiges zu vollbringen? - Es muss sich also um eine Metapher handeln, die eine innere Qualität ausdrückt, etwas Charakterliches also. Im Übrigen ist das Begleitverb der *Stiff Upper Lip* "to keep". Man hält also seine Oberlippe steif.

Es ist weiterhin bekannt, dass Gefühlsregungen jeder Art oftmals zuerst unbewusste Zuckungen der oberen Lippe auslösen und damit ihren Besitzer emotional verraten - ein echter Designfehler, wenn Sie mich fragen.

Aber Gott ist bekanntlich Brite und hat sich eine Notlösung einfallen lassen. Und schon sind wir auf dem richtigen Weg, eine Definition zu wagen.

Indem man also - rein physiognomisch betrachtet - seine Oberlippe steifhält, muss das restliche Gesicht zwangsläufig eher entrückt und distanziert wirken, böse Zungen würden behaupten „kühl". Auf gar keinen Fall kann man aber damit lächeln oder - noch schlimmer - weinen, und es ist sicher gewährleistet, dass man jedwedes Gefühl, das man gerade so empfinden mag, für sich behalten kann. Ideal geeignet also, um seine Pflicht zu tun. Wir müssen auch nicht weitersuchen, um den Ursprung der Redewendung zu Zeiten des Britischen Empires anzusiedeln. Rein historisch betrachtet muss man die Engländer allerdings von der Erfindung dieser Tugend freisprechen. Das haben schon viel früher die Stoiker im alten Griechenland verbrochen. Und wer seinen Marc Aurel kennt, weiß, dass er uns in seinen Selbstbetrachtungen erklärt:

„Ein unerschütterliches Herz den Dingen gegenüber, die von außen kommen; ein rechtschaffenes in denen, die von dir abhängen." (Quelle 5)

Das koloniale England war allerdings ein reichhaltiger Nährboden für diese wünschenswerte Eigenschaft, und so konnte besagte Oberlippe gerade dort so trefflich Fuß, bzw. Gesicht, fassen.

In der entscheidenden Phase der Schlacht von Waterloo am

18. Juni 1815 war die fünfte Division unter Lord Picton von übermächtigen französischen Einheiten bedrohlich eingekesselt. Lord Uxbridge wurde von dem Herzog von Wellington beauftragt, Picton mit seiner 2.000 Mann starken Kavallerie, der Household Brigade, zu Hilfe zu kommen.

Der Schachzug war erfolgreich. Uxbridge konnte die feindlichen Truppen entscheidend zerstreuen. Im weiteren Schlachtverlauf warf der Lord sich selbst immer und immer wieder in die vordersten Reihen. Dabei wurden acht oder neun Pferde unter ihm weggeschossen. Eine der letzten Kanonenkugeln der Schlacht traf ihn dann doch, und er verlor seinen rechten Unterschenkel. Es gibt mehrere überlieferte Versionen der hierauf folgenden Unterhaltung zwischen Uxbridge und Wellington, die keiner Übersetzung bedürfen.

Uxbridge: *"By God, Sir, I have lost my leg"*
Wellington: *"By God, Sir, so you have"* (Quelle 6)

Die zweite Version wird von dem Mann überliefert, der den verwundeten Uxbridge vom Schlachtfeld trug, einem gewissen Horace Seymour, der sich an folgende Worte erinnert:

Uxbridge: *"I have got it at last"*
Wellington: *"Indeed? Good God"* (Quelle 7)

Ob man sich nun der ersten oder zweiten Variante anschließen möchte, die Nüchternheit des Wortwechsels ist erfrischend und verdeutlicht uns die *Stiff Upper Lip* aufs Trefflichste. Während der Amputation blieb Lord Uxbridge erwartungsgemäß stoisch. Sein einziger Kommentar bezog sich auf die Messer, die seiner Meinung nach etwas stumpf zu sein schienen, *"The knives appear somewhat blunt"*. (Quelle 8) In Kompensation für sein verlorenes Bein wurde Uxbridge eine jährliche Pension von 1.200 Pfund Sterling angeboten. Er lehnte diese Offerte mit folgenden Worten ab: *"Who would not lose a leg for such a victory?"* Wer, also, würde nicht gerne ein Bein für einen solchen Sieg verlieren? (Quelle 9). Es erstaunt deshalb nicht, dass Lord Uxbridges amputiertes Bein in dem Dörfchen Waterloo ein eigenes Begräbnis erhielt. Auf seinem Grabstein ist folgende Inschrift zu lesen:

„Hier liegt das Bein des berühmten und tapferen Lord Uxbridge, Lieutenant-General der britischen Majestät, Oberbefehlshaber der englischen, belgischen und holländischen Kavallerie, verwundet am 18. Juni 1815 bei der denkwürdigen Schlacht von Waterloo, der durch sein Heldentum zum Triumph der Menschheit beigetragen hat, welches an jenem Tag einen glorreichen Sieg davongetragen hat" (Quelle 10)

Ist das nicht einfach schön? Die Säge übrigens, die Lord Uxbridge von seinem Bein befreit hat, ist im National Army Museum in London zu bestaunen.

Auch im späten Viktorianischen England fuhr man mit Haltung und Disziplin gut. In dem Walt Disney Film „Mary Poppins" mit Julie Andrews besingt der Hausherr Mr. Banks auf amüsante Weise "The life I lead", sein Leben um 1910 in England, mit dem er vollumfänglich zufrieden ist. „Ich bin voll Stolz und bin zutiefst zufrieden", so die deutsche Übersetzung. Hier eine kurze Kostprobe:

„Eine britische Kinderfrau muss ein General sein,
Das künftige Empire liegt in ihren Händen
Deshalb muss die Person, die wir brauchen, die Sippe zu erziehen, eine Nanny sein, die Kommandos geben kann!
Eine britische Bank wird mit Präzision geführt,
Ein britisches Zuhause erfordert nicht weniger!
Tradition, Disziplin und Regeln müssen das Handwerkszeug sein, Ohne dies: Unordnung, Katastrophe, Anarchie!
Kurzum ein Riesenschlamassel!"
(Quelle 11)

Was würde Mr. Banks wohl heute singen? Aber lassen wir das lieber und kommen zurück zu unserer Oberlippe. Die Haltung der *Stiff Upper Lip* verbietet es ihrem Träger, angesichts eines konkreten Anlasses oder ganz im Allgemeinen, sein eigenes oder ein beobachtetes Schicksal zu beklagen oder zu bejammern.

Meisterhaft hat dies Rudyard Kipling in seinem Gedicht "If" ausgedrückt und dem Gedanken hinter der *Stiff Upper Lip* ein poetisches Denkmal gesetzt. Die grandiosen Zeilen *"If you can meet with triumph and disaster, And treat those two impostors just the same"*, „wenn du Triumph und Niederlage hinnimmst und beide Betrüger gleichermaßen willkommen heißt" (Quelle 12) sind heute so wahr wie damals.

Leider ist ja Kipling selbst etwas aus der Mode gekommen, seine Worte allerdings stehen immer noch über dem Eingang zum *Center Court* in Wimbledon, und viele Briten haben dieses Gedicht verinnerlicht. Sie alle haben zu diesen Zeilen gewonnen und verloren: Boris Becker, John McEnroe, Nadal und Borg, Navratilova und die Williams Sisters. Einige von ihnen haben wohl Kiplings Worte nicht ganz verstanden, wenn man an zerbrochene Schläger, verbale Wutausbrüche usw. denkt.

Der Träger einer *Stiff Upper Lip* ist das Gegenstück eines Weicheis und verachtet Vertreter dieser Spezies aufs Dringlichste. Die *Stiff Upper Lip* hält Kurs, egal welche Widrigkeiten sich ihr entgegenstellen.

Man zeigt wenig bis keine Gefühlsregung und ist stolz darauf. Das öffentliche Jammern, die in Szene gesetzte Trauer, das Lamentieren und Sich-an-die-Brust-Schlagen: mögen andere Nationen hier vorangehen!

Die britische *Stiff Upper Lip* setzt dagegen traditionell auf Besonnenheit, Raison und Unerschütterlichkeit und nimmt hierfür in Kauf, dass diese Symptome oft als englische Kühle missverstanden werden. Deshalb Vorsicht mit Vorurteilen: auch Vertreter der *Stiff Upper Lip* haben Gefühle. Sie zeigen sie nur nicht.

Meine Schwiegermutter, Gott hab sie selig, war eine dieser beherzten, älteren englischen Damen, mit denen man sich lieber nicht anlegen sollte. Sie reiste gerne mit zwei Freundinnen gleicher Prägung. Auf einer dieser Expeditionen hatte es ein erstaunlich unfähiger Taschendieb ausgerechnet auf unser Trio abgesehen. Der stümperhafte Überfall wurde im Keim erstickt. Die Damen verteidigten ihre Handtaschen nicht nur erfolgreich, sondern gingen in Formation auf den Langfinger los und ließen Regenschirme und Parfumfläschchen auf ihn niederhageln. Der Dieb zog kleinlaut von dannen, und die Damen gingen Teetrinken anstelle zur Polizei. *Stiff Upper Lip*, meine Damen!

Als sich der Todestag von Lady Diana, der Prinzessin von Wales, zum zwanzigsten Mal jährte, erinnerten sich viele an die Königin der Herzen. Ihr Tod hatte die britische Monarchie in eine ungeahnt schwere Krise gestürzt. Zum ersten Mal musste die Queen deutlich spüren, wie sehr sich das Volk von den bis dahin unverrückbaren Grundsätzen entfernt hatte. Zum ersten Mal kreidete man es ihr - der bis dahin unangefochtenen - Queen, an, zu wenig Gefühl zu zeigen. Die aufrechte Haltung der königlichen Familie war zum ersten Mal nicht mehr Maßstab und Vorbild, sondern Kritikpunkt und Zeichen von Kälte. Seither ist nichts mehr genauso wie vorher.

Wir haben allerdings in Helen Mirren's Oscar Darstellung der „Queen" eine durchaus gefühlvolle Seite am Staatsoberhaupt kennengelernt.

Ebenfalls Hollywood haben wir es zu verdanken, dass wir seit „The King's Speech" die Hintergründe besser verstehen, warum die Firma so und nicht anders funktioniert.

Spätestens seit Kate und William haben wir weiteren Einblick gewonnen in die sanfte Seite des Königshauses und die althergebrachten Regeln scheinen sich weiter aufzuweichen. Und jetzt freuen wir uns auch noch über Harry und Meghan. Das macht doch Hoffnung.

Und doch möge die *Stiff Upper Lip* überleben. Sie bietet Raum für das Stück private Trauer und Emotionalität, die niemanden etwas angeht.

Das Weltweite Netz empfiehlt uns täglich, unsere innersten Ängste, Sorgen, Lasten und Schicksale mit der Welt zu teilen und trägt die Hauptschuld dafür, dass wir in Folge nichts mehr alleine zu tragen in der Lage sind.

Es ist zu bezweifeln, ob das nun evolutionstechnisch ein Vorteil ist. Indem wir alles teilen, verlieren wir an Rückgrat und den Sinn des Lebens oft aus dem Auge.

In seinem Buch „Ärztliche Seelsorge" erzählt uns Viktor Frankl 1946 von einer Umfrage in Wien. Zu Zeiten, als die Psychoanalyse noch in den Kinderschuhen steckte, wurden die Menschen auf der Straße gefragt, wen sie am meisten bewunderten. In Ermangelung von Promis oder hochbezahlten Fußballern, die es damals noch nicht gab, wählte die große Mehrheit kein Staatsoberhaupt oder ein Mitglied des Kaiserhauses. Sie wählte einen Menschen ihres Bekanntenkreises, der sein oder ihr Schicksal ohne Klagen hinnahm und weiterhin seine Pflicht erfüllte. Auch das kann die steife Oberlippe gut: eine kurze Zeit für sich selbst zu stehen, alleine mit seinem Schmerz, und würdevoll innezuhalten.

Wen würden Sie mehr bewundern? Ronaldo, den Multimillionär, den man bei der WM 2014 nach seinem grandios vergurkten Freistoß gegen Philip Lahm laut heulen sah oder den namenlosen Familienvater, der seine sechsjährige Tochter nach langem Kampf an Krebs verlor und ihren vier Geschwistern weiterhin ein guter Vater ist? Ich habe bereits gewählt. Der deutsche Schauspieler Elyas M'Barek, berühmt geworden durch „Fack ju Goethe" twitterte damals zutreffend „Ronaldo, heul leise". (Quelle 13) Er hätte damit auch – fast - als Brite durchgehen können.

Unser Respekt gehört Oliver Kahn, der sich anlässlich des Champion-League-Finaldebakels 2018 nicht scheute, die öffentlichen Weinkrämpfe der hoch bezahlten Spieler kritisch zu hinterfragen.

Um dem allen die Krone aufzusetzen, sollen nun auch Soldaten endlich weinen dürfen und werden hierfür von den neuen Medien bejubelt. Vor zehn Jahren erlangte ein britischer Soldat traurige Berühmtheit, als er bei der Gefangennahme durch iranische Soldaten weinte, weil diese ihm seinen Ipod wegnahmen. Seine eigene Mutter distanzierte sich von ihm und schämte sich für sein Verhalten. Peinlich? Heute wissen wir: er war nur seiner Zeit voraus. Heute bekäme er wahrscheinlich innerhalb von zwei Stunden 20.000 „Gefällt mir". Doch von wem würden Sie sich im Ernstfall gegen Barbaren lieber verteidigen lassen? Von Soldaten mit steifer Oberlippe oder Baby Björn-Staffagen? Die zugehörigen Verteidigungsminister wollen wir einmal außer Acht lassen.

Kommen wir nun noch kurz zu dem heiklen Thema der *Stiff Upper Lip* auf Beziehungsebene. Auch der Lieblingsengländer hat eine und nach über 20 Jahren Ehe kann ich heute ohne Wenn und Aber unterschreiben, dass auch er Gefühle hat. Nach „nur" neunzehn Jahren wäre ich mir da noch nicht so sicher gewesen. Und was hatte der Ärmste denn auch für eine Alternative gehabt. Von der beherzten Mutter über Privatschule bis zur Offiziersausbildung in Sandhurst, das Reagenzglas war übervoll.

Es gab manchen Moment der bangen Frage, ob man ihn nicht doch vielleicht eintauschen sollte. Aber im allerletzten Moment ist sie dann doch immer wieder weich geworden, die Oberlippe, und ich verstehe heute viel besser, dass auch der Engländer manchmal wünschte, er wäre keiner.

Ein Hoch deshalb auf die *Stiff Upper Lip* und ihre Träger! Ihr seid manchmal ganz schön nervig und manchmal wünschten wir, Ihr wärt Latinos, aber immer nur vorübergehend. Dann wird uns ganz schnell bewusst, was wir an Euch haben.

Kapitel 6

Understatement – "a way of life"

Am 24.Juni 1982 ist British Airways Flight 9 auf dem Weg von London Heathrow nach Auckland, Neuseeland. Über dem Indischen Ozean südlich von Java bemerkt die Crew zuerst eine unerklärbare Veränderung an der Cockpitscheibe, die sich nicht einordnen lässt. Der Wetterradar zeigt klaren Himmel. Als Vorsichtsmaßnahme werden die Enteisung und die Anschnallzeichen aktiviert. Kurz darauf sammelt sich Rauch in der Passagierkabine. Einigen, die aus dem Fenster schauen können, fällt auf, dass die Triebwerke sehr hell erscheinen. Die Boeing 747 ist in eine Wolke aus Vulkanasche geflogen, die nach der Eruption des Vulkans Gunung Galunggung in die Atmosphäre geschleudert worden ist. Der Funkverkehr ist ausgefallen, die Besatzung ahnungslos. Innerhalb einer Minute werden die Triebwerke vier und zwei außer Kraft gesetzt. Kurz darauf versagen die beiden verbleibenden Triebwerke fast zeitgleich. Die Boeing befindet sich im Gleitflug. Die Notlage ist den Passagieren nicht verborgen geblieben. Viele schreiben letzte Briefe an ihre Angehörigen.

Kapitän des Fluges ist der 47-jährige Eric Moody. Trotz der angespannten Lage richtet er sich an seine Passagiere. Seine Durchsage geht als Meisterleistung der Untertreibung in die

Geschichte ein:

„Meine Damen und Herren, hier spricht Ihr Kapitän. Wir haben ein kleines Problem. Alle vier Triebwerke sind ausgefallen. Wir geben unser verdammt Äußerstes, um sie wieder zu starten. Ich hoffe, Sie sind nicht allzu beunruhigt" (Quelle 14)

Nach einem dramatischen Sinkflug lassen sich die Triebwerke wieder starten und Flug 9 kann in Jakarta notlanden. Die Cockpit Besatzung erhielt die höchste Auszeichnung *Her Majesty The Queen´s Commendations for Valuable Service in the Air*. 28 Jahre später wurde Kapitän Moody zu den Ereignissen von damals noch einmal interviewt:

„Ja, hmm, ein bisschen beängstigend war es schon." (Quelle 15). Einmal mehr bewies er das so charakteristische *Understatement*, typisch vielleicht auch für seinen Berufsstand, in jedem Fall jedoch typisch für einen echten Briten.

Beispiele wie diese gehören mit zu dem Schönsten, was eine Recherche in die englische Seele zu Tage liefern kann. Eine eigene Schrift könnte wohl alleine hierzu gefüllt werden.

Beschäftigen wir uns aber zunächst kurz mit dem Versuch einer Definition. Hierzu wenden wir uns vertrauensvoll an Debrett's, die englische Bibel für alle Stilfragen. Wir lesen, dass in aristokratischen Kreisen, sowie in solchen, die sich diesen zugehörig fühlen, wenn auch der Adelstitel vielleicht fehlt, die Charakterqualität *Understatement* oftmals als Synonym für gute Manieren gilt. Als guter Engländer will man folgendes unter gar keinen Umständen sein: überschwänglich, melodramatisch, empathisch oder didaktisch. Außerdem wird „direkt" oft mit „vulgär" gleichgesetzt und - wenn man sich schon zu irgendetwas äußert - dann schützen einen Einschränkungen wie „vielleicht", „es könnte sein, dass", „ich frage mich, ob" oder „eventuell".

Eine der wichtigsten Zutaten des britischen Charakters ist die Subtilität. Vieles kann nur mit ihr im Gepäck gesagt werden. Der wünschenswerte Effekt ist das Entstehen einer Aura von selbstloser Bescheidenheit, stillem Übereinkommen und nachsichtigen Verhaltens. Auf gar keinen Fall will man andere mit eigenen Problemen belasten. Selbst wenn er an einer unheilbaren Krankheit litte, würde der Brite auf die Frage *"How are you?"*

wahrscheinlich antworten *"Could be worse"* - es könnte schlimmer sein. Die Rücksichtnahme steht an erster Stelle. Man hält die eigene Bürde unter Verschluss.

Nach dieser Analyse verstehe ich nun selbst sehr viel besser, warum meine Schwiegermutter und ich so unsere Dissonanzen hatten. Süddeutsches Temperament und britische Vornehmheit müssen zwangsläufig bei näherer Kontaktaufnahme kollidieren und gegenseitiges Unverständnis auslösen.

Eigentlich fällt mir da auch der Lieblingsengländer ein. Nach dieser Definition ist es erstaunlich, dass wir uns in der dritten Dekade unserer Ehe befinden. Nicht verwunderlich ist es hingegen, dass wir hierbei immer noch manchmal unvereinbare Stellungskämpfe führen.

Wenn der Lieblingsengländer zum Beispiel etwas als *"not half bad"*, also als gar nicht so schlecht, bezeichnet, zum Beispiel das Ergebnis eines neuen Kochrezepts oder - und hier wird es richtig kitzlig - ein neues Kleid, so ist dies eigentlich ein großes Kompliment. Im Eifer des Gefechts übersehe ich aber diese Nuancen immer noch häufig und gebe zu, dass ich ab und an immer noch die stille Erwartung hege, eines Tages doch vielleicht ein überschwängliches „*Bravissimo*" zu hören. Nun ja, in Zukunft werde ich mir erst diese Analyse noch einmal selbst vor Augen führen, bevor ich - man ist ja nicht Mutter Theresa - wahrscheinlich doch explodiere.

Zu diesem Teil unseres Themas passt auch die Kunst des Briten, nicht zu sagen, was er meint. Eine häufig gehörte Erwiderung auf Ideen oder Vorschläge ist zum Beispiel das unschuldig anmutende Wörtchen *brilliant*.

Hören wir diese Antwort, dürfen wir uns unter gar keinen Umständen einbilden, der Brite fände unsere Idee tatsächlich hervorragend. Vielmehr kann es sich hierbei um einen reinen Pausenfüller handeln. Wir erleben eine galante Variante, ein ansonsten entstehendes peinliches Schweigen zu umgehen und es bedeutet lediglich „Ich höre, was Sie sagen; es hört sich ganz o.k. an, aber ich brauche etwas Zeit, darüber nachzudenken." Hiermit gewinnt der Brite Zeit und kann sich - nach einer angemessenen Pause - auf Nimmer Wiedersehen aus dem Staub machen.

Auch das Wort *Yes* darf nicht einfach als Zustimmung gedeutet werden. Vorsicht. Manchmal heißt es einfach nur so viel wie „Ich kann mir eine Vorstellung machen, was Sie meinen, aber ich brauche Zeit, darüber nachzudenken". Die Briten denken viel und oft nach. Spontane Entschlüsse sind ihnen unlieb und werden fast als ein wenig vulgär empfunden.

Auch der Lieblingsengländer antwortet am liebsten mit *"I'll think about it"* und verzögert so unliebsame oder für ihn langweilige Auseinandersetzungen. Die geniale Phrase *"I'll have to think about it"* ist für den Gesprächspartner unverfänglich. Er kann sich in der Hoffnung wiegen, über seinen Antrag werde tatsächlich nachgedacht und nach angemessener Zeit entschieden. Sehr oft wird hierdurch allerdings nur Zeit gewonnen und Gesicht gewahrt. Der Brite selbst hofft seinerseits, der Antragsteller würde schon vergessen, ihn je gefragt zu haben. Man scheut Konfrontation.

Seien Sie also auf der Hut, wenn Sie ein *Yes* oder *brilliant* hören. Versuchen Sie, die Stimmlage und die Mimik des Engländers zu deuten. Ist sie ansatzweise empathisch - wir wissen bereits, dass der Engländer zuviel Empathie nicht leiden kann - so können wir eventuell darauf schließen, dass tatsächlich eine Affirmation gemeint ist. Sind Stimme und Gesichtsausdruck jedoch gleichbleibend zurückhaltend, so müssen wir davon ausgehen, dass ihn unser Vorschlag nicht wirklich interessiert. Alles *very tricky*, sehr irreführend!

Die Briten sind ein sehr scheues Volk. Weil sie so schüchtern sind, sind sie vernarrt in ihr Wetter. Wir wissen bereits, über das Wetter kann man (fast) ungehindert und überall sprechen. Ein *"Nice day, isn't it?"* kommt dem Engländer geradezu spielerisch über die Lippen, ebenso wie *"Looks like rain"* oder *"T'is a bit cloudy today"*. Hier fühlt man sich auf sicherem Boden.

Doch auch hier lauern Tücken. Bemerkungen über das Wetter dulden keinen Widerspruch. Wenn also die Sonne scheint und Ihnen ein neuer Bekannter zuraunt: *"Looks like rain"*, geben Sie sich gelassen. Widersprechen Sie nicht, so groß die Versuchung auch sein möge. Ein Widerspruch in Wetterfragen würde höchst konfrontativ ausgelegt.

Ich denke an eine herrliche Szene aus dem alten Stanley

Donen Film „Indiskret". Trotz moralischer Bedenken, er ist verheiratet, sie Single, haben sich Ingrid Bergman und Cary Grant zu einem Opernabend verabredet. Beide sind sich der delikaten Situation ihres *Rendez-Vous* bewusst. Als Philip, alias Cary Grant, Anna, alias Ingrid Bergman, von ihrer Wohnung abholt, kommt es im Fahrstuhl, der damals noch von einem schweigsamen Bediensteten betrieben wird, zu folgendem diskreten Gespräch:

Philip:	„Es war ein wenig schwül heute in Paris"
Anna:	„Hier war es auch schwül"
Philip:	„Wirklich?"
Anna:	„Ja, es ist ungewöhnlich, dass das Wetter um diese Jahreszeit so schwül ist."
Philip:	„Ja, ich habe vor kurzem einen Artikel gelesen, dass das Wetter sich ändert."
Anna:	„Wirklich? Das ist interessant"
Philip:	„Ja, nicht wahr?" (Quelle 16)

Das Gespräch über das Wetter überbrückt die Aufzugsfahrt und die diffizile Situation der beiden aufs vortrefflichste. Der Film wurde 1958 ausgestrahlt und ist als Lehrstück für jeden England-Liebhaber unbedingt sehenswert. Das Erfrischende ist: das Wetter als Gesprächsstoff oder -retter hat bis heute nichts an Aktualität eingebüßt. Wenn Ihnen also sonst nichts einfällt, sagen Sie etwas über das Wetter. Sie werden meistens richtigliegen.

Kommen wir nun zu einigen besonders schönen, wie auch doppeldeutigen Beispielen für britisches *Understatement*:

Der Einwurf "*lovely weather*" kann natürlich schönes Wetter bedeuten, allerdings auch Sturmstärke Zehn.

Ein "*little breezy*" Strandspaziergang kann auch ausdrücken, dass der Fußgänger rechtwinklig gegen den Wind ansteht und seinen Hund wie einen Drachen an der Leine in der Luft hinter sich herzieht.

Die Bezeichnung "*Oh, it's just down the road*" kann für eine Destination stehen, die durchaus auch eine Tagesreise entfernt ist. Wenn Sie also von einem freundlichen Engländer eingeladen sind "*to pop down the road*", packen Sie vorsichtshalber die Zahnbürste ein. *"A bit of a do"* passt für Ereignisse wie den Zweiten Weltkrieg ebenso wie für eine lebhafte Debatte über Nichts. *"I have felt better"* bescheinigt den Gemütszustand nach einer durchzechten Nacht ebenso wie den Zustand eines Patienten nach erfolgreicher Defibrillation.

Während des Deutschen Luftangriffs über London war es üblich, dass viele Geschäfte geöffnet blieben, obwohl Dächer fehlten oder die ein oder andere Wand. Schilder mit *"More open than usual"* eroberten das Stadtbild und zeigten auf typisch ironische Art die Standhaftigkeit der Engländer.

Wer in England sagt *"I am feeling a little under the weather"* kann tatsächlich kurz vor dem Selbstmord stehen. *"We had rather a nice day"* kann auch bedeuten „Wir hatten den fantastischsten Tag unseres Lebens".

In dem Monty Python Film „Die Ritter der Kokosnuss" werden dem Schwarzen Ritter bei einem Duell mit König Arthur zuerst der eine Arm abgehackt, darauf die Antwort: „Es ist nur ein Kratzer", dann der zweite Arm, Antwort: „nur eine Fleischwunde", und zu guter Letzt beide Beine, woraufhin er sich endlich mit den Worten geschlagen gibt: „Also gut, einigen wir uns auf unentschieden" (Quelle 17). Schwarzer Humor – richtig - aber herrlich!

Leider kann das britische *Understatement* auch missverstanden werden, mit manchmal tödlichen Folgen. Hierher gehört die tragische Geschichte des Brigadiers Thomas Brodie.

Im Jahr 1951 - mitten im Koreakrieg - sah sich Thomas Brodie mit seinen Männern auf hoffnungslosem Posten. Die chinesischen Truppen waren ihm 8:1 überlegen. Er schickte folgende Meldung an General Robert H. Soule, den amerikanischen Oberkommandierenden der UN-Truppen: *"Things are a bit sticky, Sir"* (Quelle 18) und meinte damit, seine Männer und er befänden sich auf hoffnungslosem Posten. Der General schätzte diesen Lagebericht allerdings als höchstens etwas ungemütlich, auf gar keinen Fall aber als bedrohlich ein. Er sah also keinen Grund, Verstärkung zu schicken oder die Truppe gar zurückzuordern. Dies war ein fatales Missverständnis. Das britische Kontingent hielt den übermächtigen Chinesen über vier Tage hinweg stand und fügte ihnen schwere Verluste zu. Als sie endlich den Rückzug einleiten wollten, war es zu spät. Fünfhundert von Brodie's Männern wurden gefangen genommen und verbrachten lange Jahre in chinesischer Kriegsgefangenschaft. Neunundfünfzig wurden getötet oder vermisst. Nur neununddreißig gelang die Flucht. Brodie's britisches *Understatement* war ihm zum Verhängnis geworden. General Sir Anthony Farrar Hockley, ein ehemaliger NATO General, erklärte es später so: „Zwei Nationen sprachen militärisch eine etwas andere Sprache. Es ist ein gutes Beispiel für die alte Redewendung, Großbritannien und die USA sind zwei Nationen, die durch eine gemeinsame Sprache getrennt sind." (Quelle 19)

Eine Unterart des *Understatements* ist die Form der Beschönigung, wenn ganz etwas anderes gemeint ist. Besonders gelungen sind mögliche Fallstricke im geschäftlichen Umfeld.

Wenn ein britischer Boss sagt *"That's very interesting"* heißt das im Klartext „Ich stimme nicht mit Ihnen überein", manchmal sogar, „Ich glaube Ihnen nicht".

Wenn er sagt *"I will bear that in mind"* ist das gleichbedeutend mit *"I will do nothing about it"*, „Ich werde nichts hierzu unternehmen".

"That's a very original point of view" kann gleichbedeutend sein mit „Sie sind entweder verrückt oder ziemlich dumm".

"Correct me if I am wrong" leitet nicht etwa einen Dialog ein. Wenn wir hier verleitet sind anzunehmen, unsere Meinung sei gefragt, werden wir möglicherweise enttäuscht. Eher ist das Gegenteil der Fall und gemeint ist etwa: *"You are completely wrong."*, „Sie liegen völlig daneben."

Auf die Frage nach dem persönlichen Befinden hören wir in England klassenübergreifend die charmanten Phrasen *"mustn't grumble"*, *"could be worse"*, *"fine and dandy"* oder *"worse things happen at sea"*. Hiermit werden durchaus auch persönliche Krisensituationen, wie finanzieller Bankrott, lebensbedrohliche Krankheiten, ja selbst Todesfälle in der Familie hinreichend beantwortet. Wir wissen ja bereits aus dem Kapitel *Stiff Upper Lip*: Ein Brite jammert nicht.

Eine jüngste Umfrage des Historikers Dr. Tom Dowling von der Universität Sheffield im Auftrag der Versicherungsgesellschaft

Privilege Insurance aus dem Jahr 2017 ergab die folgenden Anekdoten als die Top Twenty beliebtesten Beispiele von britischem *Understatement*:

Lord Uxbridge
Den Mitstreiter Wellington's haben wir im Kapitel *Stiff Upper Lip* schon kennengelernt. Sein Bein könnte auch hierher passen und die Grenzen zwischen *Stiff Upper Lip* und *Understatement* sind - in der Tat - manchmal fließend. (Quelle 20)

Sir Alexander Fleming
Als Sir Alexander Fleming das Penizillin entdeckte, bemerkte er bescheiden „Manchmal findet man, was man gar nicht gesucht hat" (Quelle 20)

Spike Milligan
„Ich habe Ihnen ja gesagt, ich bin krank!", so die Inschrift auf dem Grabstein von Spike Milligan, dem großen englischen Komiker und nach einer BBC Umfrage aus dem Jahr 1999 „die lustigste Person der letzten 1000 Jahre". (Quelle: 20)

Queen Elizabeth II.
Fünf Tage nach der Volksabstimmung zum Ausstieg aus der Europäischen Union reiste die Queen nach Nordirland. Nach ihrem Befinden gefragt, antwortete sie: „Nun, ich bin noch am Leben" (Quelle: 20)

Wir merken uns: *Understatement* ist mehr als eine nationale Charaktereigenschaft. George Mikes, der Autor von *"How to be a Brit"*, formulierte es 1960 so: es ist ein *"way of life"*. (Quelle 21)
Und das ist wohl wahr. Es gibt eine einzige Ausnahme, die Engländer einmal nicht scheu und zurückhaltend zu erleben; bei der *Happy Hour* an einem Freitagabend. Folgen Sie mir unauffällig.

Kapitel 7

Happy Hour – die Hüllen fallen

Freitagabend, London, Tube Haltestelle Bank, 6:00 p.m. – Achtung: Die Spezies mutiert!

Vor kurzem war ich mit meiner Freundin Astrid seit längerem einmal wieder auf Girls-Weekend in London. Wir waren schon am Donnerstagabend geflogen und hatten uns gleich den Freitag für diverse Erkundungen vorgenommen. Da wir beide London sehr gut kennen, sind alle üblichen Sehenswürdigkeiten bereits mehrfach einverleibt. Ihrer Attraktivität tut dies im Übrigen keinen Abbruch. So verliert zum Beispiel die National Gallery auch beim zwanzigsten Besuch nichts. Allerdings führen uns unsere Forschungszwecke auch schon einmal in entlegenere Gegenden und zu versteckteren Kunstschätzen, wie z.B. nach Kenwood House mit Vermeers Gitarrenspielerin. Diesmal hatten wir jedoch beschlossen, der Kultur abzuschwören und uns auf Bollywood einzulassen. Little India in Southall stand auf dem Programm. Ein Tag zwischen Sari Ständen, Curry-Häusern und indischen Lebensmittelgeschäften sollte es werden. Ein echtes Highlight! Allerdings darf man nicht zimperlich sein. Sobald man nach der wackeligen Zugfahrt ab Paddington das Abteil verlässt, wird einem schnell klar, dass man als Europäer hier ziemlich allein auf weiter

Flur ist. Die High-Street von Southall könnte genauso gut in Delhi sein, die Farbenpracht der Geschäftsfenster und der Straßenmärkte ist überwältigend, der Geruch von Kardamom, Zimt und Kurkuma liegt in der Luft, Bollywood Musik dringt aus allen Lautsprechern. Die Menschen sind schön und liebenswert.

Ich bin fest davon überzeugt, in einem früheren Leben einmal Inderin gewesen zu sein, so stark ist meine Vorliebe für die indische Mentalität, die Mode, die Menschen und natürlich die Küche. Es war also ein Tag nach meinem Herzen. Nach einem ausgiebigen Beutezug konnte ich zwei Saris mein Eigen nennen, drei Schals und zwei Ohrringe à la Bollywood. Hier ist auf gar keinen Fall weniger mehr. Es wird geklotzt! Die indische Dame trägt schon einmal acht Armreifen auf einmal, je mehr es klappert und klingelt, desto besser.

Wir hatten unsere Taschen mit indischen Lebensmittelartikeln vollgeladen, Masala Chai-Tee getrunken und in einem einfachen Straßenimbiss das göttlichste Hühner-Curry vereinnahmt. Wir bestaunten das mannigfaltige Treiben und beobachteten die bunten Menschen in ihrem natürlichen Habitat, und das alles mitten in London. Eine Gruppe Bhangra Tänzer hatte es mir besonders angetan. Bhangra ist ein herrlicher indischer Volkstanz, bei dem man ziemlich viel mit dem Bauch und den Armen kreist und - so wie es mir bei einem *Diwali*-Fest in der Tat einmal passierte - Gefahr läuft, dabei seinen Sari abzuwickeln.

Nun waren wir auf dem Heimweg und herrlich erschöpft von unserer Reise nach Indien. Auf dem Rückweg in unsere Wohnung mussten wir bei der U-Bahn-Station "Bank" umsteigen. Wir hatten nicht auf die Zeit geachtet. Es war kurz vor sechs Uhr abends. Ein kapitaler Fehler!

In den bisherigen Kapiteln haben wir den Engländer als scheu, zurückgezogen, höflich, verlässlich und bescheiden kennengelernt. Er hat sich uns als betulicher Zeitgenosse empfohlen, der wegen seiner *Stiff Upper Lip* über nichts meckert und wegen der Charaktereigenschaft des *Understatements* niemals das sagt, was er meint, aus Angst, jemanden beleidigen zu können.

Wir müssen vielleicht an dieser Stelle der Vollständigkeit halber einfügen, dass wir uns in unserer Typologie an der Regel und nicht an der Ausnahme orientieren. Letztere gibt es natürlich auch, aber über den englischen Fußballfan muss ja nicht eigens eine Schrift verfasst werden. Wir wissen, es gibt ihn und das reicht eigentlich.

Am Freitagabend finden jedoch in Pubs landauf, landab unzählige Metamorphosen statt. Der Engländer, so wie wir ihn bislang kennen, häutet sich und der Artenforscher kann eine Sub-Spezies katalogisieren. Einer kurzen Walpurgisnacht ähnlich, lässt er sich an einem Freitag für jeweils einige wenige Stunden in die Karten schauen. Plötzlich quillen Bars und Pubs über von lautstark diskutierenden Briten, die Biermengen in alarmierendem Ausmaß vertilgen und selbst so ehrwürdige Traditionen wie das *Queueing* vergessen. Oder haben Sie schon einmal an einem Freitagabend eine Schlange an einer Pub-Bar erlebt? Ich nicht. Als wir also an diesem Freitagabend dem Zug in Bank entstiegen, bereuten wir dies unmittelbar. Es ging nichts mehr. *Rien ne va plus!* In einer Welle nach oben geschwemmt, fanden wir uns mit unseren Tüten voller Saris und Kardamom Kapseln inmitten eines wilden After-Work Gelages. Die Happy Hour war in vollem Gang.

Die Finanzinstitute hatten Feierabend und spuckten ihre Mitarbeiter *en masse* auf die umliegenden Straßen und Gassen aus. In den Pubs, vor den Pubs, neben den Pubs, gegenüber und hinter den Pubs waren Stehplätze rar. Krawatten baumelten nunmehr - anstelle ordentlich um den Hals fixiert - lose aus der Brusttasche, Hemden quollen zusehends aus den dazugehörigen Hosen und Damen wechselten mehrheitlich ihre High Heels gegen Trainers. Die Umgangsformen lockerten sich zunehmend.

Wir steckten fest. Die Tube Station schloss kurz nachdem wir oben waren. Auch das gehört zu dem Freitagabend in London. Die U-Bahn-Stationen Bank oder Kings Cross werden regelmäßig wegen Überfüllung geschlossen, solange bis sich die Massen wieder ein wenig verteilt haben. Uns blieb nur übrig, uns in eine Ecke zu verdrücken und das Schauspiel eine Weile zu beobachten. An einen Drink selbst war nicht zu denken. Eher hätten wir die Golan Höhen einnehmen können. So standen wir herum und waren verwirrt: Wo waren die zurückhaltenden und scheuen Briten geblieben? Wo waren die Nachkommen von Lord Uxbridge? Wo unser eigener

Lieblingsengländer?

Die Engländer an diesem Freitagabend in einer Seitenstraße von Bank hatten Meinungen und sagten diese direkt, beleidigten offen ihre Arbeitgeber, Mitarbeiter und Kollegen, schimpften lauthals über Politik, stellten sich ins Rampenlicht und waren für alles und jedes offen.

Sie mussten nicht erst lange darüber nachdenken, noch eine Pint Bier zu bestellen oder nicht. *"No, Sir!"* Hier ging etwas Anderes ab. Die Rüstung war abgelegt, das Visier war offen. Selbst das ein oder andere Sakko hing lose um die Schultern. Dieselben Herren, die sich ansonsten niemals zu solch extravagantem Benehmen hinreißen lassen würden, lehnten derart halb entkleidet an den Hauswänden. Die Woche war hart gewesen. Jetzt war es Zeit *"for a drink or two"*, ein *Understatement* der allerfeinsten Art.

Sie lachten laut! Normalerweise ist das laute Lachen ein Horrorszenarium für unseren Briten. Englischer Humor besteht ja gerade daraus, nicht zu lachen, und schon gar nicht laut.

Sie sagten *"Yes"* und meinten *"Yes"*, das Wetter war überhaupt kein Thema mehr und wir hörten mehrfach ein klares *"No"* anstelle eines *"Maybe not"*. Erfrischend!

Als gegen 20:00 Uhr die ersten wenigen Lücken entstanden, verließen wir unseren Spionageplatz. Wir waren todmüde. Die U-Bahn-Haltestelle war zwar wieder offen, sah aber wenig einladend aus. Noch immer strömten die Menschen ihren jeweiligen Feierabendbeschäftigungen zu und viele hatten es offensichtlich nicht allzu eilig, aus der City herauszukommen. Zur Orientierung zogen wir eine altmodische Straßenkarte aus der Tasche, um einen möglichen Rückweg zu Fuß ausfindig zu machen. Wir hatten diese noch nicht ausgebreitet, als ein distinguiert aussehender Herr im Nadelstreifenanzug an uns herantrat:

"Can I help you?" Auch seine Krawatte saß schon etwas lockerer, aber ansonsten war er noch aufrecht und gut in Schuss. Wir lächelten charmant zurück, alles sei in Ordnung, wir seien hier nur der geschlossenen U-Bahn halber gestrandet.

"I know", sagte er in elegantem Englisch, *"things do get a bit out of hand round here on a Friday"*. Gott sei Dank, da war es wieder, das gute alte britische *Understatement*. Dieser Herr hatte

sich bereits wieder zurückverwandelt. Wie beruhigend. Aber man erkennt sie tatsächlich nicht wieder, die Briten an einem Freitagabend im Pub.

Das Ganze kann dann schon einmal entgleisen und schlimmstenfalls erwischt man den letzten Zug nach Hause nicht mehr. Soweit man Single ist, kann man sich das erlauben. Und am Samstagmorgen ist alles wieder vergessen. Fast. Da fällt mir noch ein, kennen Sie das britische Märchen von dem deutschen Mädel namens Susann?

Deutsch-britisches Märchen (um ca. 1996)

Susann war jung, hübsch, erfolgreich und verliebte sich in einen Engländer. Sie lebte in München, er in Köln. Manchmal trafen sie sich in Bayern, mal am Rhein. Alles war wunderschön.

Einmal ergab es sich, dass die beiden unabhängig voneinander zur gleichen Zeit in London waren, weil sie dort Geschäfte hatten, und sie verabredeten sich in ihrem Hotel. Susann machte sich hübsch und wartete auf ihren Liebsten. Es war ein Freitagabend und sie wollten schön ausgehen. Sie wartete und wartete und es wurde später und später. Susann begann sich Sorgen zu machen und schaltete den Fernseher an, um zu sehen, ob es vielleicht einen Terroranschlag gegeben habe. Ihr Prinz war doch sonst immer so zuverlässig.

Aber auf keiner Nachrichtenstation wurde etwas berichtet. Susann fing zu weinen an. Was war nur aus ihrem Prinzen geworden?

Sie legte sich auf ihr Bett und weil sie vom vielen Sich-Sorgen-Machen müde geworden war, schlief sie ein. Ein Klopfen an der Tür weckte sie. Sie stand auf und öffnete. Ihr Prinz stand draußen und lächelte sie ein wenig schuldbewusst an. Sein Freund Marcus hatte ihn auf ein kurzes Bier eingeladen. Da war es ein wenig spät geworden. Er umarmte sie und weinte ein bisschen. Das tat er sonst nie, und sie glaubte ihm. Er sagte auch, es täte ihm sehr leid. Auch das tat er sonst nie, und sie glaubte ihm auch das. Der Freitagabend war vorbei. Vor dem Fenster graute der Samstagmorgen. Und alles war gut. Sie war zwar ein wenig angefressen, aber sie verzieh' ihrem englischen Prinzen und heiratete ihn. Und Onkel Marcus wurde der Taufpate ihrer Kinder.

Bis auf wenige weitere Missverständnisse lebten sie glücklich bis an ihr Lebensende.

Kapitel 8

Deadpan Humour – ein Einstieg in den englischen Humor

In den vorangegangenen Kapiteln haben wir uns schon ein wenig damit befasst: mit dem weithin gerühmten englischen Humor. Wenn Sie schon einmal an der ein oder anderen Stelle schmunzeln mussten, sind Sie entweder von Natur aus anglophil oder sehr lernfähig.

Englischer Humor ist subtil. Wer sich also bei rheinischen Büttenreden auf die Oberschenkel schlägt, wird in diesem Kapitel wenig zu lachen haben. Auch wer die laute, eher penetrante Art von Witz bevorzugt, wird dem englischen Humor nicht ohne weiteres folgen können. Er ist nämlich *witty,* und das ist alles andere als witzig....

Das Adjektiv kann nicht mit einem deutschen Pendant wiedergegeben werden. *Witty* ist zugleich originell, schnell, witzig, geistreich, klug, spritzig, pfiffig und schlagfertig. Es gibt kein einzelnes deutsches Adjektiv hierfür. Wahrscheinlich, weil wir diese Art des Humors nicht so gut beherrschen. Hoppla, hat sich da unbewusst ein britisches *Understatement* eingeschlichen? Auch eine Prise Pfeffer gehören zu *witty* und natürlich Schnelligkeit.

"Anyone can pretend to be dim, but you can't pretend to be witty" sagen die Briten. In der Tat, so mancher kann sich dümmer stellen als er ist, aber umgekehrt wird es schon schwieriger. Englischer Humor ist sehr vielseitig, fast kein Thema ist Tabu. Selbst über die königliche Familie darf gelacht werden und selbstverständlich über Personen des öffentlichen Lebens sowie insbesondere über alle Politiker.

Aber die Engländer können sich auch über ganz alltägliche Dinge herrlich amüsieren, vor allem über sich selbst. Die Engländer lachen über die Schotten, diese über die Waliser und alle über die Iren. Die Gloucestershire Briten lachen über die aus Yorkshire und die restlichen Südengländer über die Cornish. Man lacht darüber, wie andere Teile des Königreichs sprechen, wie sie sich kleiden oder was sie essen.

Englischer Humor ist eigentlich überall. Es gibt keinen An-/Aus Schalter, und in fast jeder Unterhaltung unter Briten gibt es irgendeinen humoristischen Unterton. Das macht die Sache allerdings auch so schwierig. Wie erkennt man eigentlich, ob der Engländer nun einen Witz macht oder ernst ist? An seinem Gesichtsausdruck kann man es auf gar keinen Fall ablesen.

Eine hilfreiche Faustregel könnte also vielleicht lauten: Wenn ein Engländer mit todernstem Gesicht etwas sagt, was absolut keinen Sinn macht, ist es naheliegend, dass er gerade einen Witz macht. Für einen gelungenen Cocktail an britischem Humor brauchen wir die folgenden Zutaten: Schlagfertigkeit, Selbstironie, Sarkasmus, Beleidigungen, Understatement, Satire, Absurdität, Banter und Peinliches.

Die Schlagfertigkeit muss wohl vor allen anderen Beigaben als essenziell wichtig genannt werden. Wer nicht schlagfertig ist, hat sowieso verloren. Schnell müssen die Retourkutschen kommen.

Die Engländer lieben es, sich selbst nicht so wichtig zu nehmen und über sich selbst zu lachen. So betonen sie gerne ihre eigenen Schwächen und erscheinen dadurch bescheiden und zugänglich.

Wenn eine Dame von sich behauptet „Ich kann nicht mal ein Ei kochen", so ist sie vielleicht nicht gerade Nigella Lawson - die geniale Küchengöttin, die auch noch so ganz nebenbei verdammt gut aussieht - aber aller Wahrscheinlichkeit nach eine durchaus passable Hauswirtschafterin. Vorsicht also, wenn Engländer erzählen, sie seien *"not very good at something"*. Es ist davon auszugehen, dass sie in der jeweiligen Kategorie durchaus mithalten können. Hier kommt uns wieder unser bereits erlangtes Wissen um das britische *Understatement* zupass.

Bei einem der ländlichen Dorffeste in unserer Nähe wurde einmal ein Sackhüpfen veranstaltet. Am Start war unter anderem die Frau des Priesters, eine sehr beleibte und joviale Dame mittleren Alters. Sie bestieg ihren Sack mit den Worten: *"I couldn't run a bath, let alone a race. I make snails look speedy"*.

Hier ist der Übersetzer schon gefordert, aber in etwa meinte sie damit, sie könne nicht einmal ein Bad (ein) laufen (lassen), geschweige denn ein Rennen. Neben ihr sähen Schnecken schnell aus. Alle lachten, aber dreimal dürfen Sie raten, wer gewonnen hat.

Briten loben sich nie selbst. Im Gegenteil, nichts ist ihnen mehr suspekt, als wenn jemand seine eigenen Vorzüge, Kenntnisse oder Errungenschaften öffentlich ausspricht. Viel lieber ist ihnen da die eigene Herabsetzung.

Der brillante englische Komiker David Mitchell ließ sich jüngst einen Bart wachsen und wurde hierfür in seiner herrlichen BBC 1 Show "Would I lie to you?" aufs Korn genommen. Nach einem verbalen Kreuzfeuer mit dem gegnerischen Team, das ihm bärtige Profilierungssucht vorgeworfen hatte, nannte David seinen Bart keine Errungenschaft, sondern „ein Versagen seiner persönlichen Hygiene" (Quelle 22).

Die britische Internet Seite für *Public Speaking* "Speak like a Pro" weist der Fähigkeit, über sich selbst lachen zu können, eine höchstbeeindruckende Effektivität zu. Man empfindet einen Redner, der dies beherrscht, als selbstsicher, ehrlich und sympathisch. Im Gegensatz dazu werden Wichtigmacher eher als schwach und unsicher empfunden.

Mit Sarkasmus drücken die Engländer das Gegenteil von dem aus, was sie meinen. Sie tun dies sehr oft, um einer besonders dummen Frage zu begegnen. Die Engländer lieben dumme Fragen und verzeihen diese selten. Ein Beispiel hierfür liefert uns Cara Delavigne, Model und Schauspielerin. Als sie im amerikanischen Fernsehen zu ihrer Rolle in dem Film „Papertowns" nach dem gleichnamigen Buch von John Green gefragt wurde, ob sie Greens Buch gelesen habe, antwortete sie:

"No, I never read the book or the script. I just winged it."(Quelle 23) Nein, sie habe weder das Buch noch das Skript gelesen, sondern lediglich improvisiert. Was könnte man auch sonst diesem besonders intelligenten Journalisten antworten? Dumme Fragen gibt es zuhauf, und jeder Brite, der etwas auf sich hält, bestraft diese in der Regel gnadenlos.

Für die meisten Menschen auf der Welt gibt es eine Zeit für Humor oder einen Ort, an dem man diesen vielleicht für angemessen hält, eine Party zum Beispiel. Für die Briten ist diese Zeit immer und der Ort überall. Zu einem Freund und schlechten Tänzer sagt der Engländer vielleicht:

„Ich bewundere deinen Tanzstil". Der Angesprochene ist hierauf keineswegs beleidigt, sondern zahlt mit gleicher Münze zurück. Er hat hierbei zwei Möglichkeiten. Zum einen kann er mit Selbstironie antworten:

„Ja, ich habe extra Tanzstunden genommen, mit großem Erfolg, wie man sieht." Oder er dreht den Spieß um und leitet eine Gegenattacke ein:

„Und Du siehst aus, als hättest Du Dich heute im Dunklen angezogen". Man muss hierbei blitzschnell sein und darf sich auf gar keinen Fall eine Blöße geben.

Die Engländer gelten zwar als sehr höflich. Manchmal fordern sie einen allerdings auch heraus. Oft ist dies ein Test, mit dem man herauszufinden hofft, ob die neue Bekanntschaft etwas auf dem Kasten hat und eine nähere Begutachtung lohnt. Die Engländer lieben den schnellen Schlagabtausch. Es kann ein großes Kompliment sein, von einem Engländer aufs Korn genommen zu werden. Seien Sie gewappnet und schalten Sie ihre Gehirnwindungen auf „an".

Ich erinnere mich in diesem Zusammenhang an den denkwürdigen Dinner-Dance Abend der Hillingworth-Preparatory-School-For-Boys. Die Schulleitung hatte diesen gesellschaftlichen Abend für die Eltern zum gegenseitigen Kennenlernen organisiert. Alle Kinder waren gerade von der Grundschule aufgestiegen. Ein gemeinsamer Abend in gediegener

Form war allen willkommen, war man doch auf der Suche nach netten Gleichgesinnten, Söhne wie Eltern. So applaudierte man dieser genialen Idee, und die Stimmung war entsprechend launig.

Es war ein Sommerabend. Der Dresscode lautete Abendgarderobe. Die Zeichen standen gut. Der höfliche Small Talk bei einem Glass Sekt war vorüber, und so nahm man auch schon Platz. Die Sitzordnung der Tische war intelligenterweise nach Klassen aufgeteilt, so dass man automatisch mit den Eltern zu sitzen kam, deren Söhne mögliche künftige Freunde des eigenen Nachwuchses darstellen könnten. An englischen Privatschulen bleibt wenig dem Zufall überlassen.

Ein hochgeschossener Herr, schlank und blond, war mein Tischherr zur Linken. Er war in Begleitung einer kleinen Brünetten, die ihrerseits neben den Lieblingsengländer gesetzt wurde. Wir werden hierzu noch mehr bei unserer Dinner Party im nächsten Kapitel lernen. Eheleute sitzen grundsätzlich nie nebeneinander, sondern möglichst weit voneinander entfernt.

Der Herr stellte sich vor: *"Nicholas Whitehead. Alexander is in 3W"*, so der Klassenname. Ich nannte meinen Namen und bescheinigte, dass auch unser Sohn in 3W sei. Aus Gründen, die ich heute nicht mehr nachvollziehen kann, fügte ich diesem absoluten Minimum der Vorstellung noch hinzu, dass ich Deutsche, mein Gatte jedoch Engländer sei. Mr. Nicholas Whitehead schien über diese Kombination nicht sonderlich erfreut zu sein.

„Ich verstehe. Sagen Sie, ist es wahr, dass die Deutschen stets nackt herumrennen?"

Mit diesem Schuss aus der Hüfte und mit bewegungslosem Gesichtsausdruck sah mich Mr. Whitehead provozierend an. Er hatte direkt unter die Gürtellinie gezielt.

Ein schwaches Herz könnte dies nun durchaus als *rude*, also unhöflich, empfinden. Man sah sich schließlich zum ersten Mal, und der Herr hatte sich von mir keine weitere Meinung bilden können. Anmaßung oder Frechheit?

In solch einer Situation hilft nur der direkte scharfe Gegenangriff. Gott sei gelobt waren meine sieben Sinne an dem Abend gut sortiert und ich auf alle Eventualitäten vorbereitet. Ich lächelte ihn an:

„Absolut. Sie haben völlig recht. Unser Umzug hierher war kaum der Rede wert, wir hatten kaum Kleidung mitzunehmen, Sie verstehen".

Er sah mich zuerst unverändert streng an, dann lächelte er zurück. Ich hatte den Säuretest bestanden. Der Grundstein für eine wundervolle Freundschaft war gelegt. Bis heute halten wir uns die Treue. Nicholas ist ein Intellektueller der feinsten Sorte, Oxford-Absolvent versteht sich, und einer der jüngsten Queens-Counsel in der Geschichte der englischen Rechtsgeschichte. Aber er ist auch konfrontativ und tritt schon mal in das ein oder andere Fettnäpfchen, ein Individuum eben.

Die Jungs verstanden sich prächtig, die Väter sowieso und mit Charlotte, der Brünetten, hatte ich viele Jahre lang viel Spaß. Sie bescheinigte mir später, meine Geistesgegenwart hätte ihrem Mann sehr imponiert. Nicht auszudenken, wenn ich an dem Abend beleidigt oder aufgeplustert reagiert hätte. Welch wundervolle Gelegenheit wäre mir entgangen.

Der Individualist kann auch anders. Ein paar Wochen später gab Nicholas ein sehr professionelles Interview vor dem Gerichtshof der Krone, dem Old Bailey, das von allen Fernsehstationen übertragen wurde. Ich weiß nicht mehr, worum es ging, um eine internationale Menschenrechtsstreitigkeit vermutlich, seine juristische Spezialdisziplin. Auch wieder irgendwie typisch britisch, so dachte ich bei mir, und war stolz, diese Koryphäe persönlich zu kennen. Unser etwas ungewöhnlicher Auftakt bleibt allerdings unvergessen.

Wenn jemand sagt *"It is a little bit windy, isn't it?"* und gerade ein Orkan draußen tobt, ist dies ein klarer Fall von *Understatement*. Wir haben dieser Hochform des Humors bereits ein eigenes Kapitel gewidmet. Selbstverständlich wird ein solcher Kommentar mit absolut ernstem Gesichtsausdruck abgeliefert, *deadpan* eben.

Die Engländer hassen Arroganz und Pomp. Gerne knöpft man sich Personen vor, die zu sehr in sich selbst verliebt sind und hängt sie ein oder zwei Haken weiter nach unten. Wir merken uns diese Redewendung *"to take someone down a peg or two"*. Diese Form des Witzes eignet sich besonders gut für Politiker oder andere

Machtmenschen. Die herrliche englische Show "Have I got news for you" ist hier einsame Spitze. Wir kommen an anderer Stelle auf sie zurück. Die Wortgefechte sind extrem schnell, *witty* eben.

Der Lieblingsengländer blickt oft und gerne auf seine Armeezeit zurück, ganz gemäß dem alten weisen Spruch „Man kann den Mann aus der Armee, aber nicht die Armee aus dem Mann nehmen". Heftige Wortgeplänkel spielen dort wohl eine große Rolle, heute wie damals. So wird oft und gerne die Geschichte des etwas eingebildeten *Sergeants* erzählt, der in die Runde verlauten ließ:

"What do you think of my new suit? I had it made-to-measure."
„Was haltet Ihr von meinem neuen Anzug? Ich habe ihn maßschneidern lassen."

Worauf postwendend die Antwort kam:

"Oh really? Who went for the fitting?"
„Oh wirklich? Wer ging zur Anprobe?"?

Selbiger *Sergeant* wandte sich am nächsten Tag pompös an seine Männer mit den Worten:

"I have two tickets for the Fledermaus tonight, anybody interested?"
„Ich habe zwei Karten für die Fledermaus heute Abend, wenn jemand Interesse hat?"

Einer der Soldaten rief zurück:
"Oh really, what's on?"
„Oh wirklich? Was gibt es denn?"

Der absurde Humor ist auf das besonders Lächerliche oder Surreale konzentriert. Weite Strecken der britischen Komödie beschäftigen sich damit, absurde Situationen im alltäglichen Leben auf die Schippe zu nehmen. Wenn etwas *perfectly absurd* ist, so genießt es in der Regel hohes Ansehen auf der Insel.

Das *Banter,* das Geplänkel ist eine humorvolle Unterhaltung unter Freunden, bei der gut gemeintes Necken eine große Rolle spielt. Auch hier geht es manchmal durchaus zur Sache. Nichts ist jedoch böse gemeint.

Köstlich ist das überlieferte Gespräch zwischen Sir Winston Churchill und Lady Astor. Die beiden waren sich nicht grün und Lady Astor bemerkte: „Winston, wenn Sie mein Ehemann wären, würde ich Ihnen Gift in den Tee schütten", worauf Churchill antwortete: "Madame, wenn ich Ihr Ehemann wäre, würde ich ihn trinken"

Es muss noch einmal die britische Armee bemüht werden. Sie ahnen richtig, von wem folgende nette kleine Geschichte gerne erzählt wird. Die Einheit befand sich auf Übung in Zypern. Ein Teil der Mannschaft, die ausgerechnet den begleitenden Armeepriester mit sich führte, verirrte sich im zypriotischen Hinterland und kam erst spät wieder ins Lager zurück. Der Priester war etwas von der Rolle und beklagte sich aufs heftigste, dass die Kommandierenden so völlig den Weg verloren hatten. Einer der diensthabenden Offiziere war ein wenig genervt von der Jammerei des Kirchenhüters und schoss dazwischen:

"Not much divine guidance then, Padre?"
„Da hatten Sie wohl nicht viel göttliche Führung, Pater?"

Außerdem beklagte sich der Priester, infolge der Irrwege seit langem nichts mehr gegessen und getrunken zu haben. Auch hier war der Offizier nicht um eine Antwort verlegen:

"There are a few leftovers from lunch, but there is always a basket with a few loaves and fishes over there."
„Es gibt noch ein Paar Reste vom Mittagessen, aber dort drüben steht ein Korb mit Laiben Brot und Fischen."

Zu guter Letzt symbolisiert Mr. Beans Humor wohl die Untergruppe des gesellschaftlich peinlichen Humors am besten. Es ist nicht jedermanns Sache, Dinge zur falschen Zeit und am falschen Ort zu tun. Aber die Engländer können hierüber lachen.

Zusammenfassend halten wir fest: der englische Humor dient seinen Landsleuten als eine Art Medizin. Es gibt selten etwas, worüber nicht gelacht wird. Selbst Schicksalsschläge, Beerdigungen oder Unglücksfälle können Gegenstand des berüchtigten Galgenhumors werden. Man ist stets bemüht, dem Leben - und spielt es einem noch so hart mit - etwas Positives abzugewinnen und sei es auch nur ein kurzer Witz, der einen selbst oder andere zum Lachen und ein wenig Würze in den Alltag bringen kann.

Englischen Humor kann man nicht lernen. Man kann sich nur auf ihn einlassen, einem neuen Bekannten ähnlich, den man zunächst ein wenig auf Distanz hält, und dann entscheidet, ob man ihn wirklich mag. Wie ein guter Tropfen Rotwein entfaltet er sein Bouquet erst, wenn er die richtige Temperatur hat, aber er wirkt lange nach.

Und eines steht fest: Wer einmal auf den Geschmack gekommen ist, wird zu nichts anderem mehr greifen.

Kapitel 9

The Dinner Party – "at home"

Nun, meine verehrten Damen und Herren, betreten wir ein Terrain, von dem Sie vielleicht denken, wir könnten durchaus mithalten. Auch die führenden Familien Deutschlands - von den gnädigen Herrschaften in Österreich ganz zu schweigen - verstehen es durchaus, gepflegte Abendeinladungen zu gestalten. Auch wir können ein wenig hochnäsig auf diesem Gebiet Tradition für uns beanspruchen.

Ein lieber Freund erinnerte mich jüngst, dass die Kunst des Gastgebens überhaupt in Österreich erfunden wurde. Der Herr ist selbst stolzer K&K-Abkömmling, in der Hotellerie zuhause und seine Meinung daher vielleicht nicht ganz objektiv. Und doch stimmt es natürlich, dass es historisch bedingt den Österreichern in die Wiege gelegt ist, zu dienen. Seit des österreichisch-ungarischen Kaiserreichs ist wohl einige Zeit verflossen und dennoch hat sich - wie sonst nirgendwo jenseits der britischen Küsten - der Hang zur Dienstleistung und dem gastfreundlichen Zeremoniell in Österreich auf äußerst genussvolle Weise erhalten. Küss die Hand, gnä' Frau.

Wer Thomas Manns „Buddenbrooks" kennt, wird sich als eine der schönsten Passagen an die Beschreibung des Weihnachtsfestes im hochherrschaftlichen Hause erinnern. Auch die eleganten Soirées mit Geschäftsfreunden, Herren Doktoren und Vertretern der Kirche, bei denen Küche und Keller auffahren lassen, was ein erstes Haus zu bieten hat, sind uns in liebevoller Erinnerung.

Die Tradition und hohe Kunst des Gastgebens ist daher auch uns bestens vertraut, und wir besetzen - neben den Österreichern - heute tendenziell die Top-Positionen im Hotel- und Hospitality-Management in der Welt.

Die Welt von „Downton Abbey" ist uns wahrscheinlich deshalb so lieb, weil wir alle heimlich gerne Lords und Ladys Grantham wären und lediglich die Speisenfolge mit Mrs. Padmore, der Köchin, und den Wein mit Carson, dem Butler, durchsprechen möchten, bevor wir uns zum Gong umkleiden und dann elegant nach unten schreiten würden, um unsere Gäste in Empfang zu nehmen. Sehr angenehm - selbst für den größten Klassenfeind.

Leider ist uns aber ja nun der Stand des Dienstpersonals abhandengekommen und wir müssen - bis auf ganz wenig Beneidenswerte - in der Regel Gastgeberin und Mrs. Padmore in Personalunion darstellen. Aber Mrs. Padmore hat für Nachkommen gesorgt und das moderne Catering-Geschäft kann durchaus als neue Klasse „Dienerschaft auf Zeit" bezeichnet werden.

Catering ist auch hierzulande groß in Mode und der anspruchsvolle Gastgeber kann zwischen Asiatisch, Fingerfood, Tapas, Vegan und vielen hippen Gestaltungsideen mehr wählen. Auch der Veranstaltungsort für einen Abend mit Freunden und Bekannten kann - je nach Budget - mehr oder weniger aufwendig gestaltet werden. Gegen einen geringen Unkostenbeitrag werden alle Wünsche erfüllt. Einem erfreulichen Abend in kleiner oder größerer Gesellschaft steht nichts im Wege. Wer Geld hat, kann glänzen, auch und vor allem auf gesellschaftlichem Parkett.

Dies ist selbstverständlich auch bei den Briten nicht anders und doch gibt es hier eine kleine Nische, die sich hartnäckig hält: die traditionell gepflegte Einrichtung der Dinner Party.

Sie darf in einem Büchlein über britische Besonderheiten auf gar keinen Fall fehlen. Bemerkenswert ist sie vor allem deshalb, weil sie nicht in erster Linie etwas mit Geld zu tun hat. Die

Gastgeberin schenkt ihren Gästen etwas, was nicht mit Geld aufzuwiegen ist, nämlich ihre Zeit und ihr Können.

Ganz im Gegensatz zu einer teuren, aber manchmal unpersönlichen Catering Produktion, legt die Hausfrau bei der Dinner Party selbst Hand an.

Lassen Sie sich nun also einführen. Am Ende dieses Kapitels werden Sie vielleicht wissen, dass Sie nie selbst eine veranstalten wollen, aber Sie werden vorbereitet sein. Man weiß ja nie, wann die Stunde schlägt.

Briten gibt es bekanntlich überall, womöglich auch bald in Ihrer Nachbarschaft. Ich habe von einem lieben Freund in einem österreichischen Bergdorf erfahren, dass sich vor zwei Jahren ein britischer Ein-Sterne-General dort zur Ruhe gesetzt hat. Die Bergeinwohner haben ihn freundlich aufgenommen. Er kann den Namen seines Dorfes, Mauterndorf, bis heute nicht aussprechen, aber es gefällt ihm und seiner Frau sehr gut dort in „Mountaindorf", wie er sagt. Man erzählt sich, dass es bald einmal eine Einladung zum Abendessen beim General geben soll.

Ich weiß nicht, wie es den österreichischen Bergbewohnern ergehen wird, aber nach der Lektüre dieses Kapitels werden Sie, meine lieben Leser, an einer solchen Herausforderung wachsen und Bodenminen, die ansonsten Unbedarfte zu Fall bringen, sicher umschiffen. Auch der ein oder andere geschulte Leser mit Englanderfahrung wird vielleicht noch ein paar neue Tricks hinzulernen.

Als ich mit meiner jungen Familie an der englischen Küste zum Zwecke der Sesshaft-Werdung angespült wurde, hatte ich fünfzehn erfolgreiche Jahre als Vizepräsidentin einer US-amerikanischen Depotbank hinter mir. Diese reizvolle Zeit, der ich zuweilen ein wenig nachtrauere, war gespickt mit genialen Erfahrungen, steilen Lernkurven, großartigen Menschen und fantastischen Erfolgserlebnissen. Ich jettete um die Welt, hatte Verantwortung und ließ es mir gut gehen. Ich pendelte zwischen München, Boston und London und konnte mit Fug und Recht behaupten, es beruflich geschafft zu haben. Dies sei hier nur deshalb erwähnt, weil die junge Frau mit zwei Kleinkindern, die für ihren Lieblingsengländer und die Familie den Job hinter sich gelassen hatte, durchaus nicht mit leerem persönlichen Gepäck in England angekommen war. Ich kannte London aus Single Zeiten sehr gut, sprach fließend Englisch, wenn auch mit amerikanischem Einschlag und war mir ziemlich sicher, ich würde auch als Gattin des Lieblingsengländers keine allzu schlechte Figur abgeben.

Easy, denken Sie? Weit gefehlt. Ich hatte eine Menge zu lernen. Die englische Dinner Party, zum Beispiel.

Die erste Einladung ließ nicht lange auf sich warten. Sie kam, wie es sich gehört, per Post. Mein Lieblingsengländer war noch nicht zuhause. Ich öffnete den schmucken, cremefarbigen Umschlag, der an Mr. and Mrs. Kerrin Tansley adressiert war, also völlig alleine. Ich las:

> **Mrs. Howard Sunderland**
> *at home*
> *Saturday, June 23rd, 2004*
> *8:00 for 8:30 p.m. sit-down*
> *Carriages 00:30 a.m.*
> **Dresscode: Smart**
> **R.S.V.P.**

Ich rieb mir die Augen. Wer war Mrs. Howard Sunderland und wieso war sie am 23. Juni zuhause? Und wenn schon, warum schien ihr dies mitteilungswürdig? Sehr merkwürdig. Was genau geschah zwischen 8:00 und 8:30 p.m. und warum musste sie sich dann setzen? Die Frage, warum um halb eins morgens offensichtlich Pferdekutschen zu erwarten waren, wollte ich mir gar nicht mehr stellen. Ich beschloss, auf meinen Übersetzer zu warten.

Dieser brachte Aufklärung. Wenn die feinere englische Gesellschaft zu sich nach Hause einlädt, sind sie "at home". Ferner sei ja wohl augenscheinlich, dass es sich hierbei um eine Einladung zum Abendessen handelte. Es sei ja kein Zeitfenster angegeben.

Wie früher im Chemieunterricht bei einer undurchsichtigen Formel, versuchte ich mich mit einem interessierten Blick und einem vagen „Verstehe" über die Runden zu retten. Aber ich war entlarvt, genau wie damals. Mein Lieblingsengländer war jedoch guter Dinge und ungewöhnlich geduldig.

Handelte es sich um Drinks bzw. Cocktails, so erfuhr ich, würde man lesen: 6:00 to 8:30 p.m. Es gäbe also ein zeitliches Limit und jeder wüsste, dass man sich spätestens 8:30 zu verabschieden und sich um sein Abendessen selbst zu kümmern habe. Diese Etikette Regeln für Drinks Partys sollten 15 Jahre später - wieder in heimatlichen Gefilden - noch für viel Aufsehen sorgen.

Wir waren also in der Analyse der kryptischen Karte schon ein wenig weiter. Wie bei einem 1000 Teile Puzzle waren die ersten Eckpunkte geknackt. Wir waren zu einem Abendessen im Wohnhaus Sunderland gebeten. Das Datum war erfrischend eindeutig. Ich fühlte mich an die berühmten „W" Fragen aus dem Englisch, bzw. Deutschunterricht erinnert, die unbedingt von den Grundschülern in ihrer ersten Inhaltsangabe zu beantworten waren: Wer, wann, wo, weshalb, wie? Es handelt sich hierbei - wie wir noch sehen werden - um eine der wenigen Passagen, in denen die Schulsysteme Deckungsgleichheit zeigen.

Ich ging also die Checkliste im Geiste durch:

Wer? Es konnte geklärt werden, dass Mrs. Sunderland nicht etwa alleine "at home" anzutreffen war, sondern es auch noch den passenden Gatten gab. Dieser wird jedoch auf Einladungen nicht erwähnt. Die Dame des Hauses lädt ein. *"I see"* und das verstand ich nun wirklich. Sehr zivilisiert und sicherlich ein Überbleibsel der Suffragetten Bewegung. Wie schön. Ich erwärmte mich mehr und mehr für Mrs. Howard Sunderland. Aber halt, hieß die arme Dame tatsächlich Howard? Ob das die Suffragetten beabsichtigt hatten? Ich lernte, dass der Gatte für solche Anlässe seiner Mrs. auch seinen Vornamen leiht.

Wann? Datum Check, aber Uhrzeit? Der Dolmetscher übersetzte ohne Zögern mit 20:15. Der zaghafte Hinweis meinerseits, die Uhrzeit sei aber mit 20:00 oder 20:30 angegeben, ergab folgenden Rüffel: ganz im Gegensatz zu Deutschland, wo wir ja besonders gerne exakt pünktlich sind, kommt man in England gerne 15 Minuten zu spät. Zudem wird vor dem *Sit-down*, also dem geplanten Zeitpunkt für den Beginn der Speisenfolge, ein wenig Zeit anberaumt für den Austausch von Mitbringseln und gehobenen Small Talk. Wenn dann die Gastgeberin die Kerzen am elegant eingedeckten Tisch entzündet hat und die Wassergläser gefüllt sind, bittet sie ihre Gäste meist mit einem „Es ist angerichtet, wollen wir uns setzen?" zu Tisch.

Wo? und Weshalb? Check, und Wie? Hier gab der Dresscode einen eindeutigen Hinweis. Smart heißt für die Herren Sakko und Krawatte, für die Damen Kleid oder Kostüm. Ein Engländer ohne Dresscode ist wie eine Boje ohne Wasser. Wir widmen ihm deshalb ein eigenes Kapitel (s. What's the Dresscode?)

In Sachen „Pferdekutschen" wurde ich aufgeklärt, dass dies nun eindeutig ein Relikt aus früheren Jahrhunderten darstellt. Damals fuhren die Herrschaften tatsächlich noch in ihren Kutschen vor, bzw. wurden vorgefahren.

Tatsache ist, dass man noch heute das Ende einer Veranstaltung oftmals mit "Carriages at.." angibt und somit den Gästen signalisiert, wann sie für ihren modernen Abtransport zu sorgen haben, sei es mit dem eigenen Gefährt, einer Taxe, oder, wenn sie dies unbedingt wollen, auch mit Pferdekutschen.

Für den studierwilligen, eifrigen Streber unter unseren Leser sei auf das Büchlein "Debrett's Correct Form" hingewiesen, welches - ähnlich unserem Knigge - die englische Etikette definiert. So entscheidende Punkte wie die korrekte Anrede für einen Erzbischof, die Rangfolge der verschiedensten Adelstitel oder Aussprageregeln für ansonsten unaussprechliche Familiennamen werden von Debrett's eindeutig geregelt. Eine *Conditio sine qua non* in jedem britischen Bücherregal von Wert.

Der Kalender zeigte mittlerweile unversöhnlich den 23. Juni, wir waren dem Dresscode gemäß sommerlich smart gekleidet, und ich wurde zunehmend nervös. Ich hatte vor Vorstandsvorsitzenden referiert und war im Gespräch mit anspruchsvollen Kunden geübt. Vor dieser kulturellen Herausforderung war mir nun aber doch ein wenig bange.

Der Lieblingsengländer war hingegen bester Dinge. „Das wird bestimmt ein netter Abend", frohlockte er, „Vielleicht geben Sie sogar eine Runde "Racing Demons" aus?" Was bitte war nun schon wieder eine Runde "Racing Demons"? Mein Herz stand definitiv still. Zu einer Rückfrage war ich deshalb nicht in der Lage und ließ mich zum Wagen bugsieren.

Die Interpretation der gewünschten Ankunftszeit war *spot-on*, also exakt richtig. Eine kleine Runde von drei Paaren hatte sich ebenfalls gerade eingefunden und es wurde, mit einem Gläschen Sekt in der Hand, munter parliert. Die Gastgeber, Howard und Gladys – endlich löste sich auch dieses Rätsel - stellten sich mir vor und waren *absolutely delighted*, völlig entzückt, meine Bekanntschaft zu machen, nachdem ja der Lieblingsengländer ein alter Freund des Hauses war. Nach einer lockeren gegenseitigen Bekanntmachungsrunde und ein wenig Small Talk wurde auch schon zu Tisch gebeten.

Nun muss man wissen, dass - wir dürfen dies ruhig als Regel Nummer Eins der englischen Sitzordnung bezeichnen - in England nie Ehefrau und Ehemann oder Personen gleichen Geschlechts nebeneinander platziert werden. Charmanterweise wird Herr-Dame-Herr gesetzt. Der Gastgeber und die Gastgeberin sitzen üblicherweise an den gegenüberliegenden Enden des Tisches und rahmen so ihre Gäste ein.

Regel Nummer Zwei sieht vor, bei der Zusammenstellung der Gäste darauf zu achten, dass nicht alle untereinander bekannt sind. Ein möglichst hoher Grad an frischem Blut wird sehr häufig als positiv gesehen. Als Faustregel hat sich die 2/3, 1/3 Zusammensetzung bewährt: circa 2/3 der Gäste dürfen gerne „neu" sein, also weder untereinander noch mit den „alten" Gästen bekannt.

Durch das entstehende bunte Gemisch sind alle gezwungen, sich von ihrer besten Seite zu zeigen und aufeinander zuzugehen. Von allen Gästen wird auf diesem Marktplatz gesellschaftliche Beweglichkeit erwartet. Es eröffnet sich ein ideales Forum, neue interessante Menschen kennenzulernen, sofern man selbst aufgeschlossen und in positivem Sinne neugierig geblieben ist. Die Kunst der gepflegten Kommunikation wird abgefragt und wehe dem Langweiler – er ist schnell entlarvt.

Man unterhält nach rechts und links und darf dabei auch sein unmittelbares Gegenüber nicht vergessen. Nichts da mit Verstecken hinter dem Ehepartner an seiner Seite, diese(r) sitzt aller Wahrscheinlichkeit nach weit von einem selbst entfernt und hat ihre (seine) eigene Aufgabe des Abends zu lösen.

Klingt nach Stress? Nicht wenn Sie Gladys Sunderland heißen oder zu einer ihrer Veranstaltungen geladen sind. Das Arrangement einer guten Dinner Party ist eine echte Kunst, und der Dank gebührt ausschließlich der Dame des Hauses. Sie plant, lädt ein, kauft ein, kocht, deckt, platziert, unterhält und räumt später wieder alles weg. Simsalabim!

Die Dinner Party ist eine Demonstration hausfraulichen Geschicks, eine Lehrstunde in Zeitmanagement und eine Professur im Hauptfach „Gästeselektion und intelligente Steuerung eines Tischgesprächs".

Die Gästeliste und Sitzordnung werden lange vorher von der Gastgeberin ausgeklügelt, mit ihrem Gatten diskutiert, und oftmals anhand von Tischskizzen und Papierschnipseln mit Namen der Gäste wieder und wieder durchgespielt. Je nach Komplexität der Beziehungen unter den Gästen wird hierbei - soweit möglich - auf mögliche Sympathien oder natürliches Aggressionspotential, Interessen, Herkunftsgebiete oder sonstige Anknüpfungspunkte Rücksicht genommen und kann mehre Stunden oder Tage in Anspruch nehmen.

Nichts - beziehungsweise möglichst wenig - wird dem Zufall überlassen. Sofern die Gastgeberin halbwegs ihre Hausaufgaben gemacht hat - und bei Gladys stand dies außer Frage - kann das Abendessen zwischen „Fremden" eine äußerst erfrischende Bereicherung des eigenen Horizonts darstellen. Nicht selten ergeben sich neue Bekanntschaften, manchmal findet man Juwelen, von denen man vorher nie gewusst hätte, dass sie einem fehlen. Vor allen Dingen aber fordert und fördert die Dinner Party die eigene geistige Beweglichkeit.

Jeder gute Gedanke hat bekanntlich auch seinen Wermutstropfen und selbstverständlich gibt es auch – selten, aber doch - Abende, an denen die Gästezusammenstellung sich weniger glücklich fügt. Aber hierfür gibt es ja dann die britische Höflichkeit, die Schlimmeres verhindert. Das schlimmste Urteil über eine oder einen unliebsamen Tischnachbarn ist deshalb auf der Heimfahrt oder beim Resümee am nächsten Morgen: *"Boy, he (or she) was quite hard work"*, „Mann oh Mann, der (oder die) war harte Arbeit"

Sie erinnern sich: *Stiff Upper Lip* im Angesicht aller Widrigkeiten. In den allermeisten Fällen aber muss die Dinner Party als große gesellschaftliche Errungenschaft gefeiert werden.

So war die Speisenfolge bei den Sunderlands exquisit und reichhaltig. Die Unterhaltung floss munter dahin. Meine beiden Tischherren erwiesen sich nicht nur als äußerst charmant, sondern hatten auch eine echte Affinität zur bayerischen Küche, worüber sich ein leichter Gesprächseinstieg zu Knödeln, Wiener Schnitzel und Gurkensalat ergab. Zufall? – Mitnichten, eher geniale Gladys'sche Kalkulation. Es wurde viel gelacht und die Achter-Runde erwies sich als echter Volltreffer.

Ich war angenehm überrascht, hatte ich doch zunächst eine Konversation à la Loriots gefeiertem Sketch „Die Benimmschule" befürchtet. Sie erinnern sich:

Gastgeber: „Es ist etwas kühl für diese Jahreszeit"
Gast 1: „Dafür hatten wir im Herbst ein paar schöne Tage"
Gastgeber: „Wenn meine Gattin Klöße zubereitet, sind sie leicht und bekömmlich"
Gast 1: „Die Campingplätze in Eberstadt sind sehr sauber und gepflegt"

Die Nachspeise war serviert und verzehrt worden. Es handelte sich hierbei um einen *Pudding* in Form eines Erdbeerbaisers, einer göttlichen *Strawberry Meringue*.

Ich will hier nur den Pedanten darauf aufmerksam machen, dass das oft im Englisch Unterricht gelernte Wort "dessert" für „Nachtisch" oftmals - zumindest in der Ober- und oberen Mittelschicht - auf ein Fragezeichen trifft.

Der süße Gang in der Speisenfolge ist der *Pudding*, ein generisch verwendeter Begriff für alle Süßspeisen. Er kann - muss aber nicht - ein deutscher „Pudding" sein, wenn Sie mir folgen können. Der englische *Pudding* „Pudding" ist eine Teigspeise mit oder ohne Füllung, die in einem eigenen Puddinggefäß gekocht wird, und ist nicht vergleichbar mit der deutschen cremigen Milchvariante.

Nach dem Verzehr der Nachspeise bittet die Gastgeberin oft

zum Kaffee in den Drawing Room, das Wohnzimmer, in diesem Falle jedoch bat uns Gladys, an unseren Plätzen zu verweilen *"for a game of Presie Grabbing"*.

Dinner Party Games haben eine ebenso lange Tradition wie ihre Namensgeberin. In englischen Häusern spielt man gerne und ist Weltmeister darin, sich selbst nicht so ernst zu nehmen. Sie sind als *Icebreaker*, Auftauer, konzipiert und helfen dem Gespräch in die nächste Runde, nachdem das Essen abgeräumt ist. Es gibt unzählig verschiedene Varianten von "Wink Murder" oder "Killer", klassischer Pantomime wie "Charades" bis hin zu schnellen Würfelspielen, wie unserem "Presie Grabbing Game" eben.

Die Regeln sind schnell erklärt. Jeder Gast erhält zwei kleine sorgsam in aufwendiges Papier verpackte Geschenke, die vor ihm auf den Tisch gelegt werden. Jeder zweite Gast erhält einen Würfelbecher mit zwei Würfeln. Nun wird zu würfeln begonnen. Jeder Gast hat einen Versuch. Würfelt er zwei 6-er, darf er von einem der anderen Gäste ein Geschenk stehlen und muss die Würfel dann schnell weiterreichen. Der nächste Gast würfelt usw. Die Würfelpaare werden blitzschnell im Uhrzeigersinn weitergereicht. Bei einer Doppelsechs darf jeweils ein Geschenk gestohlen werden. So kann es vorkommen, dass plötzlich ein Gast kein Geschenk mehr hat und einer einen ganzen Berg. Das Spiel wird vorher zeitlich limitiert, z.B. auf zehn Minuten und ein Wecker gestellt.

Wichtig ist, dass das Ganze sehr schnell vorangeht und ein Maximum an wildem Gefuchtel mit Würfeln, *Grabbing* und Weiterreichen der Würfelbecher erreicht wird. Man muss keinesfalls sitzen bleiben, sondern darf z.B. auch ein Geschenk von der Person am anderen Ende des Tisches klauen. Es kommt zu Geschiebe und Gedränge, typischerweise gehen Gläser zu Bruch und der letzte Rest Rotwein versickert in der Damast-Tischdecke. Das heillose Durcheinander bricht das letzte Stück Eis zwischen den Teilnehmern, niemand kann bei einer solchen Hetzjagd ernst bleiben oder womöglich eine Fassade aufrechthalten. Es wird mit offenem Visier gekämpft.

Zu Ende des Spiels dürfen die Geschenke geöffnet werden. Es handelt sich hierbei um winzige Kleinigkeiten wie Pralinen oder

Spaßgegenstände, ab und an kann sich jedoch ein etwas höherwertiges Geschenk darunter verstecken. Der Hauptpreis bei Gladys war ein gläserner Weihnachtsengel. Und das im Juni. Schön verrückt. Die Engländer haben uns da einiges an Leichtigkeit voraus.

"Killer" zum Beispiel ist ein Muss auf Dinner Partys oder sonstigen informellen Zusammenkünften und darf deshalb in diesem Kapitel nicht fehlen. Das Spiel ist auch als "Wink Murder" oder "Murder in the Dark" bekannt. Ein in geheimer Wahl auserkorener Mörder tötet die anderen Mitspieler, indem er ihnen möglichst unauffällig zuzwinkert. Die Mindestteilnehmerzahl liegt bei vier bis sechs Spielern, wobei das Spiel bei acht bis zwölf Mitspielern seine optimale Wirkung entfaltet. Zu Beginn des Spiels werden z.B. Spielkarten herumgereicht, von denen eine als „Mörder" Karte gekennzeichnet ist. Der Mörder behält diese Tatsache natürlich für sich. Er muss nun seine Mitspieler durch Blinzeln töten. Wenn man getötet wird, muss man zunächst heimlich bis fünf zählen und dann tot umfallen, im Stuhl zusammensacken oder laut aufschreien. Der dramatischen Schauspielkunst sind hier keine Grenzen gesetzt. Einen Hinweis auf seinen Mörder darf das Opfer selbstverständlich nicht geben.

Wenn ein Spieler meint, er könne den Mörder identifizieren, so darf er seine Hand heben und sagen „Ich klage an", ohne den Mörder jedoch zu nennen. Er bittet einen seiner Mitspieler, ihn in der Anklage zu unterstützen, wiederum wird der Name des Verdächtigen nicht genannt. Beide stehen auf und zeigen simultan auf die Person, von der sie denken, es sei der Mörder. Zeigen beide auf die gleiche Person und ist diese der Mörder, endet hier das Spiel. Zeigen sie allerdings auf unterschiedliche Personen oder ist die Person nicht der Mörder, dann scheiden beide aus dem Spiel aus, gerade so als seien sie ermordet worden. Die Mitspieler dürfen untereinander nicht kommunizieren und Blinzeln darf selbstverständlich nur der Mörder.

"Killer" ist ein herrlich einfaches Spiel. Es sind keine Vorkenntnisse erforderlich, jeder kann mitspielen und es gibt immer ein glückliches Ende im Sinne eines gelungenen Abends.

Das bereits genannte Kartenspiel "Racing Demons" wurde -

zur Enttäuschung des Lieblingsengländers - an diesem Abend bei Gladys nicht gespielt, aber ich sollte es später einmal in anderer Runde bei Innes - sie ist Ihnen bereits seit Goodwood geläufig - kennen und lieben lernen.

"Racing Demons" ist ein den ganzen Tisch einnehmendes Kartenspiel, das sehr schnell gespielt wird, vage mit Patience verwandt ist und sich innerhalb kürzester Zeit in einen wahnsinnigen Wettlauf zwischen den gegnerischen Parteien verwandelt. Es geht nicht um Strategie, Teamgeist oder andere pädagogisch wertvolle Taktiken, sondern einfach nur um Blödsinn und rücksichtsloses Gewinnen. Wie erfrischend! Auch das können Engländer gut. Wir Deutsche sind einfach zu ernst und nicht umsonst eilt uns international der Ruf der Schwere und Langeweile voraus.

Keine Frage, meine erste Dinner Party bei Gladys war prägend. Über die Jahre lernte ich weiter, sowohl als Gast als auch als Gastgeber, und entwickelte mit der Zeit meine eigene Routine. Manches ging daneben, vieles war erfolgreich, alles war lehrreich. Ich lernte Buch zu führen, welches Menü besonders gelungen war, wer sich mit wem besonders eloquent unterhalten konnte, wer sich definitiv in der *hard work* Kategorie (s.o.) befand etc. Mit der Zeit hatte ich meinen Stil als *Hostess*, als Gastgeberin, gefunden, den ich heute noch pflege. Nie werde ich jedoch meine erste Lektion "at home" bei Gladys vergessen. Sie hatte mich Blut lecken lassen. Eine neue Leidenschaft war geboren.

Mit diesem Kapitel sei der guten alten Dame Dinner Party eine Lanze gebrochen. Ich liebe das Persönliche an ihr, ich liebe es, sich den Mühen der Gastgeberin entsprechend zu kleiden und ihr damit Respekt zu erweisen, ich liebe einen aufwendig eingedeckten Tisch mit Stoffservietten, ich liebe die Liebe zum Detail und ich liebe eine gepflegte Konversation, die über den Kleingeist hinausgeht. Bestimmte Themen sind tabu, z.B. der eigene Beruf, Politik oder Religion. Auch die Nachbarn oder der übliche Tratsch-Stoff werden in der Regel ausgeklammert. Die Dinner Party ist mehr als ein Abendessen mit Freunden. Sie verpflichtet Gastgeber wie Gäste zu Höchstleistungen.

Wie oft sind wir auf langweiligen Einladungen, bei denen

durch Nachlässigkeit der Gastgeber einige Gäste vom Hauptgeschehen ausgeklammert bleiben? Wie oft sind wir subtilen gesellschaftlichen Affronts ausgesetzt, ohne die Möglichkeit, uns dem Dargebotenen zu entziehen? Die Höflichkeit gebietet es, dennoch sitzen zu bleiben und gute Miene zum bösen Spiel zu machen. Kennen Sie auch solche Abende? Erst vor wenigen Tagen waren wir bei Gastgebern eingeladen, die zwar mit Küche und Keller aufwarten konnten, mit den feineren Darreichungen eines guten Gastgebers allerdings hoffnungslos überfordert waren.

So erstreckte sich die Themenwahl von ungeliebten Mitmenschen, die einigen der geladenen Gäste überhaupt nicht bekannt waren (Verstoß gegen Regel Nummer 1 der gehobenen Gesellschaften: Man lästert nur über jemanden, den alle kennen!), über den Goldgehalt des Colliers der Hausfrau (Verstoß gegen Regel Nummer 2: über Geld spricht man nicht; man hat es und hält den Mund), bis zum ultimativen Gähn-Thema, der eigenen Jacht und wieviel deren Umbau gekostet hatte (Verstoß gegen Regel Nummer 3: Protzthemen sind so "*NQOCD*" – gesprochen wie die englischen Alphabet-Buchstaben. Sollten Sie beim Kapitel „Über manche Dinge spricht man nicht" nicht aufgepasst haben, müssen Sie eben nochmal zurückblättern.).

Spätestens an dieser Stelle begann ich heimlich auf die Uhr zu schauen, leider war es erst halb zehn. Der Abend endete endlich, vor allem die Gastgeber selbst schienen äußerst zufrieden. Der eigene Glanz überstrahlt ja oft die feineren Nuancen und beim Klotzen übersieht man schon einmal den ein oder anderen Gast, der feinere Antennen hat.

Top Gastgebern wie Gladys und Howard wird so etwas nicht passieren.

Sie geben ihren Gästen von sich selbst, ihre Zeit, ihr Haus, ihren Tisch und ihr Können. Diese Dinge sind mit Geld nicht aufzuwiegen. Es ist das Persönliche, das an einem solchen Abend besonders besticht. Sie werden alles tun, dass alle am Tisch sich wohl fühlen, nicht nur der Herr mit der schönsten Jacht.

Hingegen sind einige der großen *Celebrity-Chefs* leider dem Zeitgeist erlegen und suggerieren uns Einfachheit als neuen Maßstab. So wie alles heute einfach sein muss, die Hausaufgaben unserer Kinder, der Übertritt ins Gymnasium, ein Abendessen. Der Aufruf ist attraktiv. Und doch sind wir die Verlierer. Manchmal müssen Dinge zuerst anstrengend sein, um nachher in Erinnerung zu bleiben. So wie Gladys' Dinner Party vor vielen, vielen Jahren. Für die Pflichten des Gastes, wiederum, gibt es die wunderschöne Redewendung *"The guest has to sing for his supper"*.

Diese charmante Redewendung geht zurück auf die Zeiten der mittellosen Minnesänger, die durch die Lande reisten und sich durch ihren Gesang eine warme Mahlzeit und manchmal ein Dach über dem Kopf verdienten. Der Sinn ist erhalten geblieben. Es gibt nichts umsonst, man erwartet eine Gegenleistung. Diese ist natürlich ideell zu verstehen. Der Gast ist nicht reiner Konsument, der passiv unterhalten wird. Er darf zu einem gelungenen Abend in Form von Witz, Charme und gehaltvoller Unterhaltung beitragen. Was überhaupt nicht geht, ist der Langweiler. Er wird schlichtweg nicht mehr eingeladen.

Noch eine schöne Redewendung gehört in dieses Kapitel. Wenn ein Brite über einen oder mehrere Personen bemerkt: *"We wouldn't invite him/her/them over for dinner."* „Die/den würden wir nicht zum Abendessen einladen" ist das das britische Äquivalent für gesellschaftliches Mobbing, allerdings auf sehr feine britische Art.

Sollten Sie also von Engländern einmal in deren Haus zum Dinner eingeladen werden, so dürfen Sie sich geehrt fühlen. Sie haben es geschafft!

Kapitel 10

Remembrance Sunday – der feierlichste Tag des Jahres

Jeden 11. November um 11 Uhr hält ein ganzes Land inne. Wenn bei uns im Rheinland der Karneval ausgerufen wird, erlebt man in Großbritannien ein Schauspiel besonderer Art.

In Bahnhöfen und Bürogebäuden, an öffentlichen Plätzen und in Einkaufszentren, in Schulen und Supermärkten stehen die Menschen still und senken ihre Köpfe. Einkaufskörbe werden abgesetzt, öffentliche Veranstaltungen unterbrochen und Kassenbänder angehalten.

Zwei Schweigeminuten beginnen. Alle britischen Herzen sind in diesem Moment vereint. Eine Nation verneigt sich vor ihren Kriegstoten.

In den frühen Morgenstunden des 11. Novembers 1918 unterzeichneten die Alliierten und Deutschland im Wald von Compièegne, Frankreich, die Waffenstillstandserklärung und beendeten damit formal die Kriegshandlungen der Westlichen Front und den Ersten Weltkrieg. Die Vereinbarung trat nach Pariser Zeit „zur elften Stunde des elften Tages des elften Monats" in Kraft und besiegelte die völlige Niederlage Deutschlands.

Am 8. Mai 1919 wurde in der London Evening News ein Brief

des australischen Journalisten Edward George Honey veröffentlicht, der sich für ein respektvolles Schweigen in Erinnerung an die Gefallenen des großen Krieges einsetzte. König George V. griff diesen Vorschlag auf und erließ am 7. November 1919 die folgende Bekanntmachung:

„Alle Bewegung soll innehalten, so dass sich die Gedanken aller in perfekter Stille auf das ehrwürdige Angedenken an die glorreichen Toten konzentrieren können" (Quelle 24)

Am 11. November 1919 wurde zum ersten Mal mit einer Zeremonie in Buckingham Palace des Jahrestags zum Waffenstillstand gedacht. Der Armistice Day war geboren. Schon sehr früh setzte sich das zweiminütige stille Gedenken an die Kriegsgefallenen und ihre Hinterbliebenen in Großbritannien und den Ländern des Commonwealth durch.

Im Kriegsjahr 1939 wurde in England beschlossen, das Armistice Day-Gedenken auf den dem 11. November folgenden Sonntag zu legen. So sollte gewährleistet werden, dass, sollte der 11. November auf einen Wochentag fallen, die Kriegsproduktion nicht gefährdet würde.

Nach dem Zweiten Weltkrieg übernahmen fast alle Nationen des Commonwealth diese Tradition und der Remembrance Sunday wurde zum unverrückbaren Datum des britischen Kalenders. An diesem jeweils zweiten Sonntag im November gedenkt das Vereinigte Königreich aller Kriegstoten der beiden Weltkriege und späterer Konflikte. Wie dies geschieht, ist beeindruckend, wie wir noch sehen werden.

Im Frühjahr 1915 schrieb Lieutenant Colonel John McCrae, ein kanadischer Arzt, ein unsterblich gewordenes Gedicht "In Flanders Fields". Er trauerte selbst um einen gefallenen Freund und war von den zarten roten Klatschmohnblumen, die auf scheinbar wundersame Art dem Kriegschaos trotzten und zu Tausenden auf frisch aufgeschütteten Soldatengräbern inmitten verwüsteter Landschaften zu blühen begannen, tief berührt.

So begann er sein Gedicht mit "*In Flanders' fields the poppies blow, between the crosses, row on row*", „Auf Flanderns Feldern blüht der Mohn zwischen Reihen von Kreuzen" (Quelle 25)

Der Interessierte kann das Gedicht in seiner Gesamtheit im

Anhang nachlesen. Die Mohnblüten schienen ihm das Blut gefallener Soldaten zu symbolisieren, sowie eine Wiedergeburt neuen Lebens aus vernarbter Erde. Ebenfalls zulässig ist die Interpretation des Klatschmohns und seiner narkotischen Wirkung bei der Behandlung der Schwerstverwundeten. McCrae starb 1918 nach einer Lungenentzündung und Meningitis. Er wurde nahe Calais beerdigt, und seine eigenen eindrucksvollen Worte wiesen ihm den Weg. Auch über ihm sollten bald Kornblumenfelder blühen.

Die Mohnblume, engl. *Poppy*, als eindrucksvolles Symbol der Erinnerung hat sich bis heute gehalten. Der Remembrance Sunday wird gerne auch als Poppy Day bezeichnet.

Zu verdanken ist dies Moina O'Connore Michael. Die Sekretärin tat am 9. November 1918 im YMCA Overseas War Büro in New York Dienst. Während einer kurzen Pause blätterte sie in einem Magazin und fand das Gedicht McCraes unter dem Titel "We Shall not Sleep". Sie war davon so beeindruckt, dass sie schwor, in Erinnerung an die Felder von Flandern stets eine rote Mohnblume zu tragen.

Es wurde Moina's Lebensinhalt, die Poppy als nationales Symbol in den USA zu etablieren. In den frühen zwanziger Jahren konnte sie ihre ersten Erfolge verbuchen. Am 29. September 1920 erklärte die National American Legion die Poppy zu ihrem Symbol des kollektiven Erinnerns.

Eine Französin namens Anna E. Guérin war als Repräsentantin des französischen YMCA ebenfalls am 29. September 1920 bei dem Kongress der National American Legion anwesend. Sie setzte es sich zum Ziel, künstliche Poppies herzustellen und diese zu verkaufen. Der Erlös sollte den Witwen und Waisen des Krieges zu Gute kommen, sowie verwüstete Regionen in Frankreich wiederaufbauen helfen. Wir verdanken es der Weitsicht von Anna E. Guérin, dass ihr Projekt auf die Verbündeten Frankreichs während des Ersten Weltkriegs ausgeweitet wurde. In den frühen zwanziger Jahren stellte sie Kontakt zu Australien, England, Kanada und Neuseeland her.

Die ersten künstlichen Poppies wurden in Amerika verkauft. Es folgte Kanada, und im November 1921 stellte Mme Guérin ihre

Mohnblumen dem britischen Feldmarschall Earl Douglas Haig vor, dem Gründer und Präsidenten der British Legion. Sie konnte ihn überzeugen, die Poppy auch in Großbritannien als nationales Symbol des Erinnerns einzuführen. Rechtzeitig zum dritten Jahrestag des Waffenstillstands wurden die roten Erinnerungsstücke zum ersten Mal auf englischem Boden verkauft. Der Erlös aus dem ersten Poppy Appeal 1921 ging an bedürftige Veteranen.

1922 wurde auf Veranlassung von Major George Howson MC die Poppy Factory in der Old Kent Road in London gegründet. Bis 1933 war der Bedarf so gestiegen, dass die Fabrik nach Richmond, Surrey, verlegt werden musste.

Die Nachfrage wuchs weiter. Im Jahr 1978 entschied die British Legion, die herkömmlichen Stoffblumen auf hochwertiges, biologisch abbaubares Papier umzustellen. Heute werden etwa 45 Millionen solcher Blumen jährlich produziert und in 88 Länder exportiert.

In den zwei Wochen vor Armistice Day und Remembrance Sunday werden von der Royal British Legion im Rahmen des jährlichen Poppy Appeals die Erinnerungsblumen großflächig an die Bevölkerung verkauft. Vor jedem Supermarkt, in Fußgängerzonen, Bahnhöfen, Einkaufszentren, vor Kirchen, in Buchhandlungen und Drogerien, in Fitnesscentern und an Sportplätzen kann man seine eigene Poppy kaufen. Ältere Herren und Damen, teilweise in Uniform, bieten diese in guter alter Bauchladenmanier an. Sie haben stets ein Lächeln auf ihren Lippen. Sie sind stolz darauf, ihren Beitrag zur Erinnerung leisten zu dürfen, und ihre Tätigkeit hat etwas Rührendes.

Die Ansteckblume ist umsonst, aber eine unausgesprochene Regel besagt, man sollte eine Ein-Pfund Münze als Spende in die Sammeldose zu werfen. Wie und wo trägt man die Poppy?

Manche sagen, am besten links am Revers, direkt über dem Herzen. Hier werden auch militärische Orden getragen. Einige behaupten, Männer sollten sie links, Frauen rechts tragen, wie eine Brosche. Andere sagen, nur Mitglieder der königlichen Familie dürfen die Poppy rechts tragen, ein Mythos, der keine Berechtigung hat, zumal die Queen selbst ihre links trägt. Ein

Sprecher der Royal British Legion wird oft zitiert, der einmal gesagt hat, es gäbe keine richtige oder falsche Seite für die Poppy, „...solange sie mit Stolz getragen wird." (Quelle 26) Wer außer einem Engländer könnte dies so schön ausdrücken?

Männer und Frauen tragen sie am Revers ihrer Anzugjacken und Blazer, Jugendliche stecken sie ins Knopfloch ihrer Leder- oder Jeansjacken und Kinder heften sie an ihre Schuluniformen. Alle sind stolz auf ihre Poppy und scheuen sich nicht, dies zu zeigen. Begleiten Sie mich nun zu den Feierlichkeiten selbst, die in ihrer Würde und Stille einzigartig sind.

Armistice Day, der 11. November: Fällt der 11. November auf einen Wochentag, so zelebriert die Royal British Legion auf dem Trafalgar Square in London die Silence in the Square-Zeremonie. Diese folgt einem strengen Ablauf. Um exakt 11 Uhr wird "The Last Post", Der letzte Wachposten, gespielt, ein militärisches Hornsignal, dessen Ursprung Joseph Haydn zugeschrieben wird. Hiernach wird die *exhortation*, die Mahnung verlesen:

"They shall grow not old, as we that are left grow old,
Age shall not weary them, nor the years condemn.
At the going down of the sun, and in the morning
We will remember them." (Quelle 27)

Diese Worte sind einem Gedicht von Robert Laurence Binyon "For the Fallen" entnommen, welches dieser bereits Mitte September 1914 nach den ersten schweren Verlusten der britischen Armee geschrieben hatte.

Danach antwortet die Gemeinschaft: *"We will remember them."* (Quelle 27) Nun folgt ein zweiminütiges stilles Gedenken. Zum Abschluss wird die "Reveille", der Weckruf, geblasen, ebenfalls ein von Haydn komponiertes Hornsignal.

Zum Abschluss des Festakts sind die Teilnehmer aufgerufen, Poppy-Blütenblätter in den Trafalgar Brunnen zu legen. Das entstehende Gemälde der treibenden Blüten wirkt lange nach, steht für sich und bedarf keiner Worte. Jung und Alt stehen Seite an Seite - vereint in diesem würdevollen Begehen. Man muss nicht gläubig sein oder militärisch gesinnt, um diese oder eine ähnliche

Zeremonie als etwas einmalig Schönes zu begreifen, das jeden von uns angeht. Wir erleben einen bewegenden Brückenschlag über Generationen und politische Parteigrenzen hinweg.

Auch in anderen Städten und Gemeinden landesweit werden ähnliche Zeremonien abgehalten. Die allermeisten öffentlichen wie privaten Arbeitgeber erinnern ihre Mitarbeiter kurz vor 11:00 Uhr an die Schweigeminuten. In Supermärkten oder Fußgängerzonen machen Durchsagen aufmerksam. Keiner, der da weiter hastet. Geneigte Köpfe halten inne. Ein seltsames Band der Verbundenheit spannt sich durch das Land, erreicht politische Gegner und vereint ansonsten Unvereinbares.

Remembrance Sunday, der zweite Sonntag im November: Am Remembrance Sunday kommt es in London zu dem jährlichen National Service of Remembrance am Zenotaph in Whitehall.

Das Zenotaph (Griechisch: Leeres Grab) stellt seit nunmehr fast 100 Jahren das Symbol für das nationale Erinnern an alle Kriegstoten dar. 1919 war es auf Zutun des damaligen Premierministers Lloyd George zunächst als reine Holzkonstruktion für die Feierlichkeiten zum ersten Jahrestag des Waffenstillstands vorgesehen.

Die Akzeptanz innerhalb der Bevölkerung war allerdings so spontan und enthusiastisch, dass das Denkmal innerhalb kürzester Zeit von Kränzen zu Ehren der Toten und Vermissten umschlungen war. Aus dem Provisorium sollte nun ein permanentes Ehrenmal werden, und im Jahr 1920 enthüllte König George V. die neue Stein-Konstruktion nach dem Design von Edwin Lutyens. Die Inschrift ist einfach: "The Glorious Dead", „Den glorreichen Toten".

Auch die Abfolge des Zeremoniells hat sich erhalten. Anwesend sind der amtierende Premierminister und sein Kabinett, ehemalige Premierminister, die Oppositionsführer und der Bürgermeister von London; außerdem die Vertreter des Militärs, der Flotte und Luftwaffe, sowie der Kirchen und die High Commissioners der Commonwealth Nationen.

Es werden Hymnen gesungen und Gebete vorgetragen. Ein zweiminütiges Schweigen schließt sich an. Kränze werden niedergelegt, allen voran von der Queen und den Mitgliedern des

Königshauses. Das Zeremoniell endet mit dem sogenannten March Past, einer Prozession von Veteranenverbänden, die jeweils vor dem Zenotaph ihren gefallenen Kameraden salutieren.

Im noblen Viertel Chelsea mitten in London gibt es neben der berühmten jährlichen Chelsea Flower Show, den vielen Snobs in ihren schicken Appartements und dem Chelsea Football Club ein Herzstück englischer Institutionen, das unbedingt hier erwähnt werden muss: das Royal Hospital Chelsea.

Seit 1682 dient das von Sir Christopher Wren errichtete wunderschöne Gebäude im Herzen Londons als Heimstatt für pensionierte, verdiente Soldaten. Etwa 300 von ihnen haben hier ein Zuhause gefunden. Verwitwet müssen sie sein, ohne direkte Angehörige und mindestens zwölf Jahre aktiven Dienst geleistet haben. Hier finden sie eine Gemeinschaft, hervorragende Pflege und den Dank einer Nation für die Opfer, die sie im Laufe ihrer militärischen Karriere erbracht haben.

Die alten Herren und Damen der Chelsea Pensioners in ihren makellosen hellroten Uniformen und den typischen Dreispitz Gardehüten verdeutlichen besser als alles andere den Sinn des Remembrance Sunday. Soweit es ihr Alter und ihr körperlicher Zustand erlauben, gehen sie aufrecht und hoch erhobenen Hauptes. Viele werden im Rollstuhl geschoben. Sie sind stolz, dabei zu sein und den Gefallenen ihren Respekt zu erweisen. Viele marschieren für ihre Großväter und Väter. Viele von ihnen haben selbst für eine freie, sichere Welt gekämpft.

2016 mussten zum ersten Mal die Teilnehmerzahlen am March Past beschränkt werden. Die Angst vor Terrorangriffen war so hoch wie nie. Viele Witwen und Waisen oder Familienangehörige durften deshalb nicht dabei sein. Scharfschützen auf den Dächern des Außenministeriums überwachten die Veranstaltung. Ein Zeichen unserer Zeit.

Und doch welch ein Moment der Ermutigung, wenn man auf so würdevolle Weise Dank sagen kann.

Ich gebe es an dieser Stelle unumwunden zu: ich beneide die Briten und die Bürger des Commonwealth um dieses Stück Patriotismus.

Es muss schön sein, stolz sein zu können auf seine Armee und seine Soldaten, die Gefallenen, die Aktiven und die Veteranen. Es muss schön sein, für eine gute Sache gekämpft zu haben und dafür erinnert zu werden. Es muss schön sein, als Nation starke Werte zu haben und Rituale, wie den Armistice Day oder den Remembrance Sunday, an denen man sich als Teil von einem großen Ganzen empfinden kann, als Teil einer Nation.

Nun stirbt sie ja langsam aus, die Generation des verheerenden Krieges. Der jüngste Bruder meiner Mutter ist im Zweiten Weltkrieg gefallen. Der älteste war Spätheimkehrer aus russischer Gefangenschaft und litt sein Leben lang unter den Folgen. Zwei Burschen aus einem kleinen Dorf in Oberbayern, deren einziger Fehler es war, zur falschen Zeit im wehrfähigen Alter gewesen zu sein. Sie waren keine Nationalsozialisten.

Als Kind hörte ich meine Mutter oft erzählen, am Tag, als der Bürgermeister die Nachricht vom Gefallenentod des jüngsten Sohnes brachte, habe sie ihren Vater zum ersten Mal weinen sehen. Ich weiß, wie gerne sich meine Mutter und meine Großmutter ehrenvoll und in Gemeinschaft mit anderen an ihren Bruder und Sohn erinnert hätten. Sie hätten ganz sicher gerne eine Poppy gekauft und stolz getragen. Das Gedenken an die deutschen gefallenen Soldaten aber muss einen anderen Charakter haben. Wir dürfen nur sehr demütig trauern.

Vielleicht wäre es an der Zeit, auch in Deutschland Poppies einzuführen. Die Briten hätten sicherlich nichts dagegen.

Kapitel 11

Schule – nicht immer „umsonst"?

Als ich mit meiner jungen Familie, bestehend aus dem Lieblingsengländer und zwei Söhnen im Alter von eineinhalb Jahren und sechs Monaten, an englischen Gestaden angeschwemmt wurde, kreisten meine Gedanken um die Baby Ersatzmilch, die Windeln, die Schnuller und Flaschen Ersatzringe.

Der Überlebensinstinkt ist bekanntlich sehr stark, richtet sich an den unmittelbaren Herausforderungen aus und ist erstaunlich kurzsichtig. Welcher Hase, der gerade der Flinte des Jägers entwischt ist, will schon wissen, dass der Hund die Fährte bereits in der Nase hat und ihn nach dem nächsten Haken doch noch erwischt?

Während ich mich mit aus heutiger Sicht trivialen Fragen um Ersatz-Versorgungswege für Babyartikel beschäftigte, nun da ich in fernen Landen auf vertraute Anlaufstellen bekannter Drogeriemärkte verzichten musste, brodelte unter der Oberfläche bereits sanft, aber stetig der Vulkan, dessen Lava mindestens zwei gefühlte Doppelhaushälften mit sich reißen würde. Ich war ahnungslos und frohen Muts.

Kindergarten, Vor- und Grundschule, Gymnasium? - Gedanklich weit entfernte Gefilde, von englischem Nebel sicher verhüllt. Meine bevorstehenden Irrfahrten waren eines Odysseus nicht unwürdig, wobei letzterer sowieso Glück hatte. Telemachos war ja gut aufgeräumt auf Ithaka. Wen kümmerte es, ob er lesen und schreiben lernte und vor allem bei wem? Auch Odysseus wusste nicht, dass er Telemachos allerspätestens bei seiner Geburt auf die Warteliste einer englischen Boarding School hätte setzen lassen müssen. Deshalb ist ja auch nichts aus ihm geworden, aus Telemachos.

Zwei weitere ahnungslose Jahre verstrichen. Wir lebten uns gut ein, taten Baby Dinge und besuchten die ersten Mutter-Kind Krabbelgruppen. Ich wunderte mich, wie alt viele der Mütter waren, die aus sicherer Entfernung die Kleinen beobachteten. Später machte mich jemand darauf aufmerksam, dass die ergraute Spezies der Kategorie *Nanny McFee* zuzuordnen war, nur eines von vielen Missverständnissen.

Unsere nächste Station war eine Spielgruppe, die jeden Montag von 10:00 bis 11:30 in den Gemeinschaftsräumen der katholischen St. Thomas Kirche in Guildford stattfand. Wir notieren uns an dieser Stelle gedanklich das Stichwort „katholisch", da wir es an späterer Stelle noch einmal gebrauchen werden. Unsere „Montagsgruppe" wuchs uns ans Herz, und die Söhne liebten die Bobbycars, für die jeweils eine eigene Rennstrecke aufgebaut wurde. Alles lief sehr zivilisiert ab. Beim ersten Anflug von Gewaltausbrüchen zwischen zwei oder mehreren Rennteilnehmern, griffen die vielen *Nannies* und wenigen Mütter ein und trennten die Aggressoren mit mahnenden Worten. Die Kinder mussten sich jeweils entschuldigen *"Say sorry, Harry!"* und wurden wortreich darüber aufgeklärt, wie weh sie dem anderen mit ihrem Fehlverhalten getan hatten. Nachdem alle Parteien hinreichend geknickt waren, ging das Ganze wieder von vorne los. Schon sehr früh wurde mir klar, welch hohen Stellenwert Höflichkeit und gutes Benehmen in England haben.

In ganz England? Nun ja, die Intention ist wohl vielerorts die gleiche und man kann schlecht oder gut erzogene Kinder nicht nur damit erklären, welche Kindergärten und Schulen sie besucht haben. Eins ist allerdings klar: Die privaten Einrichtungen haben hier ein entscheidendes Wörtchen mitzusprechen. Die Produkte, die sie an die jeweils nächsthöheren Schulstufen überweisen, bis hin zu den Universitäten, sind allergrößtenteils erstaunlich beeindruckende, junge Persönlichkeiten. Aber zu dieser Erkenntnis musste ich ja selbst erst einmal gelangen.

Um den dritten Geburtstag unseres ältesten Sohnes wurde es langsam ernst. Der Lieblingsengländer sah mir eines Abends ernst in die Augen - fast wie Humphrey Bogart - allerdings nicht aus romantischen Gründen, sondern mit der Frage verbunden, ob ich mir denn schon Schulen angeschaut oder zumindest welche in die engere Wahl gezogen hätte. Ich musste passen.

Mein deutsches Verständnis erwartete eine simple Gleichung von Wohnort + Einzugsgebiet = Sprengel. Von welchen Wahlmöglichkeiten sprach denn der Lieblingsengländer? Ich wusste, dass die Kinder in England ein Jahr früher eingeschult werden, also in dem Jahr, in dem sie fünf werden. Ansonsten war das Thema für mich relativ unspannend. Grundschule, Gymnasium, Universität, *easy*, oder? *Not so.*

Das kommende Wochenende wurde meiner theoretischen Aufklärung gewidmet. Der Lieblingsengländer, selbst stolzer Stipendiat und Absolvent einer ruhmvollen Privatschule, erläuterte mir in zwei Vormittagssitzungen die grundlegenden Eckpfeiler des englischen Schulsystems.

Variante A: State Schools, nicht gebührenpflichtig. Urteil meines Beraters: in einigen Gegenden durchaus "*not bad*". Nach Lektüre des Kapitels *Understatement* wissen wir, dass dies mit allerhöchstem Lob gleichzusetzen ist; allerdings politisch oft von Linksdenkern infiltriert, an schlechter Ausstattung leidend, oftmals an noch schlechterem Lehrpersonal und deshalb in gar keinem Fall ein Experiment wert.

Variante B: Private Schools, auch Independent Schools oder Independent Sector Schools genannt, Private Einrichtungen, gebührenpflichtig. Kurz und bündiges Urteil des nicht ganz objektiven Beraters: unbedingt der Variante A vorzuziehen, auch wenn es uns das Eigenheim kosten möge. Begründung: bessere Lehrer, bessere Ausstattung, bessere Fächer- und Wahlmöglichkeiten.

Und noch etwas gäbe es im Independent Sector, flüsterte er mir sibyllinisch zu, etwas, das nichts mit Lesen, Schreiben oder

Mathematik zu tun habe. *"Difficult to explain, though. You have to see it to know it."* Schwer zu erklären sei es also, man müsste es sehen, um es zu erkennen. Mit diesen Worten und einem geheimnisvoll entrückten, genussvollen Gesichtsausdruck beendete er seine Lektion. Wie wahr seine Worte waren, sollte sich bald herausstellen.

Nach dieser ersten Einweisung war ich nun mehr als entschlossen, mir meine eigene Meinung bilden.

Selbst im beschaulichen Bayern nahe der österreichischen Grenze aufgewachsen, wollte ich mich nicht so einfach mit den erhaltenen Vorgaben zufriedengeben, auch wenn sie vom Lieblingsengländer stammten. Ich hatte schließlich meine Grundschulzeit in recht positiver Erinnerung und auch meine Gymnasialzeit konnte sich sehen lassen.

Ein erster Einblick in die Gebührenordnungen des privaten Grundschulbereichs, von den weiterführenden Schulen ganz zu schweigen, ließ mich zudem vorsichtig erschauern. Je älter die Sprösslinge wurden, desto mehr beugten sich ihre Eltern unter dem selbstgewählten Joch der dreisemestrig zu entrichtenden Strafzölle.

Als Bankerin legte ich im Geiste bereits eine Budget-Datei an. Eine detaillierte Excel Tabelle nahm gedankliche Formen an, die über Jahre im Voraus kühl und sachlich veranschaulichen sollte, um wieviel schneller wir unsere Hypothek abbezahlt haben würden, würden wir das Terrarium der unerbittlichen Schulgebühren-Anakonda weiträumig meiden. Einmal im Würgegriff, gäbe es kein Zurück mehr, das war mir recht schnell klar. Ich war stolz auf meinen analytischen Durchblick und ging so gestählt in die nächste Runde.

Zunächst galt es Terminologie abzuarbeiten. Die Nomenklatur innerhalb des Privatschulbereichs ist eine Wissenschaft für sich. Ich wälzte Hochglanzprospekte verschiedener infrage kommender Etablissements.

Auf den ersten Blick waren Gemeinsamkeiten nur schwer zu erkennen. Ein leichter Kopfschmerz breitete sich aus. Ich ließ mich nicht einschüchtern. Wo anderen vielleicht ein Aspirin hilft, ist es bei mir stets der Griff zum Computer. Excel, Du wundersame

Erscheinung, geleite mich mit der Klarheit Deiner Bezüge und weise mir den Weg durch das Dickicht! Excel hilft bei mir immer.

So strukturierte ich den Fragenkatalog in der Spalte A, Reihen 3 bis folgende. Spalten B bis folgende waren den Einrichtungen vorbehalten. So hoffte ich mir einen soliden Überblick zu verschaffen. Schon bei den Klassenbezeichnungen (Reihe 5) gab es die ersten Divergenzen.

Die erste Grundschulklasse heißt z.B. bei Schule A *Reception Class* und bei Schule B *Kindergarten*. Im Falle von Schule A kann es deshalb vorher für die ganz Kleinen entweder eine *Nursery* oder eine *Kindergarten* Klasse geben. Bei Schule B müssen sie vorher in einer Nursery Klasse gewesen sein, Sie verstehen?

Ab dem zweiten Grundschuljahr vereinfacht sich das Thema dann aber. Dieses heißt dann wohlgemerkt *Year 1*! Es folgen *Year 2, Year 3* usw. bis *Year 12*, der Abiturklasse.

Ich beschloss zunächst die nahegelegene staatliche Schule aufzusuchen, um eine Grundkennziffer für meine Tabelle zu erarbeiten. Davon ausgehend - so mein Plan - konnte ich dann bei allen künftigen Eindrücken mit einfachen Formeln Plus-, bzw. Minuspunkte vergeben. Eine mit kühlem Kopf angewandte Ratio, da war ich mir sicher, würde - wie früher im Job - zu einem unstrittigen Ergebnis führen.

Das Ergebnis war tatsächlich unstrittig, hatte aber mit Ratio nicht viel zu tun. Mrs. Goodyear hieß der ausschlaggebende Faktor, der in meiner Tabelle nicht vorgesehen war.

Aber ich mute Ihnen zuviel auf einmal zu. Zunächst terminierte ich meinen ersten Schulbesuch bei der nahegelegenen staatlichen Millerton School für den erstmöglichen Wochentag. Er verlief unauffällig.

Halbwegs nette Kinder tummelten sich in den Gängen. Von der Rauferei in der Pausenhalle einmal abgesehen, war der erste Eindruck durchaus positiv. Ein wenig laut war es vielleicht, aber es ging. Ich traf halbwegs nette Lehrer, die allerdings ein wenig müde wirkten. Mein Rundgang führte mich an leicht gelbstichigen Wandplakaten vorbei, und der kurze Blick in die Toiletten war alarmierend, aber es kann ja nicht immer alles tip-top sein, oder?

Meine Tabelle vor Augen, zwang ich mich geradezu, einen

positiven Eindruck von Millerton zu gewinnen. Ich wollte auf gar keinen Fall eine sich selbst erfüllende Prophezeiung lostreten. Paul Watzlawik sollte im Sack bleiben. Millerton sollte, würde, müsste gut sein.

Meine erste Basis Kennziffer konnte ich am Abend eintragen. So weit, so gut. Ich schlief ein wenig schlecht in der Nacht, vielleicht auch deshalb, weil ich dem Lieblingsengländer meinen Millerton School Besuch unterschlagen hatte.

Am nächsten Morgen war als privates Gegenstück zu Millerton ein Besuch bei Box Hill Preparatory School an der Reihe. Ich hatte einen Termin mit der Direktorin Mrs. Goodyear vereinbart.

Sie kennen bereits ihre Nachfolgerin Mrs. O'Connor aus dem Kapitel "A Cup of Tea". Damals thronte allerdings noch Mrs. Goodyear als Headmistress über der alt eingesessenen Schule. Box Hill war deshalb für uns interessant, weil die Schule mit dem Auto in acht Minuten erreichbar war, ein klarer strategischer Vorteil.

Hier muss vielleicht ein Einschub erläutern, dass im englischen Grundschulbereich fast alle Schülerinnen und Schüler von den Eltern mit dem Wagen am Morgen gebracht und nachmittags wieder abgeholt werden. Dies ergibt sich einfach aus dem oft sehr weitläufigen Einzugsgebiet. Zumindest außerhalb der Ballungszentren wohnen englische Familien oft sehr ländlich in kleinsten dörflichen Gegenden, zum Teil sogar sehr abgeschieden. So gut wie nichts ist zu Fuß zu erreichen. Haushalte sind in der Regel auf zwei Autos angewiesen. So kommt es jeden Morgen und Nachmittag auf den Straßen zu dem berühmt-berüchtigten *School Run*. Da alle ungefähr gleichzeitig losfahren, kann eine normalerweise fünf Minuten dauernde Strecke gerne schon einmal bis zu vierzig Minuten dauern, besonders bei Regen, was ja bekanntlich oft der Fall ist.

Die öffentlichen Busse sind unzuverlässig und für den Schulbereich ungeeignet. Viele der staatlichen und fast alle Privatschulen haben ein Schulbussystem, allerdings oftmals erst ab den älteren Jahrgangsstufen. Es gibt in der Regel mehrere Schulbusrouten, die über verschiedene Stopps ihre Lämmer aufsammeln, die allerdings dafür oft sehr früh aufstehen müssen.

Box Hill kam auch deshalb in die engere Wahl, da es sich um

eine katholische Institution handelte. Hierzu wusste ich bereits, dass katholische Schulen in England einen sehr guten Ruf genießen. Es gibt sie im staatlichen, sowie im privaten Bereich. Gemeinsam ist ihnen erfreulicherweise, dass man nicht mehr, wie früher, unbedingt katholisch sein muss, um dort aufgenommen zu werden. Der Unterrichtsstoff im Fach Religious Education ist selbstverständlich katholisch, ansonsten unterscheidet sich das Curriculum nicht von anderen Schulen. Grundsätzlich sind - laut vorherrschender Meinung - der Standard der Allgemeinbildung und die Messlatte für extra-curriculare Disziplinen wie Manieren, Höflichkeit und Respekt an katholischen Schulen immer noch sehr hoch. Leicht konnte ich mich der Meinung des Lieblingsengländers anschließen, dass dies nun eindeutig wünschenswert sei.

Der Termin mit Mrs. Goodyear war also schnell vereinbart und mein Besuchstermin vom Sekretariat der Schule schriftlich auf geprägtem Briefkopf mit Wappen bestätigt. Ich zog mich hübsch an - man will ja auch als Eltern einen guten Eindruck machen - und war zehn Minuten zu früh in der Eingangshalle der Schule.

Das alte Herrenhaus, das über einen wunderschönen Vorplatz mit eigenem Sportfeld und einladendem Rasen verfügte, stand umrahmt von hochgewachsenen, alten Fichten. In der rechten hinteren Ecke des weitläufigen Areals konnte man ein anspruchsvolles Klettergerüst und einladende Schaukeln erkennen. Es musste sich also um offenkundig glückliche Insassen handeln, die hier zum einen dem Ernst des Lebens entgegenstrebten und denen doch noch Zeit gegönnt war, sich in den Pausen spielerisch zu verausgaben.

Der Empfangsbereich war holzvertäfelt und an den Wänden prangten Schaukästen, die von den Errungenschaften der Box Hill-Kohorten erzählten. So gab es eine Vitrine mit Malereien und Kunstobjekten, die von griechischen Sagen erzählten. Ein in Acrylfarben gemalter Polyphem beeindruckte mich besonders, jemand musste hieran Wochen oder Monate gearbeitet haben, ein wahres Meisterstück an verschiedensten Braun, Grau und Ockerschattierungen. Ich las das Namensschild: *"Issy Whittaker, Year 4"*. Ich rechnete kurz nach, Issy war also neun, als sie ihren Polyphem malte.

Mein Blick wanderte weiter zu einem hochkantigen Schaukasten, über dem auf Farbkarton die Überschrift *Creative Writing* aufgezogen war. Darunter befanden sich Geschichten zum Thema „Ein wirklich gruseliger Ort", die in schönster Schreibschrift verfasst und teilweise noch illustriert waren.

Bei der Jahrgangsgruppe handelte es sich um *Year 3*, die Achtjährigen also. Die Gruselorte waren alle, soweit ich in der Kürze der Zeit beurteilen konnte, unter den Betten der Autoren zu finden. Es gab dort Monster, Außerirdische, kleine und größere Raubkatzen und Vogelspinnen. Allerdings gab es immer auch eine Fee - bei den Schülerinnen - oder einen Superhelden - bei den Schülern -, die das Schlimmste gerade noch verhindern konnten.

Ich verliebte mich auf der Stelle in das Fach *Creative Writing* und habe ihm ein eigenes Kapitel gewidmet. Unser eigenes Fach Deutsch könnte dringend eine Typveränderung gebrauchen.

In der Mitte über dem Treppenaufgang prangte eine holzgefasste Tafel, auf deren rotsamtenem Bezug in Goldlettern die Jahreszahlen und Namen der jeweiligen *Scholarship*-Träger (Stipendiaten) aufgeführt waren.

Als Preparatory School unterrichtet Box Hill nur bis zum Alter von elf Jahren. Hiernach werden die Kohorten an weiterführende Senior Schools entlassen. Die Wahl der Senior Schools obliegt ausschließlich den Eltern, die abgebende Schule berät, aber beeinflusst nicht. Für die meisten Senior Schools müssen Aufnahmeprüfungen geschrieben werden. Die besten Ergebnisse werden hierbei jeweils mit einer geringen Anzahl akademischer, musikalischer oder künstlerischer Stipendien belohnt. Der Wettbewerb ist hoch kompetitiv.

Scholarships bedeuten bares Geld für die Eltern. Ein Stipendiat kann mit einer Gebührenminderung von zwischen 10 bis 50 %, in ganz seltenen Fällen sogar bis zu 100 % rechnen. Es ist extrem schwer, ein Stipendium zu erreichen, aber der Versuch lohnt sich.

Der Glanz der Gewinner fällt selbstverständlich auch auf deren Grundschule zurück. Jedes gewonnene Stipendium macht die abgebende Schule reicher an Ansehen und Qualitätsanspruch. Mit Fug und Recht wirbt daher jede Preparatory School mit den

Scholarship-Ergebnissen ihrer Schülerinnen und Schüler. Ich studierte die Ruhmestafel und las einen der letzten Einträge: *2001 Arts Scholarship to Longmead School, Issy Whittaker*. Aha, die kleine Künstlerin und ihr Polyphem. Und hier war ihre Wirkungsstätte gewesen.

Sie merken, wie sich ein wohliges Gefühl ausbreitet und ein ganz, ganz kleiner Hoffnungsschimmer? Ob wohl dereinst der Name des eigenen Sprösslings an exponierter Stelle zu finden wäre? Ich dachte an die Zeichnung unseres Ältesten vom vergangenen Wochenende: ein Superheld in rotem Cape mit überdimensionalen Schwingen. Die Voraussetzungen waren gut, nicht schlechter als bei Issy, oder?

So oder so ähnlich konnte man zumindest noch eine Weile träumen......Und sollte das mit dem Kunst-Stipendium nicht klappen, gab es da ja auch noch die erste Blockflötenstunde, die laut seiner Lehrerin recht passabel verlaufen war. Eine Musik-Scholarship vielleicht? Alle Möglichkeiten standen einem offen.

"*Mrs. Tansley?*" Ich wurde aus meiner Reverie künftiger Tansley Namen auf samtenem Untergrund gerissen, "*Mrs. Goodyear can see you now, Madame*".

Die persönliche Assistentin der Direktorin war aus dem Nichts erschienen, stellte sich als „Mrs. Baker" vor und schwebte die breite, frisch gewienerte Treppe vor mir hinauf in den ersten Stock. Unter meinen Tritten knirschte der Holzboden, bei Mrs. Baker war kein Geräusch zu hören. Ich schätzte, dies war die heimliche Alarmanlage der Schule, eines Ungeübten Tritt an falscher Stelle und in den oberen Stockwerken wusste man Bescheid.

Der erste Stock des hochherrschaftlichen Wohnhauses war in Büroräume und Klassenzimmer aufgeteilt und beherbergte am Ende eines langen Gangs das Vorzimmer und Büro der Direktorin. Die Tür stand offen, Mrs. Baker nickte mir kurz aufmunternd zu und ich betrat das innerste Heiligtum.

Mrs. Goodyear, in förmlichem Kostüm mit blitzweißer Bluse, wirbelte straffen Schritts auf mich zu. Sie war ein Vollprofi, das spürte ich sofort. Außerdem war sie Lehrerin durch und durch und lebte ihren Beruf. Nur das Beste sollte genügen. Hinter der freundlichen Fassade verbarg sich Stahl, der jederzeit aufblitzen konnte, sollte dies nötig sein.

"*Mrs Tansley, how can I help you?*", mit diesen Worten wies sie mir meinen Platz in einer Sitzgruppe zu und nahm - ihr Notizbuch in der Hand - mir gegenüber Platz.

Ich schilderte kurz unsere familiäre Situation und äußerte meinen Wunsch nach einer Schulbesichtigung, wenn dies so kurzfristig zu bewerkstelligen sei. Mrs. Goodyear schien befremdet darüber, dass irgendetwas nicht kurzfristig zu bewerkstelligen sein könnte. Sie war bestens vorbereitet und hatte das Folgende wohl schon einige hunderte Male mit künftigen Eltern exerziert.

Nach einem kurzen, sachlich präzisen Gespräch über die Geschichte und Vorzüge von Box Hill erhob sie sich. "*I always think it is best to see a school in action, don't you think?*", mit diesen Worten schritt sie voran. Ich folgte.

Wir besichtigten die *Nursery*, wo die ganz Kleinen unter Aufsicht von Mrs. Evans ein Riesenplakat mit Kartoffelstempeln bearbeiteten, den Kunstsaal, in dem die Schüler an aufwendigen Aquarellen feilten und das Musikzimmer, das voller Instrumente war, aber ohne Schüler. Ich erfuhr, dass die Instrumentalklassen am Nachmittag stattfanden, nach dem normalen Unterricht.

Vorbei ging es an Küche und Speisesaal, die beide sehr einladend wirkten. Wir wissen bereits alle, dass an englischen Schulen ein warmes Mittagessen eingenommen wird. Dies gilt für den staatlichen, wie privaten Bereich.

Nun ging es an die Klassenzimmer. Es war, ich erinnere mich deutlich, ein Donnerstagvormittag - der Schulbetrieb war also in vollem Gange. Das Gebäude war verwinkelt, wir erklommen Treppen und stiegen wieder ab, manchmal begegneten uns auf den Gängen ein oder zwei Schülerinnen, die offensichtlich gerade auf Botengängen unterwegs waren. Sie traten beiseite, so dass wir leichter passieren konnten und grüßten laut und freundlich. Ansonsten herrschte eine ganz besondere Stille, die nicht unangenehm war, aber für ein Schulgebäude doch etwas merkwürdig anmutete.

Vor einer Tür hielt meine Führerin inne. "*We shall just try it here, shall we?*" Mrs. Goodyear klopfte und öffnete auch direkt die Tür in das Klassenzimmer. Hier bot sich uns der Anblick einer munteren Gruppe, die gerade unter Aufsicht von Mrs. Grange - so wurde mir erklärt - eine Stunde in Englischer Dichtung absolvierte. Die jeweiligen Gedichte wurden mit Effet vorgetragen. Mrs. Grange grüßte uns freundlich und auch die Schüler strahlten uns an. Ich war sehr angetan.

Mrs. Goodyear's Blick verdunkelte sich allerdings um eine Nuance, sie lächelte weiterhin, sprach jedoch die folgenden bedeutungsschwangeren Worte: *"Now girls, shall we try this one more time?"* zog mich mit sich zurück in den Korridor hinaus und die Tür des Klassenzimmers wieder hinter sich zu.

Und nun kommt's, meine Damen und Herren, der Effekt, der mich zum Konvertiten und bekennenden Privatschul-Verfechter werden ließ.

Mrs. Goodyear räusperte sich kurz und klopfte erneut an dieselbe Klassenzimmertür. Als sie die Tür diesmal öffnete, stand die gesamte Klasse wie auf Kommando auf, drehte sich uns zu und rief wie aus einem Munde *"Good morning Mrs. Goodyear!"*.

"Now, that's much better, isn't it? Thank you girls, thank you Mrs Grange! Have a good day."

Mit diesen Worten schloss die Direktorin die Tür wieder. Ich war sprachlos und das war mir wohl anzumerken. Wie viele deutsche Klassenzimmer könnten diesem Säuretest wohl standhalten? Hätte hinter Mrs. Goodyear ein Heiligenschein erstrahlt, hätte mich dies auch nicht gewundert. Auch so geht Disziplin.

Sie erreichte das, was sie wollte, durch reine Präsenz, persönliches Format und wahrscheinlich durch bedingungslosen Respekt ihrer Lehrerschaft wie ihrer Schüler. Ich werde dieses beeindruckende Exempel an Autorität nie vergessen. Wie in einer Vision erkannte ich plötzlich, was der Lieblingsengländer gemeint hatte. „Man muss es sehen, um es zu verstehen." Dank Mrs. Goodyear hatte ich es gesehen und verstanden. Am selben Abend füllte ich das Anmeldeformular für unseren ältesten Sohn aus.

Liebe Leserinnen und Leser, schließen Sie für einen Moment die Augen und stellen Sie sich eine ähnliche Situation in einer unserer vielen Grundschulen vor. Und stimmen Sie mir dann nicht zu?

Es geht gar nicht so sehr um die rein akademischen Disziplinen. Lesen, Schreiben und Arithmetik lernt man überall und irgendwie können es dann alle ab einem gewissen Alter.

Wofür Eltern allerdings bereit sind, viel Geld zu bezahlen, sind Dinge, die rein schulisch gar nicht messbar sind. Werte wie Respekt und Disziplin gehören hierzu, ebenso wie Autorität und Pflichtgefühl, Miteinander und Füreinander, gute Manieren untereinander und Erwachsenen gegenüber, Höflichkeit, Hilfsbereitschaft, Haltung und Eloquenz.

Und diese Werte sind keine leeren Formeln auf einer Schulportalseite. Gähnen Sie auch manchmal, wenn sie den Internet Auftritt unserer Schulen lesen, die Leitbilder und Motive? Und das wirkliche Schulleben? Oft klafft ein Abgrund zwischen frommem Wunsch und täglicher Praxis. Nicht so an einer englischen Privatschule, hier wird täglich geübt.

Da ist zum einen die tägliche *Assembly*. Bis zum Wechsel an ihre *Senior Schools* haben englische Schulkinder jeden Tag ihres bisherigen Schullebens mit einer *Assembly* begonnen, einer 10-minütigen Versammlung aller Klassen in der Aula der Schule. Die Klassen werden hierher von ihren Lehrern, oder - im Falle der älteren Jahrgänge - von ihren Präfekten begleitet. Wir wissen aus Harry Potter, dass die Präfekten besonders verdiente Schüler sind, die ihren jeweiligen Klassen oder Häusern vorstehen. Alle Schüler gehen in einer geschlossenen Reihe zur Aula, das Kommando hierfür wird mit "*Lining up Time!*" gegeben. Es wird nicht gelaufen, möglichst wenig gesprochen und nur bei Strafe gekichert.

Unser jüngster Sohn, der bereits wegen Vergehens gegen Our Lady's Lawn in Box Hill School auffällig geworden war (s. Kapitel „A Cup of Tea), sah sich in seiner Preparatory School mehrmals wegen Hustens und/oder Kicherns während "*Lining up Time!*" an die Wand gestellt, eine disziplinarische Maßnahme, bei der der Gesetzesbrüchige drei Minuten lang Gelegenheit hat, die Wand des Pausenhofs näher zu begutachten.

Ob er nun hiervon später einmal für teures Geld seinem Psychiater erzählen wird, sei dahingestellt. Ich glaube, es hat ihm und den anderen nichts geschadet.

Während der *Assembly* werden Hymnen gesungen, die

wichtigen Termine der Schule verlesen und je nach Anlass oder Jahreszeit hält der Direktor oder die Direktorin eine kurze Ansprache, die manchmal erheiternd, manchmal streng, oft lehrreich, aber immer unterhaltsam ist. Danach marschieren alle wieder zurück in ihre Klassenzimmer und der Unterricht beginnt. Die Kinder lieben das *Assembly* Ritual. Sie fühlen sich nicht nur als Teil ihrer Klasse, sondern als Teil ihrer Schule. So entsteht über die Jahre ein Gemeinschafts- und Zugehörigkeitsgefühl, aus dem nicht selten Stolz wird.

Über das Haus System werden die Schüler und Schülerinnen weiterhin in eine Gemeinschaft eingebunden, die gleiche Interessen verfolgt. Auch dies verstehen wir seit Harry Potter schon besser. Bei Sportfesten kämpft man um Hauspunkte, bei Musik- oder Malwettbewerben ebenso. Besondere Leistungen werden mit individuellen Ehrungen, aber auch mit Hauspunkten belohnt. Der Schüler steht stets für sich, aber auch für sein Haus. Teamwork, Fair Play und Gemeinschaftsgefühl können Fuß fassen.

Das Feld der Disziplinarmaßnahmen ist breit gefächert. An den Schulen, die wir besser kennenlernen durften, gab es beispielsweise - dem berühmten Ballspiel ähnlich – gelbe und rote Karten. Der Empfänger einer *Red Card* hatte exakt zwei Tag Zeit, ein 200 Wörter langes Essay über sein Fehlverhalten zu schreiben und seinen Entschluss begründet darzulegen, in Zukunft selbiges zu unterlassen. Verpasste man die Zwei-Tages-Frist, musste man 100 zusätzliche Wörter schreiben, ein herrlicher Ansporn.

Eine ebenso herzerwärmende, wie effektive Strafmaßnahme war die *Litter Duty*. Wurden Schüler dabei erwischt, das Schulgelände beispielsweise mit einem Milky Way-Papier oder ähnlichem zu verunstalten, wurde *Litter Duty* verhängt. Selbige Strafe ereilte auch diejenigen, die im Klassenzimmer auf nicht akademische Weise auffällig wurden oder z.B. ausgegebene Hausarbeiten nicht oder unzureichend erledigten. *Litter Duty* bestand darin, während der großen Pause die Müllkörbe des Fachtrakts in die größeren Abfallcontainer am Ende des Schulhofes zu leeren und auf dem Weg etwaige Unreinheiten des Pausenhofs durch entsprechendes Bücken und Aufsammeln auszugleichen.

Gute Manieren den Mitschülern gegenüber, vor allem aber auch gegenüber Lehrern und Besuchern der Schule werden besonders großgeschrieben. Alle männlichen Lehrer werden mit "Sir" angesprochen, alle weiblichen mit "Ma'am".

Um wieviel legerer, um es einmal sehr geschmeichelt auszudrücken, geht es da an unseren Schulen zu. Wenn Sie heute auf dem Weg zu einer Sprechstunde in ein deutsches Gymnasium kommen und den Raum in Ermangelung eines Lageplanes nicht auf Anhieb finden, so wird es Ihnen, wie uns, schon passiert sein, dass Sie minutenlang dumm herumstehen und Lehrer wie Schüler der unterschiedlichsten Jahrgangsstufen an Ihnen vorbeilaufen, ohne dass Sie von irgendjemandem gefragt werden: „Kann ich Ihnen behilflich sein?" oder „Suchen Sie jemanden oder etwas?". Sie werden aller Voraussicht nach links liegen gelassen.

Der Lieblingsengländer hatte das zweifelhafte Vergnügen, von der verzweifelten Mutter im letzten Schuljahr als formidables Substitut zu einer Sprechstunde geschickt zu werden. Es darf hier erwähnt werden, dass ich nicht schnell kneife und für gewöhnlich dem Feind ins Auge blicke. In diesem Falle waren aber bereits einige fruchtlose Gespräche mit besagter Lehrkraft vorausgegangen.

So stand der Lieblingsengländer vor dem auf dem Portal angegebenen Klassenzimmer. Der Raum war fest verschlossen. Ein Engländer ist das Anstehen gewohnt und beklagt sich auch nicht so schnell. So vergingen zehn Minuten, in denen Schüler in allen Größen an der wartenden Figur im Anzug vorbeimarschierten, sowie zwei Lehrer, munter miteinander ins Gespräch vertieft. Keiner der Passanten nahm Notiz von dem eleganten Herrn. Hätte dieser ein Attentat oder einen Amoklauf begehen wollen – und an Intention hätte nicht mehr viel gefehlt an diesem grauen Vormittag - er hätte freie Fahrt gehabt. Niemand kümmerte sich um den Fremdkörper, niemand fragte nach seinem Begehr.

Wir bräuchten auch in diesem Land mehr Mrs. Goodyears und ich kenne viele Eltern, die dafür bezahlen würden.

Die Entscheidung für das Privatschulsystem war also an diesem Vormittag in Box Hill gefallen, und ich habe es nie bereut. Wir haben in Summe ein kleines Vermögen bezahlt. Aber wir waren nicht alleine.

Ein Vorurteil muss deshalb unbedingt noch aufgeklärt werden: es sind nicht nur die Superreichen, die ihre Kinder auf Privatschulen schicken. Ja, die gibt es auch und ich höre Sie schon rufen: „Elitär"!

Was aber, ich bitte Sie, ist an guten Manieren elitär, was an Grundwerten, die wir selbstverständlich in der Hauptsache in unseren Familien pflegen und vertreten, die wir aber auch gerne in unseren Schulen unterstützt sehen würden.

Anstelle dessen finden wir uns heute oftmals Situationen ausgesetzt, in denen wir zuhause das schlechte Benehmen wieder mühsam ausmerzen müssen, das unseren Kindern auf dem Pausenhof und in den Klassen überhaupt erst beigebracht wurde.

Ja, aber, höre ich die Vertreter der Lehrerschaft rufen: „Für gutes Benehmen sind wir nicht zuständig." Genau! Gerade da liegt ja der Hase im Pfeffer. An einer englischen Privatschule wären Sie es!

Die Eltern an Privatschulen sind Leute wie Du und Ich. Es gibt viele Eltern, die beide arbeiten und auf Urlaube, Restaurantbesuche und teure Autos verzichten, nur um ihren Kindern eine private Schule zu ermöglichen. Hierher gehört die Geschichte von Rachel und Adam.

Eine gute Freundin von mir und alleinerziehende Mutter, Rachel, wohnt in einem winzigen kleinen Häuschen und arbeitet hart als Physiotherapeutin. Sie verzichtet auf viel, damit ihr einziger Sohn Adam auf eine private Schule gehen kann. Warum? Ich will es Ihnen erzählen.

Adam war zunächst auf der staatlichen Grundschule. Er wurde dort gehänselt und gemobbt. Seine Leistungen waren schlecht. Die Schublade war zu für Adam. Seine Lehrerin hatte Rachel bescheinigt, er hätte Lernschwierigkeiten. Viel sei von ihm nicht zu erwarten, möglicherweise sei er verhaltensgestört.

Seine Mutter glaubte an ihn, rechnete an einem Wochenende ihre Finanzen durch, überlegte, wo sie einsparen könnte, sie strich Urlaube, Auto, Pub-Besuche und plante einen Gemüsegarten in ihrem winzigen Hinterhof, nicht aus ökologischen Gesichtspunkten, sondern aus Gründen der Autarkie.

Am Montagmorgen hatte sie beschlossen, es könnte gerade so reichen. Sie wagte den Schritt und tat das einzig Richtige. Am Dienstag nahm sie Adam aus der staatlichen Grundschule und ließ ihn am Mittwoch in der Merrywood Preparatory School anfangen.

Der Rest der Geschichte ist schnell erzählt. Adam lebte sich gut ein. Von Jahr zu Jahr steigerten sich seine Leistungen. Er wurde gelobt, nicht getadelt, er bekam Auszeichnungen für Errungenschaften, die er besonders gut bewältigt hatte, nicht Kritik für Dinge, die er nicht so gut konnte. Er durfte im Sportteam mitspielen, obwohl er nicht Vereinsmitglied war. Er blühte auf.

Rachels Kühlschranktür wurde zu einer übervollen Vermächtniswand für *Certificates of Achievement*, Auszeichnungen, die Adam von seiner Schule verliehen bekommen hatte; manchmal für einen Mathematik-Wettbewerb, manchmal für Englisch oder Geografie und manchmal für gutes Benehmen, für *Kindness to others*.

Ja, er war einfach nett zu seinen Mitschülern und das wurde honoriert; wenn Sie Kinder an deutschen Schulen haben oder hatten, wissen Sie, dass „nett" keine Selbstverständlichkeit ist, warum werden bei uns die Netten eigentlich nicht mehr belohnt?

In seinem letzten Jahr in Merrywood wurde der dreizehnjährige Adam *Head Boy* der Schule, die höchste Auszeichnung des letzten Schuljahres, die an den Schüler verliehen wird, der nicht nur akademisch, sondern ganzheitlich die Schule nach innen wie außen bestens repräsentiert.

Außerdem hatte Adam im Alter von 11 Jahren den hoch kompetitiven Übertrittstest an eine der angesehensten Senior Schools Südenglands geschafft. Dort geht er nun seit letztem Jahr seinen Weg, und er wird ihn gut machen.

Wieviele Adams gibt es wohl bei uns an deutschen Schulen? Sie kennen vielleicht auch einige.

Auch deshalb bezahlen Eltern viel Geld für private Einrichtungen: damit ihre Kinder nicht zu früh in einer Schublade versinken, die von irgendeiner unterqualifizierten, schlecht bezahlten Lehrkraft zu schnell aufgezogen und geschlossen wird.

Es ist mir ein Anliegen, meine bescheidene Stimme gegen noch ein Vorurteil zu erheben: gegen die Ansicht nämlich, private

Schulen würden das Klassensystem oder die herrschende Klasse perpetuieren. Es ist mir völlig klar, dass die Beweisführung hiergegen eine zähe Sache werden wird. Aber ich erinnere mich mit Freuden einer kleinen Geschichte, die mir vielleicht dabei helfen wird. Ein Lungenprofessor spielt hier die Hauptrolle.

In diesem Sommer hatte ich das Vergnügen, mit einem hochrangigen Ärztekreis aus ganz Deutschland eine Bergwanderung zu unternehmen.

Die elitären Herren Mediziner waren im Bayerischen wegen eines Lungensymposiums. Der Leiter des Kongresses ist ein lieber Freund und lädt den Lieblingsengländer und mich regelmäßig zu den alljährlichen Gesellschaftsabenden ein. Manchmal werde ich sogar zur Unterstützung des Rahmenprogramms herangezogen. So kam es zu besagter Almwanderung. Eine Gruppe von vier führenden Professoren musste bespaßt werden, und so zogen wir uns die Bergstiefel an und starteten.

Allen voran lief unser roter Ire, der in den Kapiteln über die Monarchie und *Authority and Rules* noch eine kurze Vorstellung genießen wird, kurz dahinter sein Frauchen und ein sportlicher Lungenprofessor aus Marburg. Forsch schritten wir aus und ebenso schnell waren die Fronten geklärt.

Der Professor war gegen englische Privatschulen. Die Hundebesitzerin dafür.

Da wir uns aber grundsätzlich sympathisch und besser zu Fuß waren als der Rest der Truppe, beließen wir es nicht bei den gegenseitigen Vorurteilen.

Der eminente Pneumologe begründete seine Position wie folgt.

Er sei dereinst anlässlich eines Vortrags zu einem Dinner an der Universität zu Cambridge eingeladen gewesen. Nach dem Dinner wurde der Weinkeller besichtigt und der Professor - selbst Weinliebhaber, wie er mir gestand – war von den Schätzen, die dort unten schlummerten, peinlich berührt. Es könne nicht recht sein, dass an Instituten der Bildung Rotwein Flaschen lagerten, die für den normalen Sterblichen unerschwinglich seien.

Im Übrigen sähe er es kritisch, dass sich das System kontinuierlich selbst speise und nur die *rich kids*, also diejenigen, deren Eltern sich die Privatschulerziehung leisten könnten, wiederum an Positionen von Macht und Einfluss gelangen würden. Als Beispiele für diesen ihm unerträglichen Kreislauf nannte er Boris Johnson und David Cameron, typische *Tory*-Produkte.

Da der Lungenprofessor aus dem Flachland nun selbst einmal Atem holen musste - es ging doch recht steil bergauf - war meine Gelegenheit zur Retourkutsche gekommen.

Ich konnte ihn darüber aufklären, dass mindestens ebenso viele Labour-Parlamentarier auf Privatschulen gewesen seien. Tony Blair selbst, der Architekt von New Labour, war ein Privatschulprodukt. Als seinen Außenminister bestimmte er Jack Straw, der an derselben Schule wie der Lieblingsengländer sein Abitur gemacht hatte. Eine glanzvolle Private School „produzierte" also sowohl Labour-Denker als auch überzeugte Anhänger des freien Markts. Wo war das Problem? Ich lächelte meinen Professor mit meinem charmantesten Augenaufschlag an.

Ist es nicht eher so, dass viele prominente Klassenfeinde der Heuchelei ein Denkmal setzen, indem sie öffentlich zwar die Privatschulen als elitär anprangern, selbst ihre Kinder allerdings auf eben solche schicken. Als prominentes Beispiel blicken wir auf Dianne Abbott, die in der kommunistischen Partei – Pardon! ein Freud'scher Versprecher – in der Labour-Party, also, unter Jeremy Corbyn Karriere gemacht hat. Zuerst stellte sie in scharf populistischer Manier das Privatschul-System an den Pranger, nur um dann ihren Sohn an die City of London School zu entsenden, eines der nobelsten Institute des Landes.

Auch ist Geld heute – leider, möchte man fast einschieben – kein Garant für Altehrwürdiges mehr. Wir finden deshalb an den privaten Instituten gerade auch die nach oben mobile neue Mitte. Ist es nicht das, was wir alle wollten?

Ja, und dann gibt es eben die vielen Rachels und Adams, von denen wir oben gehört haben, die nicht unbedingt ein System speisen wollen. Sie wollen einfach nur bessere Lehrer. Darf man ihnen das übelnehmen?

Und zu guter Letzt haben eben auch die Privatschulen die Zeichen der Zeit erkannt und vergeben jährlich eine stattliche Zahl von Stipendien an wirklich begabte Bewerber, für deren Eltern die

Finanzierung ansonsten schwer wäre.

Zum Thema Rotwein fiel mir nur *chacun à son goût* ein. Warum solle nicht jeder, der Professor selbst und eben auch ein Institut in Cambridge, das Recht haben, seinen Weinkeller nach gut Dünken zu bestücken. Solange hierzu keine Steuergelder verschwendet würden, wer könnte daran Anstoß nehmen?

Um ein Haar hätte ich mich zu einem Kreuzzug gegen die persönlichen Aufwendungsbudgets der Europa-Parlamentarier hinreißen lassen. Doch die Alm war in greifbarer Nähe und die dortige Buttermilch nun wirklich unumstritten.

Am Abend sahen wir uns beim Gesellschaftsabend wieder. Der Professor steuerte auf mich zu und machte mir das schönste Kompliment: „Ich habe unser Gespräch heute sehr genossen." Ich gab das Kompliment zurück. Na also, selbst Professoren sind manchmal lernfähig.

Auch Privatschulen müssen mit dem jeweiligen Genpool zurechtkommen und können nicht aus durchschnittlich begabten Kindern Genies machen. Aber sie werden sich bemühen, jedes Kind als Individuum zu sehen und nach dessen Stärken zu suchen, unter wieviel Schichten diese auch versteckt sein mögen. Dafür braucht es allerdings hochmotivierte Lehrkräfte, die auch gut bezahlt werden, keine 08/15 Beamten, die um 12:45 mittags bereits jammern, wenn Schüler noch etwas brauchen.

Die Lehrer an englischen Privatschulen haben es geschafft, sie haben das Optimale aus ihrem Beruf gemacht. Sie arbeiten hart, oft lange Tage und sie machen sich auch nach Dienstschluss noch Gedanken um ihre Kinder. An dieser Stelle drängt es mich noch, Ihnen von Mr. Alder zu erzählen.

David Alder war Direktor für Musikerziehung in Hillingworth Preparatory School for Boys. Er sollte sich als einer der Lehrer erweisen, die man mit Gold aufwiegen müsste.

Unser ältester Sohn war acht und hatte erst im September an seine neue Preparatory School Hillingworth gewechselt. Er war sprachlich begabt, sportlich völlig hoffnungslos und lernte seit vier Jahren die Blockflöte. Soweit seine Eckdaten bis dato.

Seine Eltern sind rein passive Musikliebhaber, wir spielen keine Instrumente und singen nur an Weihnachten. So kam der

Anruf von Mr. Alder an einem trüben November Abend, wohlgemerkt Abend (!), nach Dienstschluss (!), für uns völlig unvorbereitet. Ich hatte natürlich bereits von ihm gehört, er hatte Nicholas für Flötenunterricht bei Mrs. Gregory eingeteilt, ansonsten hatten sich aber unsere Wege noch nicht gekreuzt.

Die Stimme von Mr. Alder war angenehm: *"David Alder, Director of Music, Hillingworth. Good evening, Mrs. Tansley, do you have a moment?"*

Die üblichen Alarmleuchten wurden reflexhaft eingeschalten. Nicholas musste etwas verbrochen haben. Auch welchem Grund ruft ein Lehrer sonst an?

"Of course, Mr. Alder", ich stand Gewehr bei Fuß.

Die folgende Unterhaltung war für mich ähnlich erleuchtend, wie vordem das Exempel von Mrs. Goodyear.

Mr. Alder schilderte mir die exzellenten Fortschritte des jungen Blockflötisten. Ob wir schon einmal darüber nachgedacht hätten, ihn ein weiteres Instrument lernen zu lassen? Der junge Mann hätte ein Talent, das ihm, Mr. Alder höchstpersönlich, förderungswürdig erschiene. Es sei selbstverständlich uns überlassen, er wolle uns nur bitten, eventuell darüber nachzudenken. Geistesgegenwärtig bedankte ich mich zunächst für die ermutigenden Worte und war erst nach einem kurzen Schlucken in der Lage zu fragen, an welches Instrument er denn denke.

Die Antwort kam wie aus der Pistole geschossen. Für jemanden mit so musikalischer Begabung sei das naheliegende Instrument das Piano, so Mr. Alder.

Ob er denn kurzfristig jemanden hätte, der den Unterricht übernehmen könnte, fragte ich.

Mr. Alder ließ nichts anbrennen. Er selbst, so gab er zu erkennen, würde ihn unter seine Fittiche nehmen wollen, sollten wir uns positiv entscheiden.

Seiner Einschätzung nach könnte der Flötist es musikalisch weit bringen. Er könne sich gut vorstellen, den Sohn über die kommenden Jahre hinweg zu begleiten, wenn er und wir dies wollten. Wir kamen überein, es mit Nicholas zu besprechen und ihm alsbald Bescheid zu geben.

"Of course, Mrs. Tansley, thank you very much. Have a good evening."

Ich gab die Unterhaltung Wort für Wort an den Lieblingsengländer weiter. Dieser zeigte sich beeindruckt. Es sei nun doch sehr ungewöhnlich, dass der Director of Music selbst Unterricht erteile.

Nicholas nahm den Vorschlag begeistert auf. Er mochte Mr. Alder. So begann eine perfekte Symbiose, die das Talent unseres Sohnes, das wir selbst nie erkannt hätten, über die nächsten drei Jahre und darüber hinaus förderte.

Nicholas fand in der Musik seine ganz eigene Ausdrucksform, die ihn bis heute begleitet. Wir denken oft und gerne an Mr. Alder und werden diesem Ausnahmelehrer für seine Initiative ewig dankbar sein. Er erkannte unaufgefordert die musikalische Begeisterung in unserem Sohn und hat Nicholas damit ein lebenslanges Geschenk gemacht.

Manchmal braucht es Menschen, die einem den Weg zeigen, den man in sich trägt, es aber vielleicht nur noch nicht weiß. Mr. Alder hat dies auf unvergessliche Art und Weise getan. Auch dafür haben wir gerne in England bezahlt: für Eigeninitiativen „à la Mr. Alder". Hervorragende, uneigennützige und hochmotivierte Lehrer haben uns gezeigt, dass der Lehrerberuf auch manchmal ein *Talent-Scout* sein kann, der auf der Suche nach Begeisterung schlummernde Talente findet und fördert. Dafür muss Zeit sein. An englischen Privatschulen kann es schon einmal Abend werden, bis der Anruf kommt, aber er kommt. Bei uns kommen auch Anrufe, aber am Vormittag und keine positiven.

Lang lebe Mr. Alder und all seine Berufskollegen, die unsere Kinder noch begeistern wollen.

Hier fällt mir ein trauriges Gegenbeispiel ein, Ihnen vielleicht auch gerade.

Eine Freundin aus dem Oberbayrischen berichtet von folgendem Vorfall. Ihr jüngster Sohn hatte sich gerade für den naturwissenschaftlichen Zweig am bayerischen Gymnasium entschieden. Das achte Schuljahr war noch jung und steckte in der Wiege, frei nach Erich Kästner.

Die Klassen waren entsprechend neu eingeteilt worden und

einige Alpha Tiere mussten sich erst neu platzieren. Ebenfalls neu, aber von deutlich weniger Belang für den jungen Herrn war das Fach Chemie, das von der ebenfalls neuen Klassenlehrerin, Frau X, unterrichtet wurde.

Der Sohn war gerade vierzehn, ein Pubertier der schlimmsten Sorte, und ließ die ersten Wochen gemächlich angehen. Er gehört eher zu der Sorte von Schülern, die acht Monate Schuljahr nach Minimalprinzip verstreichen lassen und dann, mit leichtem Druck aufs Gaspedal, in den letzten drei doch noch ein ganz passables Jahresendzeugnis hinbekommen.

Dieses Früchtchen hatte aus Gründen, die mehr mit seinem Status unter den anderen Männchen seiner Herde, seiner morgendlichen Frisur und diversen „Yolo" Aspekten denn mit seinem akademischen Leistungsgrad zu tun hatten, einen guten Start mit Frau X verpasst.

Ihm war das relativ egal, Frau X aber nicht. Ein am Freitagnachmittag anberaumtes Nachsitzen wegen fehlender Hausaufgaben hatte bereits klären sollen, wer in der Klasse die Hosen anhatte, wobei das Ergebnis zweideutig war. So vergingen die ersten vier Wochen des unbefleckten Schuljahres. Ein erster Leistungsnachweis hagelte ein „Mangelhaft". Die besorgte Mutter bat um einen Termin in der Sprechstunde.

Frau X hatte sich ihre Meinung bereits gebildet. Sie für ihren Teil sei sich nicht sicher, so konfrontierte sie die zitternde Mama, ob Felix „...ein Naturwissenschaftler" sei. Sie erinnern sich an Adams Geschichte und die Schubladen? Auf, zu. Nach vier Wochen.

Ansonsten ergab das Gespräch nicht viel, keine Anregungen, keine Hilfestellungen, kein Hoffnungsschimmer. Ach ja, etwas wollte Frau X meiner Freundin doch noch auf den Heimweg mitgeben:

„Für die Motivation", und ich zitiere das Überlieferte wörtlich, „sind wir nicht zuständig." Lassen wir diese Sentenz kurz auf uns wirken.

Sie steht seitdem so ein wenig in unserem gedanklichen Raum herum - wie ein ungebetener Gast - und begleitet meine Freundin und mich auf unseren Wegen, wie ein Schicksalsschlag, der über die Zeit ein bisschen weniger schmerzt, dessen Narbe wir aber doch täglich mit uns tragen. Welch eindrucksvolles Armutszeugnis diese Lehrkraft mit ihrer unvorsichtigen Äußerung unserem Schulsystem doch attestiert hat.

Welche Note würden Sie Frau X verleihen? Ob es noch für ein „Mangelhaft" reicht? Persönlich würde ich diese Bemühung um unsere Kinder als „Ungenügend" empfinden. Ich denke an Mr. Alder und entzünde ihm eine virtuelle Kerze.

Mit einem frommen Wunsch beschließe ich diese Reverie: Jeder, der schon einmal ein Unternehmen auf neuen internationalen Wegen begleitet hat, wird wissen, dass sich der Blick über den Tellerrand immer schon gelohnt hat. Will man erfolgreich sein, so betreibt man zunächst flächendeckende - idealerweise globale - Marktanalyse und findet Wettbewerber, die einen ähnlichen Weg bereits gegangen sind oder dies gerade tun. Was machen diese gut oder schlecht, was könnte man daraus lernen, was übernehmen, was modifizieren? Man schaut nach links, nach rechts, nach Asien, über den Atlantik. Man betreibt Spionage. Man vergleicht. Man analysiert. Man wägt ab. Man tauscht sich aus. Man plant, entwirft und realisiert.

Dies ist in allen Unternehmensbereichen aller Branchen so. Der Blick über den Zaun ist nicht nur erwünscht, er ist zwingend notwendig. Warum gilt dies nicht für das Schulsystem eines Landes? Warum muss diese wichtigste Branche nicht mindestens so beweglich bleiben wie alle anderen Wirtschaftsbereiche?

Würden wir also unsere Vorurteile gegenüber anderen Systemen einmal mutig über Bord werfen, zusammen mit allen Pfründen, die damit verbunden sind, und zurück an die Blaupause gehen, wer könnte sagen, ob wir nicht Erstaunliches zu Tage fördern würden? Wenn wir uns mehr auf die Suche nach neuen Lösungen machen würden, anstelle an Altem festzuhalten, wir könnten unserer Jugend in der Tat einen guten Dienst erweisen.

Es muss wieder kreative Denker in unserem Land geben, vor allem und gerade zum Thema Schule!

Kapitel 12

Kreatives Schreiben – eine Schulstunde

Englisch ist unangefochten die wichtigste Sprache bei den Übersetzungen für den deutschen Buchmarkt. 6.031 neue Titel sind 2015 vom Englischen ins Deutsche übertragen worden. Im Jahr 2014 waren es 6.527 Bücher aus dem angloamerikanischen Sprachraum und stellten damit 63,8 Prozent aller Übersetzungen (Vgl. 2014: 65,5 Prozent). 2.414 Titel der englischen Übersetzungen stammen aus dem Bereich Belletristik (Vgl. 2014: 2.635 Titel). Setzt man diese ins Verhältnis zu den 3.505 belletristischen Übersetzungen, die 2015 insgesamt publiziert wurden, dann kommt ihr Anteil auf 68,9 Prozent (Vgl. 2014: 70,2 Prozent). Circa zwei Drittel aller belletristischen Übersetzungen stammen also aus dem Englischen. (Quelle 28)

Auch bei den Neuerscheinungen weltweit liegt die angelsächsische Literatur unangefochten auf Platz 1. Eine Statistik aus dem Jahr 2005 belegt die Anzahl der Buch-Neuerscheinungen pro Million Einwohner im Jahr 2005 in ausgewählten Ländern weltweit in folgender Platzierung:

1. Großbritannien: 1830 Neuerscheinungen
2. Spanien: 1361 Neuerscheinungen
3. Frankreich: 1053 Neuerscheinungen

4. USA: 956 Neuerscheinungen
5. Deutschland: 952 Neuerscheinungen
6. Südkorea: 890 Neuerscheinungen
7. Italien: 887 Neuerscheinungen
8. China: 97 Neuerscheinungen
(Quelle 29)

Wann haben Sie zuletzt einen chinesischen Autor gelesen? Nun wissen Sie warum. Wann hingegen eine Übersetzung eines englischen Autors oder sogar das Original? Da kommen wir der Sache schon näher. Grob überschlagen liegen wir in Deutschland bei den Buchneuerscheinungen zur Hälfte hinter England, interessanterweise aber nur knapp hinter den USA.

Von den 100 englischen Bestseller-Autoren der Dekade zwischen 2000 und 2010 haben Sie mit Sicherheit zumindest von der Hälfte schon einmal gehört oder sie sogar gelesen. Belletristik Namen wie JK Rowling, Patricia Cornwell, Roald Dahl, Stephenie Meyer, Jodie Picoult, Jojo Moyes, Sebastian Faulks oder Lee Childs sind uns allen geläufig.

Vor den letzten Sommerferien feierte man im Freundeskreis ein Gartenfest. In munterer Runde kam das Gespräch auf Literatur. Die Urlaubszeit stand vor der Tür, die bevorstehende freie Zeit empfahl sich wieder einmal für einen Klassiker, und wir beratschlagten, ob es neuerlich Thomas Manns „Zauberberg" werden sollte, den man schon beim letzten Mal nicht ganz zu Ende geschafft hatte oder vielleicht doch Sigfried Lenzens „Deutschstunde". Eine Deutschlehrerin votierte für letzteren Vorschlag. Ich selbst wollte schon fast Hans Castorp eine zweite Chance geben, als jemand aus der Runde - eine sehr sympathische Person - den Griff in die englische Romanliteratur empfahl. Es entzündete sich eine hitzige Debatte um die Vorzüge von Dickens, Jane Austen und den Brontë-Schwestern. Die sympathische Person war für „Emma" von Jane Austen, ich selbst empfahl eines meiner persönlichen Lieblingsbücher: „Jane Eyre" von Charlotte Brontë, die Standardlektüre schlechthin für englische Schüler und Studenten der englischen Literatur. Der Roman ist in der Tat ein Meisterwerk und Jane die erste echte englische Feministin. Die

Deutschlehrerin musste passen. Die „Emma"-Befürworterin entschied sich spontan um.

Gerade auch im Bereich der Jugendbücher liegen englische Autoren ganz weit vorne. J.R.R. Tolkien muss als Zeus des Fantasieromans gelten. Amy Barthol, John Green oder Suzanne Collins haben auch unsere Teenager begleitet. Die Harry Potter Bände stehen außerhalb jeder Konkurrenz und gehören zu den 10 meistverkauften Büchern aller Zeiten, ebenso wie Tolkiens „Lord of the Rings", Charles Dickens' „A Tale of Two Cities" oder Agatha Christies „And then there were none".

Die Ursachenforschung für diese interessanten Zahlen führt uns zwangsläufig wieder zurück in das englische Schulsystem. Diesmal betreten wir auf Zehenspitzen Klassenzimmer, in denen gerade Englisch unterrichtet wird, die Wiege für künftige Autoren sozusagen. Sie dürfen gespannt sein.

Gerade die Germanisten unter Ihnen, einige womöglich Lehrkräfte an unseren Gymnasien, sind angehalten, für dieses Kapitel ihre Schultern ein wenig zu verbreitern. Wieviel kann Ihnen zugemutet werden? Gleich vorweg: dies ist nichts für schwache Nerven. Legen Sie also bitte so viele Ihrer Paradigmen ab wie möglich und stählen Sie sich für eine andere Art des muttersprachlichen Unterrichts.

Ab der ersten Vorschulklasse lernen englische Kinder das Alphabet mit Letterland, einem nach phonetischen Grundregeln aufgebauten ABC. Letterland lässt aus den jeweiligen Kleinbuchstaben Fantasiegestalten visuell erwachsen, deren Namen den phonetischen Klang der Buchstaben auf herrlich eingängige, kindgerechte und spielerische Art und Weise wiederholen. Es entstehen lautmalerische Figuren, mit denen sich die Kinder innerhalb kürzester Zeit identifizieren können.

So beginnt das Alphabet mit einem roten Apfel namens Annie Apple, der aus dem kleinen „a" herauslacht. Das Fantasiewesen Annie Apple wird mit Liedern, Gedichten und Geschichten zum Leben erweckt und den Kindern schon bald ein vertrauter Begleiter. Annie Apple existiert wirklich, so hat man den Eindruck, eine fast persönliche Beziehung bahnt sich an. Um wieviel steriler und nüchterner erscheint uns da das deutsche A für Affe oder B für

Banane.

Der Bauch des englischen kleinen „b" wird zu dem Gesicht des Hasen Bouncy Ben, dessen Ohren um den senkrechten Strich des Buchstaben gewickelt sind. Es geht weiter mit Clever Cat, richtig, einer klugen Katze, die sich im kleinen „c" verbirgt und den phonetischen „c" Klang der englischen Sprache symbolisiert. Die wippende Ente Dippy Duck erweckt das „d" zum Leben und der Elefant Eddie Elephant bildet das „e". Vor allem die Jungs lieben den forschen „f" Feuerwehrmann Fireman Fred und die Mädchen die „q" Quarrelsome Queen, die etwas streitsüchtige Königin. Schnell ist man über das „n" für Naughty Nick, einen etwas ungezogenen Jungen und die Schlange Sammy Snake mit dem schlängelnden „s" beim Zig-Zag Zebra angekommen, das den Lese- und Schreibanfängern mit seinen Streifen den Laut „z" für immer und ewig ins Gedächtnis einprägt.

Die Kinder begleiten die liebgewonnenen Charaktere auf Geschichten in und um Letterland, malen sie mit Buntstiften aus, lernen ihre Formen, erleben mit ihnen Hörspielabenteuer, singen Letterland-Lieder und lernen ganz nebenbei das Alphabet.

Letterland verbindet auf wunderbar phantasievolle Weise kindliches Interesse mit Lernzielen. So ist es kein Wunder, dass englische Kinder in aller Regel im Alter von fünf bis spätestens sechs Jahren ihr Alphabet sicher beherrschen und bereits die Schreibschriftbuchstaben und ihre Linienführung gelernt haben. Der Grundstein ist gelegt.

In unserer Tageszeitung las ich jüngst, dass Pädagogen hierzulande den Verlust der Schreibschrift und die damit verbundenen Auswirkungen auf die Feinmotorik der Kinder befürchten. Deutsche Grundschulkinder lernen zuerst die klobigen Druckbuchstaben. Warum wundern wir uns da, wenn sie dann Probleme mit der Schreibschrift haben? Der Artikel mit dem provokanten Titel „Handschrift ist Hirnschrift" (Quelle 31) stellte provokant die Frage, ob die Schreibschrift „auf der Roten Liste für bedrohte Arten" stünde? Der Autor zitierte sogar eine Streitschrift der Lehrerin Maria-Anna Schulze Brüning mit dem Titel „Wer nicht schreibt, bleibt dumm – Warum unsere Kinder ohne Handschrift das Denken verlernen" (Quelle: 31)

Leider blickt der Artikel nur nach Finnland und ich las, dass finnische Kinder seit 2016 keine gebundene Schreibschrift mehr lernen, nur noch Druckschrift und Tastaturschreiben.

Warum scheuen wir eigentlich den Blick über den Ärmelkanal so sehr? Mit Letterland lernen die Kinder die kleinen Buchstaben auch in ihrem Schreibschriftverlauf.

Sind sie deshalb überfordert? Davon kann gar keine Rede sein. Wie so oft scheint es, als ob wir unseren Kindern zu wenig zutrauen. Unser Blick scheint eher zu den Ländern zu schweifen, die noch weniger verlangen als wir. Vielleicht sollten wir uns einmal die Mühe machen, auf die Lernumgebung von Kindern zu schauen, die mit sechs Jahren in der Regel lesen und gebunden schreiben können. Und während wir hier noch mutmaßen, ob wir unsere Kinder auch ja nicht überfordern, geht es dort inzwischen munter voran.

Bereits im frühen Grundschulalter werden englische Kinder an die Kunst des *Story Writings* herangeführt und der Phantasie werden Tür und Tor geöffnet. Ja, auch dort werden Wortfelder von „sagen" gebildet und auch die uniformierten Drittklässler lernen, dass ihr Held besser *observed* als zum dritten Mal *said* sagen sollte. Allerdings handelt es sich bei dem Protagonisten, der so spricht, eher um einen gebildeten Siebenschläfer im brasilianischen Regenwald auf der Suche nach einem vom Aussterben bedrohten Ara Papagei, als um den langweiligen Jungen von nebenan, der mit einem ebenso langweiligen Freund zum ersten Mal im Zelt übernachtet.

Wir erinnern uns gerne an die preisgekrönte Geschichte im Fach *Creative Writing* mit dem Titel "Lost" im letzten Jahr Prep School unseres Ältesten. Die Jugend war gerade zehn geworden. „Lost" auf Englisch geht auch so:

Eine Wildente namens Gregory Stanislauski ist mit ihrem Schwarm auf einem Schulausflug, um den Palast und die Gärten des berühmten Duck of York zu besuchen, ein an und für sich schon herrliches Wortspiel, wenn man sich in der englischen Thronfolge ein wenig auskennt. Ihr Weg führt sie vorbei an einer Tontaubenschießanlage und der Schuss einer Flinte lässt unseren Helden kurzfristig die Orientierung verlieren. Er verpasst an der nächsten Kreuzung die Abzweigung und außerdem - Sie ahnen es bereits - den Anschluss an seine Klasse.

Gregory schlägt sich eine Weile alleine durch, muss aber dann aufgrund eines lahmen linken Flügels zu einer Notlandung ansetzen. Mit dem letzten Flügelschlag gelingt ihm eine unsanfte Landung, und er verliert kurzfristig das Bewusstsein. Als er wieder zu sich kommt, sieht er neben sich den Sockel einer lebensgroßen Steinfigur. Er erkennt eine Ente in napoleonischer Pose mit entsprechendem Dreizack-Hut und linkem Flügel in der rechten Uniformseite.

Eine herrische Stimme bellt ihn an: „Entschuldigen Sie, junger Herr, egal, welche Umstände Sie auch zu mir führen mögen, aber es gibt keinen ersichtlichen Grund, auf der Skulptur meines Großvaters zu landen. Man hat Ihnen wohl keine Manieren beigebracht?"

Gregory sieht sich um und gewahrt einen stattlichen Enterich, in Gardeuniform und gerade so ehrfurchtseinflößend wie das steinerne Abbild seines Ahnen.

Der Verunglückte „sagt" (Wortfeld!) nichts, sondern erzählt seine Geschichte blumenreich und wird hieraufhin vom Duck of York zu einem festlichen Abendessen in sein Schloss eingeladen. Einige Rechtschreibfehler? *So what*! Kreativnote? Eins mit Stern!

Hätten Sie bei der Titelvorgabe auf Anhieb etwas ähnlich Gutes produzieren können?

Was hat unser Deutschunterricht dem entgegenzusetzen? Ich kann mich da nur an einen ebenso halbseitigen wie -herzigen Brief an den Bürgermeister erinnern, mit der Bitte, eine neue Turnhalle zu bauen. Das internationale Urteil über uns Deutsche als führende Langweiler kommt nicht von ungefähr, liebe Leserinnen und Leser.

Die "Lost" Geschichte gewann völlig zu Recht den begehrten *Writing Cup*, den ersten Preis im Kreativen Schreiben, und war für lange Zeit in der Eingangshalle der Schule ausgestellt. Und müssen wir hier nicht noch einmal innehalten und einen Moment reflektieren?

Ein Pokal, der dem Kreativen Schreiben gewidmet ist? Eine silberne Trophäe mit Gravur, die der jeweilige Preisträger für genau ein Jahr behalten darf und dann an seinen Nachfolger überreicht? Welch wundersame Idee! So wird Phantasie beflügelt und die kleinkrämerische Seele des ewigen Rechtschreibrotstifts in die Ecke verwiesen.

Mit Eintritt in die höheren Schulen wird dann die Kunst des Schreibens weiter ausgebaut. Gleich in der ersten Englischstunde der ersten Klasse am Gymnasium, also mit elf Jahren, musste die Klasse unseres Sohnes ein vierseitiges Essay zum Thema "Potato Famine in Ireland", der großen Hungersnot in Irland um 1850, schreiben; Abgabetermin: in drei Tagen.

Der ehrwürdige Reverend Johnson, in Personalunion Englisch- und Religionslehrer, setzte das beliebte englische Idiom *to take no prisoners* auch gleich in die Tat um. Wir Deutsche würden dies vielleicht übersetzen mit: Er war sehr entschlossen. Das englische Idiom ist natürlich dem militärischen Sprachgebraucht entlehnt und wenn ein Englischlehrer keine Gefangenen nimmt...., na ja, den Rest kann man sich vorstellen.

Besonders interessant war allerdings, dass es kein Gejammer und Gestöhne gab. "The Rev", so der Spitzname von Reverend Johnson, schlug die Startblöcke hart ein und Schüler wie Eltern wussten: hier weht ein harter, aber gerechter Wind.

Nicht nur musste das Thema eigenständig recherchiert werden - nur die wenigsten Elfjährigen hatten sich meines Wissens bereits intensiver mit der ruinierten Kartoffelernte im Irland des 19. Jahrhunderts auseinandergesetzt - sondern dem Essay war mit Einleitung, Hauptteil und Schluss auch ein stilistischer Rahmen vorgeschrieben.

Neben der geschichtlichen Betrachtung sollten zudem eigene Gedanken Eingang finden. Recht anspruchsvoll, nicht wahr? Und: Wikipedia war als Quelle verboten. Härteste Bedingungen also.

Was soll ich Ihnen sagen? Entgegen aller Erwartungen setzte dieses erste English-Essay an der neuen Schule Maßstäbe.

Eine erstaunliche Korrelation kristallisierte sich heraus: die Schüler erwarteten mehr von sich selbst mehr, weil von ihnen mehr erwartet wurde! Eigentlich eine überraschend einfache Gleichung und dennoch verstoßen wir so oft dagegen. Hier war ein Lehrer, der seine neuen Schüler herausforderte. Er kam, forderte und, richtig, er erhielt.

Wenn ich unseren jüngeren Sohn befrage, was so im Deutsch Unterricht passiert, ist die Antwort überwiegend: "Nichts". Wie können wir nur das Fach unserer eigenen Muttersprache so verkümmern lassen, dass unsere Kinder das Gefühl haben, "Nichts" durchgenommen zu haben. Müssten nicht auch wir hier ansetzen und anstelle der sachgebundenen Erörterung mit todlangweiligen Themen wie „Soll das Skilager abgeschafft werden?" oder dem „Brief an den Direktor zum Thema Bewegte Pause" von unseren Junioren einmal mehr erwarten?

Wir befinden uns derzeit in der 8. Klasse Gymnasium und, wenn mich mein gähnender Blick über die letzten drei Jahre nicht ganz täuscht, hat die Klasse nun bereits zum dritten Mal in Folge gegen die Abschaffung des Skilagers argumentiert. Weder die Argumente noch Stil und Form werden im Übrigen wirklich besser. Was versuchen wir unseren Kindern hier eigentlich beizubringen?

Warum trauen wir ihnen so wenig zu? Und wundern uns dann, wenn wir so wenig zurückbekommen?

Ein Applaus den österreichischen Nachbarn! Einige der dortigen Schulen haben Kreatives Schreiben auf dem Programm, und ich kenne einige der ambitionierten jungen Schriftsteller und Schriftstellerinnen persönlich. Freie Themenwahl oder Interpretationsmöglichkeiten fallen immer auf fruchtbaren Boden. Eine junge Freundin jenseits der Grenze schreibt derzeit an ihrem ersten Roman. Sie ist in der 3. Gymnasialklasse. Ihr Lehrer, selbst ein Autor, findet das super. Sie darf ihm ab und zu eine Leseprobe abliefern. Wer würde nicht gerne bei so einem Exemplar Deutschunterricht haben?

Mit dem Film „Der Club der toten Dichter" von Peter Weir aus dem Jahre 1989 wurde einem solchen Lehrer cineastisch ein Denkmal gesetzt. Der Film, das Buch und der unvergessliche Robin Williams in der Rolle von Mr. Keating, Lehrer für englische Literatur an der Welton Academy, einem konservativen Jungeninternat in Vermont, USA, sollten für alle Vertreter des Berufsbilds Lehrer Pflichtstudium sein: nur so kann man Jugendliche motivieren, nur so ihnen Selbstverantwortung und freies Denken beibringen, nur so wirklich Bleibendes zurückerhalten. Nur so sehen wirklich gute Lehrer aus.

Der Film ist voller eindrucksvoller Szenen, die es verdienten, in Pädagogikseminaren weltweit studiert, besprochen und nachgestellt zu werden.

Mr. Keating beginnt seinen Unterricht, indem er die Jungen die Einleitungsseiten des Schulbuchs "Understanding Poetry" by Dr. J Evans Pritchard PhD herausreißen lässt, eine herrliche Szene der Insubordination gegenüber fahlen, blassen Autoritäten oder „Exkrementen", wie Mr. Keating es wenig schmeichelhaft formuliert.

Die Jungen folgen der Anweisung zunächst zögerlich und verhalten - ein Schulbuch zerreißen? - geben sich aber bald dem allgemeinen Spaß hin. Sie verstehen noch nicht ganz, was Mr. Keaton ihnen sagen will. *"Think for yourself!"*, „Denken Sie eigenständig!", so fleht er seine Schüler an. Nur dieses eine beschwört er sie, mögen sie aus seinem Unterricht mitnehmen. Poesie soll in sich selbst entdeckt und nachvollzogen werden, anstelle nur auswendig Gelerntes wiederzugeben.

Unsterblich auch die Flüsterszene an den Ausstellungsvitrinen mit den Fotographien und Pokalen ehemaliger Schüler, die längst, so Keating, zu „Wurmfutter" geworden sind. „Carpe Diem! So scheinen sie uns zuzurufen", flüstert Mr. Keating den ihm anvertrauten Jungen zu, „Macht etwas aus euerem Leben!"

Man vermutet bereits richtig, dass die unkonventionellen Methoden Mr. Keatings zu keinem guten Ende führen, so wie Robin Williams im wirklichen Leben leider auch nicht so gut zurechtkam. Wir verdanken ihm allerdings mit dieser Darstellung eines Lehrers ein Idealbild, eine Vision, bei der wir uns selbst wünschten, wieder Schüler zu sein und verneigen uns vor seiner Hinterlassenschaft.

Der Film ist unbedingt sehenswert, heute wie damals. Er inspiriert zu Kreativität, Passion und Poesie und beklagt in vielfacher Anspielung gerade diese Leichen des traditionellen Schulsystems.

„Captain, Oh Captain" so salutieren die Schüler Mr. Keating, als er die Schule verlassen muss. Mr. Keatings Ende stimmt wehmütig und ist doch keine Überraschung. Ein System verträgt immer nur begrenzten Individualismus und Persönlichkeiten

werden schon einmal zugunsten der Schafherde geopfert. Typischerweise steigen auch nur Vertreter aus der Schafherde immer wieder in Schlüsselpositionen auf und steuern von dort aus wiederum die Geschicke unserer Kinder. Warum? - Weil sie besonders talentiert sind? Weit gefehlt! - In der Rege erklimmen sie die Leiter des Systems deshalb, weil sie nur eine Kunst perfekt beherrschen: die Kunst, möglichst wenig Fehler zu machen, bzw. diese schnellst möglichst unter den nächsten Teppich zu kehren.

Auch der natürliche Umgang mit Dichtung gehört an englischen Schulen mit zum Standard Inventar. *Poetry Competitions* werden oft und gerne ausgerufen und die besten Ergebnisse in den Eingangshallen der Schulen präsentiert. Man schmückt sich gerne mit den jungen Talenten und ist stolz auf die Sprache Shakespeares und deren Kontinuum.

Von jungen Jahren an finden die Nachwuchspoeten einen Einstieg über die beliebten *Nursery Rhymes*, die englischen Kinderverse, und viele beginnen ihr Repertoire mit *Limericks* nach dem Vorbild von Edward Lear.

Mit seinem ersten "A Book of Nonsense" aus dem Jahr 1846 schuf Edward Lear eine neue Form der Komikdichtung. Sie beschrieb eine unsinnige, humoristische Aussage in dem strikten Reimschema AABBA und war oftmals von einer Illustration begleitet. Die Gedichte beginnen in der ersten Zeile mit einem Hinweis auf die geographische Lage einer Person oder ihre besondere Beschaffenheit, gefolgt von dem ganz besonderen Zustand der Person in Zeile zwei. Zeilen drei und vier beschließen eine scheinbar logische Fortsetzung, wobei deren Inhalt durch Reimwörter mehr oder weniger willkürlich bestimmt ist. Heute würde man Lear´s Kunst vielleicht als Vorstufe des Cartoons bezeichnen.

Ich erinnere mich manch englischer Weihnachtsfeste, an denen wir selbstgedichtete und handillustrierte *Limericks* unserer Söhne unter dem Baum vorfanden. Einige sind bis heute erhalten und bezeugen eine erstaunliche Kreativität.

Leider erfuhr die Form des *Limericks* im viktorianischen Zeitalter eine bedauerliche Wendung hin zum Anzüglichen, und ich bin froh, dass uns diese Version der Weihnachtsgeschenke erspart blieb.

Aber wie - so fragen wir uns - inspirieren wir in deutschen Landen unsere Söhne und Töchter zu Poeten? - Nicht an unseren Schulen, so viel steht fest. Wann sind uns unsere Dichter und Denker eigentlich abhandengekommen? Wir waren doch zurecht einmal so stolz auf sie.

Inzwischen sind die Briten unermüdlich *bookish*, was man wohl nur unzutreffend mit „lesewütig" übersetzen kann. Eine Umfrage von YouGov UK nach dem Traumberuf der Briten vom Februar 2015 ergab Erstaunliches. (Quelle 34)

Nicht die hochbezahlten Berufe machten das Rennen, nicht die zuverlässigsten oder sichersten, und auch nicht die glamourösesten. Schauspieler und Musiker mussten ebenso zurückstecken wie Ärzte oder Innenarchitekten. Der Beruf, den 60 Prozent der Briten, bzw. Britinnen am liebsten ausüben würden, ist der des Autors, bzw. der Autorin. Dies muss ein Fingerzeig auf das Innenleben der Nation sein, oder nicht? Auch an zweiter Stelle rangiert ein buchbezogener Beruf, nämlich der des Bibliothekars /oder der Bibliothekarin. Es muss wohl etwas mit der Aura von Prestige zu tun haben, die das ruhevolle, intellektuelle Leben eines Autors oder Bibliothekars umgibt.

Aber vielleicht sind es einfach die frühen Schulstunden in *Creative Writing*, die die Briten in ihren Herzen mit hinüber ins Erwachsenenleben gerettet haben. Und wer könnte es ihnen verübeln? Einen Text frei zu entwerfen und die Seele fliegen zu lassen, ist wohl eine der befriedigendsten Tätigkeiten, die wir uns vorstellen können.

Finden wir auch hier ein klitzekleines Mittelstück von dem 1000 Teile Puzzle „Brexit – warum nur?" Ich meine schon.

Die Freiheit des Autors lockt manche von uns aus den Tiefen unseres Innenlebens und verspricht Selbstbestimmung und Seelenheil. Wer hierfür empfänglich ist, muss eine Disposition in sich tragen, die im Zweifelsfall äußeren Wohlstand der inneren Freiheit unterordnet. Notfalls wird man hierfür die Hütte auf einer schottischen Insel der Luxusresidenz in Surrey vorziehen.

Der Lieblingsengländer selbst zeigte sich dennoch überrascht vom Ergebnis der Umfrage. Oder erkannte er sich selbst darin wieder? Hauptberuflicher Zahlenmensch und Analyst komplexer Unternehmenszahlen, ist er in zweiter Instanz heimlicher Poet. Er scheint hierin mit vielen seiner Landsleute eine Gemeinsamkeit zu haben, die nun fast offiziell ist.

Wie würde eine ähnliche Umfrage wohl bei uns in Deutschland ausfallen? Zwei Quellen bringen hier Erstaunliches zum Vorschein.

In der Zeit vom 15.3.-7.4.2008 wurde von der psychonomics AG in Köln über YouGov Deutschland eine online Umfrage mit dem Titel „Welche Traumberufe haben die Deutschen ab 18 Jahren?" durchgeführt. (Quelle 35)

Überrasche ich Sie, wenn ich Ihnen verrate, dass der Beruf des Autors im Bereich kreative Berufe überhaupt nicht vorgesehen war? Bei den Recherchen zu diesem kleinen Beitrag konnte ich auch keinen nachträglichen Protestschrei der Gruppe aufstrebender Jungautoren finden, die sich hierüber aufgeregt hätten. Man muss also unterstellen, dass der Traumberuf „Autor" der über 18-Jährigen unter der für YouGov festgelegten Mindestgröße liegt.

Das berufliche Netzwerk XING erstellte ebenfalls über YouGov vom 6.1. bis 9.1.2017 eine online Umfrage mit dem Titel „Welchen Job würden die Deutschen **eigentlich** gerne machen?" (Quelle 36)

Auf Platz 1 landeten bei den weiblichen Teilnehmern der Beruf „Tierpflegerin", gefolgt von „Psychologin" und, mit immerhin 6 Prozent, „Schriftstellerin". Männliche Teilnehmer begeisterten sich für den Beruf „Profisportler", „Forscher" und „Erfinder" oder „Pilot" kamen auf die nächsten Plätze. „Schriftsteller" wollten hier nur 4 Prozent werden.

In uns allen schlummern kreative Talente. Leider tun unsere Schulen oft ihr Bestes, uns diese frühzeitig abzuziehen.

Träumen Sie mit mir, dass vielleicht eines Tages unsere Abiturienten am Tag ihrer Deutschprüfung auch ein kreatives Essay zur Wahl vorfinden mögen. Wäre das nicht herrlich?

Kapitel 13

A Festival of Education – "it's cool to be clever"

Das kleine „clever" ist ein schönes Wörtchen, finde ich. Schauen wir es uns genauer an, so fördert der Duden zunächst einmal die folgende Bedeutung zu Tage: „mit Schläue und Wendigkeit alle vorhandenen Fähigkeiten einsetzend und geschickt alle Möglichkeiten nutzend" (Quelle 37). Aus der gleichen Quelle stammen folgende Synonyme:

„abgefeimt, alert, aufgeweckt, bauernschlau, begabt, diplomatisch, einfallsreich, findig, gescheit, geschickt, gewandt, gewitzt, intelligent, klug, listig, pfiffig, raffiniert, scharfsinnig, schlau, smart, trickreich, verschmitzt, wach, wendig; (österreichisch) gefinkelt; (gehoben) fintenreich; (umgangssprachlich) auf Draht, auf Zack, ausgefuchst, ausgepicht, gefuchst, gerieben, gerissen, gewieft, mit allen Wassern gewaschen, nicht auf den Kopf gefallen, schlitzohrig, (österreichisch umgangssprachlich) gehaut; (abwertend) durchtrieben, geschäftstüchtig, verschlagen; (umgangssprachlich abwertend) ausgekocht; (salopp, häufig abwertend) ausgebufft; (süddeutsch) knitz; (landschaftlich) anschlägig; (landschaftlich, besonders berlinisch) helle". Wikipedia liefert zusätzlich das Synonym: ausgeklügelt

Als Verwendungsbeispiele lesen wir: „Du glaubst wohl, du bist besonders clever, oder was?", „Deinen Vater zu fragen war aber nicht besonders clever.", „Man muss schon verdammt clever sein, wenn man aus der Nummer wieder rauskommen will." (Quelle 37) (Anmerkung des Autors: alle drei Beispiele sind wahrscheinlich von deutschen Beamten verfasst worden.)

Wir gewinnen den Eindruck, das Wörtchen clever bedeutet doch ein wenig mehr als „nur" klug oder intelligent. Herkunftstechnisch stammt es aus dem Englischen. Irgendwie scheint es eine Prise Gewitztheit oder Geschäftstüchtigkeit mit zu beinhalten. Einigen wir uns vielleicht bis auf weiteres auf die Bedeutung: klug oder intelligent, mit ein wenig Pepp.

"It's cool to be clever" - Woran denken Sie, wenn Sie den Untertitel dieses Kapitels lesen? Wer oder was könnte sich ein solches Motto auf die Fahnen schreiben?

a) Ein professioneller Pokerclub?
b) Eine Kadettenschmiede für arrogante Nachwuchsoffiziere?
c) Die Nachfolgeshow von Sigfried und Roy in Las Vegas?
d) Der Verband New Yorker Hütchenspieler?
e) Das Gymnasium Ihrer Kinder?

Wäre dies eine Quiz-Show im Fernsehen, würden einige Ratefüchse jetzt wahrscheinlich die Variante e. als besonders weit hergeholt ausschließen. Vielleicht doch die New Yorker Hütchenspieler?

So werden Sie überrascht sein, zu hören, dass es sich hier in der Tat um das inoffizielle Motto einer Grammar School in der Grafschaft Surrey, England, handelt.

Bevor wir uns diese glorreiche Institution als leuchtende Fackel für exzellente Gymnasialzeit genauer anschauen, müssen wir uns zunächst mit dem geschichtlich politischen Hintergrund befassen, der England einen nuklearen Bildungsholocaust bescherte. Aber England ist nicht alleine. Auch wir dürfen uns hier nicht allzu sicher fühlen.

Im Mittelalter bezeichneten Grammar Schools europaweit Schulen, an denen lateinische, manchmal sogar griechische, Grammatik gelehrt wurde, daher auch ihr Name. Grammar Schools waren kostenfrei und wurden deshalb als Public Schools bezeichnet. Im Laufe der Zeit entwickelten sich viele der ehemaligen Grammar Schools zu kostenpflichtigen Privatschulen, behielten den Oberbegriff Public Schools bei, und überließen den Namen Grammar School den gebührenfreien Instituten.

Bis heute steht der Begriff Grammar School für ein selektives Gymnasium, das im Rahmen eines sogenannten 11 + Examens, gesprochen *Eleven Plus*, Schüler und Schülerinnen im Jahr ihres 11. Geburtstags aufgrund ihres akademischen Potentials selektiert. Einige der Grammar Schools haben sich dem Independent Sector angeschlossen und verlangen Gebühren. Diese sind nicht unerheblich, aber deutlich niedriger als bei anderen Privatschulen. Andere erheben nach wie vor so gut wie keine Gebühren. Diese Grammar Schools geben vielen Kindern die Möglichkeit einer kostenfreien, hervorragenden Ausbildung, die sie ansonsten nur an einer privaten Schule hätten.

Der 11 + Test hat es in sich, aber er steht allen Kindern offen. Welch besseres Aushängeschild für die viel beschworene *equal opportunity*, die gleiche Chance für alle? Völlig unabhängig vom Einkommen der Eltern können Kinder sich auf den Test vorbereiten und ihn bestehen. Sie müssen hierfür zwar begabt, aber keine Überflieger sein. Und es funktioniert in beide Richtungen. Die gefürchteten *rich kids* sind ja keineswegs klüger als ihre Kollegen aus den Sozialbausiedlungen und lernen in der Aufnahmeprüfung, dass ihnen hierfür das Geld ihrer Eltern Null Komma Nichts nützt. Eine schöne Erfahrung und selbst dem gröbsten Klassenfeind müsste bei solch einer Auswahl warm ums Herz werden.

Wenn man allerdings „gleiche Chance" mit „gleicher Begabung" für alle gleichsetzt, dann ist dies natürlich ein frommes, aber ein ergreifend unrealistisches, wie unehrliches Ziel.

Das Examen fragt Mathematikkenntnisse ab, Leseverständnis, *Verbal Reasoning* (Wortbezogenes Verständnis), *Non-Verbal Reasoning* (Räumliches Verständnis) und Kreatives Schreiben.

Wenn wir den Gegnern des *11+ Exams* Glauben schenken dürfen, so tragen die Kinder, die es nicht bestehen, lebenslange psychologische Narben davon. Sie sind gescheitert! Der Lieblingsengländer würde an dieser Stelle kommentieren: *"What a lot of hooey!"* – Sie werden instinktiv wissen, was gemeint ist - und ich müsste ihm, wie fast immer, zustimmen. Will man uns da nicht etwas suggerieren, was nicht ist? Wichtig ist doch, dass alle die gleiche Chance haben, oder nicht?

Nach dem sensationellen Manuskript-Fund ihres lang verschollenen zweiten Werks im Jahre 2015 ist Harper Lee wieder *en Vogue*. Die 2016 verstorbene Autorin von „Wer die Nachtigall stört", des wohl wichtigsten Werks zum Thema Rassismus in den USA, hatte durchaus auch gesunde Ansichten zum Thema Schule und Ausbildung. So lässt sie Atticus Finch in einer herrlichen Passage seines berühmten Schlussplädoyers sagen:

„Noch eins, meine Herren, bevor ich schließe. Thomas Jefferson hat einmal gesagt, alle Menschen seien gleich erschaffen – ein Satz, den uns die Yankees und die weiblichen Mitglieder des Repräsentantenhauses in Washington so gern unter die Nase reiben. Heute, im Jahre des Heils neunzehnhundertfünfunddreißig, besteht bei gewissen Leuten die Neigung, diesen Satz aus dem Zusammenhang zu reißen und ihn in der unsinnigsten Weise anzuwenden. Nur ein Beispiel, das an Lächerlichkeit unübertroffen ist: Die Pädagogen, die das öffentliche Erziehungswesen leiten, erheben die Forderung, dumme und faule Schüler zusammen mit den fleißigen in die nächsthöhere Klasse zu versetzen. Sie erklären mit ernster Miene, dass alle Menschen gleich geschaffen sind und dass sitzengebliebene Kinder folglich schwere Minderwertigkeitskomplexe entwickeln. Wir wissen, dass die Menschen nicht in dem Sinne gleich erschaffen sind, wie es uns einige Leute einreden möchten. Manche sind gescheiter als andere, manche haben aufgrund ihrer Herkunft größere Chancen, manche Männer verdienen mehr Geld, manche Ladies backen bessere Kuchen, manche sind mit Begabung geboren, die weit über den Durchschnitt hinausragen." (Quelle 38)

Atticus Finch, alias Gregory Peck, plädiert natürlich in den folgenden Absätzen für die unabhängige Rolle der Gerichte. Vor Gericht sollen alle gleich sein. Es geht ihm gar nicht um schulische

Angelegenheiten. Aber er scheut sich nicht, einen Abstecher in die unverrückbare Ungleichheit von uns allen zu machen. Ein wahrhaft mutiger Mann. Wie oft hören wir heute noch solche Worte? Aussprechen traut sie sich wohl niemand mehr. So müssen wir heute individuelle Denker und kritische Sentenzen zur vielbeschworenen, politisch korrekten Gleichmacherei mit der Lupe suchen. Wie schön, dass die ein oder andere Literaturpassage aus vergangenen Zeiten doch noch einen kleinen Schatz für uns parat hält. Atticus Finch's Worte hängen bei mir in der Küche. Mein ältester Sohn hat sie mir geschenkt. Er ist gerade 18, also kein Dinosaurier-Denker. Ich lese sie jeden Tag und wenn ich mal wieder einen Kuchen backe, der wie ein Stein in seiner Form sitzt, denke ich daran, wie recht er hatte: „manche Ladies backen bessere Kuchen." In der Tat.

So muss man sich seinen Platz an unserer Grammar School erkämpfen, aber sind es nicht genau diese Dinge, die uns dann besonders wertvoll sind? Und sind es nicht umgekehrt die Dinge, die umsonst und einfach zu haben sind, die meistens auch nichts wert sind? Wir denken hier nur an das missglückte „Schnäppchen" der letzten Urlaubsbuchung. In aller Regel bekommt man das, wofür man bezahlt.

In den Zeiten bevor politische Propaganda Einzug an unseren Schulen hielt, waren sowohl englische Grammar Schools, wie bayerische Gymnasien, für die Klügeren konzipiert.

Die Ausbildung an einer Grammar School genoss und genießt weiterhin höchstes Ansehen. In der deutschen Wikipedia kann man lesen: „Der hohe Standard der Ausbildung an den Grammar Schools bewirkte einen starken Zulauf, und es wurde schwierig, einen Platz zu bekommen". (Quelle 39)

Deshalb wurden sie weitgehend abgeschafft. Hoher Standard der Ausbildung, starker Zulauf? Das durfte nicht sein. Seit den 60-er-Jahren gab es ja als neuen Heilsbringer die Gesamt-Schule, die Comprehensive School, die unabhängig von akademischem Potential alle Kinder gleich unterrichtete und damit - so die Hoffnung - endlich soziale Mobilität gewährleisten und das Klassensystem beseitigen sollte.

Von den dereinst guten Absichten hat sich nicht viel

bewahrheitet. Nur der Standard der Ausbildung ist deutlich niedriger geworden. Englische Gymnasien produzieren jährlich mehr Masse und weniger Qualität. Kommt uns das irgendwie bekannt vor?

1998 wurde beschlossen, noch bestehende Grammar Schools zwar beizubehalten, aber keine Neugründungen mehr zuzulassen. So gibt es heute nur noch 163 staatliche Grammar Schools in England.

Zur etwa gleichen Zeit hatte sich die *Political Correctness*, die unter New Labour und Tony Blair ihren Ziehboden gefunden hatte, gerade fest etabliert und begonnen, ihre Klauen selbstverständlich auch nach der Schullandschaft, staatlich wie privat, auszustrecken. Die Vereinnahmung vollzog sich schleichend, wir sollten es eigentlich nicht merken. Aber einige von uns waren doch wachsam geblieben.

Ich bin ein großer Freund kleiner Geschichten. Wie alles hier Erzählte sind sie wahr und gnadenlos authentisch. Die folgenden Anekdoten gehören in unser cleveres Kapitel und sprechen für sich. Sie müssen erzählt werden, damit wir besser verstehen, warum *clever* so ein wichtiges Wörtchen ist.

Ein siebenjähriger Junge, der Sohn einer Freundin, musste an seiner staatlichen Grundschule der jungen Lehrerin, selbst Produkt des neuen Gesamtschulregimes, vorlesen. Die Lehrerin vermerkte in seinem Lesejournal in der dafür vorgesehenen Lehrerspalte: *"excerlant reading!"*.

Es wäre nun eine echte Herausforderung, das englische Adjektiv *excellent* noch falscher zu buchstabieren. Ein schlimmer Verstoß gegen grundlegende Orthographie und eine grobe Zumutung für die Sehkraft der rechtschreibsicheren Mutter des Schülers.

Wenn wir auch mittlerweile alle deutlich abgestumpft sind, da wir von Rechtschreibfehlern in Zeitungen, Amtsbriefen und Korrespondenzen jeder Art fast täglich gequält werden, so empfinden wir diese aus der Feder einer Lehrerin, der wir unsere Kinder in der Hoffnung auf geistiges Wachstum anvertrauen, doch als besonders karikaturistisch.

Meine Freundin vermerkte in der dafür vorgesehenen

Elternspalte: *"awful spelling!"*, nahm den Sohn von der Schule, kratzte ihre Ersparnisse zusammen, atmete tief durch und schickte ihn auf eine private Schule. Was auch sonst?

Aber auch hier war man nicht mehr sicher vor politischer Propaganda, wie uns die nächste kleine Episode vor Augen führt.

Im September 2006 ging unser jüngster Sohn in die Vorschule und lernte gerade seine Letterland-Charaktere, die wir aus dem vorgegangenen Kapitel kennen. Knapp vier bzw. fünf Jahre waren vergangen seitdem wir mit seinen älteren Brüdern schon einmal Annie Apple, Bouncy Ben und Clever Cat auswendig gelernt hatten. So saß ich wieder mit dem Lesebuch auf dem Sofa und gähnte innerlich. Aber halt. Ich rieb mir die Augen.

Anstelle Clever Cat hieß die Katze in Justins Vordruck plötzlich Curly Cat. Warum war die Katze auf einmal nicht mehr *clever*, sondern *curly*? Ich fragte unschuldig bei der Schule nach. Die Lehrerin schlug die Augen nieder und war sichtlich um Fassung bemüht.

In der Tat handele es sich hierbei um eine neue Vorgabe des Ministeriums für Bildung. Politiker und Pädagogen seien übereingekommen, dass das Adjektiv *clever* als exklusiv angesehen werden müsse und sich Kinder und/oder deren Eltern benachteiligt fühlen könnten. Es sei nicht auszuschließen, dass diese Kinder und/oder deren Eltern weitreichende psychologische Spätfolgen davontragen könnten, wenn sie den Buchstaben „C" auf immer und ewig mit *clever* in Verbindung brächten.

Mein Herz setzte einige Takte aus. Ich bedankte mich bei der liebenswürdigen Lehrerin der Box Hill Schule, die ja nun am allerwenigsten für diesen neuesten politischen Blödsinn verantwortlich zu machen war, und kroch nach Hause.

An diesem Abend konnten auch die Nerven des Lieblingsengländers auf gar keinen Fall geschont werden, die Geschichte war schnell erzählt und noch schneller ein zweiter Gin and Tonic nachgeschenkt. Die Ruhe vor dem Sturm hatte begonnen. Äußerlich wie immer ruhig schritt Justins Erzeuger in sein Büro und schloss die Tür.

Im Kapitel „*Understatement – a way of life*" haben wir bereits gelernt, wie stoisch der Brite die allermeisten Dinge erträgt und wie wenig lieb ihm eigentlich „Stunk" ist. In diesem Fall jedoch waren die Grenzen der Duldsamkeit überschritten.

Am selben Abend verfasste der Lieblingsengländer einen Leserbrief an das Druckmedium seiner Wahl, den Daily Telegraph.

Am 27. September 2006 wurde der folgende Leserbrief preisgekrönt veröffentlicht. Er muss im Original stehen gelassen werden, da nur das Englische manchmal der hinreichend vernichtenden Zunge wirklich mächtig ist.

None too bright

SIR – *My three-year-old is learning the alphabet using the "Letterland" system, as did his brothers. The letters all have names to ease recognition. The letter "C" has recently been renamed from "Clever Cat" to "Curly Cat".*

I was amazed to learn that this is because the politically correct lunatics who hold power over our education under New Labour have decided that it is unacceptable to highlight cleverness. This largely explains the mess they have made of our education system.

Ich liebe den Lieblingsengländer, Sie nicht? Die plötzlich *curly* gewordene *cat,* ehemals *clever,* zog weitere Kreise.

Sogar Boris Johnson, der damalige Bürgermeister von London, wurde anlässlich einer Diskussionsrunde in einer Radiosendung aufgefordert, den Beitrag des Lieblingsengländers zu kommentieren. Leider ist nicht überliefert, ob Bo-Jo dem gefolgt ist, aber das Thema hatte einen Nerv getroffen.

Inzwischen gibt es sie wieder, die clevere Katze. Wahrscheinlich haben die politischen Köpfe selbst Mitleid mit ihr gehabt.

Die Hochblüte der New Labour Epoche unter Tony Blair hatte uns also bereits *excerlant (!)* Pädagogen beschert ebenso wie politischen *Spin* nie zuvor für möglich gehaltenen Ausmaßes. Doch damit nicht genug. Die politische Unterwanderung der Schulen hatte gerade erst begonnen und nahm nun Kurs auf die Jüngsten.

Der Oxford Reading Tree ist das erste Leseprogramm für alle Kinder an Vor- und Grundschulen und führt über mehrere Stufen von angeleitetem Lesen bis zur Lesesicherheit. Die Kinder wählen jede Woche in der Schule ein neues Lesebuch aus ihrer jeweiligen Stufe und lesen dies zuhause mit den Eltern. Die Familie, die wir dabei auf mannigfaltigen Abenteuern begleiten, sind Mum, Dad und ihre drei Kinder Biff, Chip und Kipper, sowie der Hund Floppy.

Ich bin ein großer Fan des Oxford Reading Tree-Programms. Es ist transparent und einfach aufgebaut und selbst Lesemuffel hangeln sich hierüber von Buch zu Buch. Es ist spannend und interessant. So finden Biff, Chip und Kipper z.B. einen *Magic Key*, einen Zauberschlüssel, der sie, sobald sie ihn in das Schloss stecken, in eine andere Zeit transportiert. Die Kinder lernen lesen und ganz nebenbei auch noch Geschichte. Großartig!

Die Freunde der Familie und anderen handelnden Personen änderten sich allerdings unter New Labour. Während sie um die Jahrtausendwende noch Harry, Jack, Katie und Mrs. Bevans geheißen hatten, waren aus ihnen nur fünf Jahre später Hamid, Mr. Patel und Moustafa geworden. An und für sich nichts wirklich Weltbewegendes, aber dennoch ein kleiner Eingriff, der uns nicht entging.

Als nächstes wurden die Grußworte der schulischen Weihnachtskarten von "Happy Christmas" auf "Season Greetings" umgewandelt und eine neue Generation wuchs heran.

Eine Gehirnwäsche großen Stils durchzog nun auch die Schulbildung der Kleinsten. Einige merkten es, viele nicht. Aber die einigen fanden sich, schlossen sich in kleinen, okkulten Gruppen zusammen und erzählten sich abends am Lagerfeuer Geschichten, wie es damals war, bevor Politik in den Schulen Einzug gehalten hatte.

Auch an diese bizarre Geschichte erinnere ich mich in diesem Zusammenhang: Im Oxford Reading Tree stand die Stufe des begleitenden Lesens an. Ich machte es mir mit Justin auf dem Sofa gemütlich. Wir schlugen das Büchlein auf. Diesmal reisten wir mit dem Zauberschlüssel in die Wikingerzeit. Justin war begeistert. Welcher kleine Junge, der sich nicht für Wikinger interessiert! Die Geschichte begann wie folgt. Ich werde sie nie vergessen:

„Eines Tages zog Frau Wikinger aus, ein Boot zu bauen. Herr Wikinger blieb zuhause, um sich um die Kinder zu kümmern."

Abgebildet war eine formidable Wikingerin, die mit Hammer und Säge bewaffnet auf dem Weg zu ihrem Job war, während der Hausmann Wikinger in der Küche das Geschirr spülte.

Selbstverständlich sind allergrößte Zweifel an der historischen Korrektheit dieser Szene angebracht. Aber warum, bitte schön, muss politische Propaganda auch Einzug in Schulbücher halten? Sicherlich dürfen wir uns über die Errungenschaften der Feministen-Bewegung freuen, aber überspannen wir den Bogen hier nicht ein wenig?

Die natürliche Konsequenz dieser Entwicklung? Heute mehr denn je zuvor drängen englische Eltern auf die wenigen verbleibenden Grammar Schools und ansonsten auf private Schulen. Nicht weil man unbedingt ein Snob sein möchte, einfach nur, weil man eine Wahl haben möchte. Dieses Kapitel wird erzählt, weil Eltern in England tatsächlich die Wahl haben, die auch wir in Deutschland gerne hätten.

Auch vier Jahrzehnte nach der Abschaffung der allermeisten Grammar Schools in England hat die Diskussion um ihre Berechtigung nichts an Aktualität eingebüßt.

In seiner Autobiographie "A Journey" bezeichnet Tony Blair selbst die Vergewaltigung der Grammar Schools zugunsten der Gesamtschulen als „akademischen Vandalismus" (Quelle 40). Ein Zugeständnis? Wahrscheinlich, war der Labour Mann doch selbst ein *Public School Boy*. Er wusste, was eine gute Schulbildung wert ist.

Und welch Wunder! Auch bei uns regt sich eine neue Diskussion. Herr Josef Kraus, ehemaliger Lehrerpräsident und Buchautor ruft aus: „Wir betrügen die jungen Leute." (Quelle 41)

Recht hat er. Der aktuelle Präsident des deutschen Lehrerverbandes, Heinz-Peter Meidinger, beklagt seinerseits eine „Inflation an guten Noten" (Quelle 42) und fordert eine Reform des Notensystems. Nach einer Statistik des bayerischen Kultusministeriums ist der Anteil der Gymnasiasten mit einem 1,0 Abitur in den vergangenen 10 Jahren von 0,95 auf 1,9 Prozent angestiegen. (Vgl. Quelle 39,40) Sind die heutigen Schüler um so viel begabter? Jeder, der erst jüngst einmal auf einem Abiturball war, wird dies bezweifeln. Oder sind womöglich die Anforderungen gesunken? Welcher Annahme würden Sie sich spontan anschließen?

Unsere englische Beispielschule ist eine Einrichtung mit einer 500-jährigen Geschichte.

1944 wurde sie eine staatliche Grammar School. 1977 konnten Eltern und Lehrer unter der Leitung des damaligen Chairman-of-the-Governors genügend Gelder sammeln, um die Schule zu kaufen. Ab diesem Zeitpunkt beschloss die Schule, unabhängig zu werden und erhob Gebühren. Dies war der Beginn einer herausragenden Geschichte.

Es entstand ein Gymnasium der allerhöchsten Güte, der Rolls Royce unter den Schulen, der Château Lafitte, die Schule, die man sich auf der Münchner Maximilianstrasse kaufen würde.

Wagen wir deshalb einmal den Blick über den Zaun, der uns auch in diesem Lande gut anstünde. Der Blick, nicht der Zaun, den haben wir bereits.

Das Beste zuerst: Wir können uns den Zugang nicht erkaufen. Der Nachwuchs muss den viel geschmähten "Eleven Plus"-Test bestehen, manchmal sogar ein kleines Interview mit dem Schuldirektor führen. Hierauf folgt eine lange Wartezeit. Nach circa drei Wochen werden die ersten Briefe verschickt, die Absagen. Das sind diejenigen, die Jahre später zu den Psychiatern müssen, wenn man den Propagandisten Glauben schenkt. Was für ein Blödsinn! Eine Absage ist kein Beinbruch. Es gibt andere Möglichkeiten. Aufrappeln und Weitermachen!

Ein Gymnasium im Österreichischen, nicht weit von hier, erfreut sich Jahr für Jahr größerer Beliebtheit, als es freie Plätze hat. Auch hier gibt es einen Aufnahmetest. 100 Plätze auf 400 Bewerber, ungefähr so wie an unserer Grammar School.

Ich kenne kleine Bewerber, die es versucht haben und gescheitert sind. Sie sind alle woanders glücklich geworden, aber sie haben es versucht. Ich kenne solche, die aufgenommen wurden und sich zurecht gefreut haben; und solche, die den Test bestanden haben und dann doch, aus persönlichen Gründen, an eine andere Schule gingen. Wenigstens sechs Monate später spricht kein Mensch mehr von dem Test. Alle haben ihren Platz gefunden. Wo ist das Problem?

Unsere Traumschule erhebt Gebühren. Was nichts kostet ist auch nichts wert. Wie im richtigen Leben. Allerdings sind die Gebühren deutlich niedriger als bei exklusiven Privatinstituten und in der Regel durchaus erschwinglich.

Nach circa einer weiteren Woche kommen die nächsten Briefe. Jetzt wird es spannend, denn für die Besten unter den Testergebnissen gibt es die Möglichkeit eines *Scholarship Exams*, also einer zusätzlichen Stipendiums-Prüfung. Diese kleinen klugen Mitmenschen werden zu einem weiteren Tag an der Schule zurückbefohlen. Ein weiterer Test in Englisch, Mathematik und ein Interview mit dem Direktor stehen an. Es geht um viel. Die Stipendiaten können mit deutlichen Gebührenminderungen rechnen.

Und dann gibt es noch den großen Schwung von Briefen mit den regulären Zusagen. Diese jungen Menschen haben den Jackpot geknackt und können sich auf eine unglaublich reiche Gymnasialzeit freuen.

Von Anfang an gibt es an unserer Traumschule traumhafte Bedingungen. Diejenigen, die es geschafft haben, empfinden vor allem eines: Stolz. Noch vor ihrem ersten Schultag an ihrem Gymnasium sind sie stolz auf ihre neue Schule. Stolz, richtig verstanden, ist eine schöne Sache. Stolz schafft ein Miteinander, ein Gemeinschaftsgefühl, einen treibenden Motor.

Sind Ihre Kinder stolz auf ihr Gymnasium? Wenn dem so ist, freue ich mich auf ihre Leserbriefe. Es hat sicherlich auch etwas mit dem Schulleiter zu tun? Ist er oder sie eine inspirierende Gestalt? Eine oder einer, der seine Schüler kennt? Womöglich mit Namen?

Der *Headmaster* unserer Traumschule kennt seine Schüler mit Namen. Wann immer möglich, ist er mitten drin zu finden. Am Morgen beim Einpassieren, am Nachmittag beim Nachhause Gehen. Er ist eine Lichtgestalt, eine Respektfigur, eine Führungskraft, ein *Leader* im besten Sinne des Wortes. Er führt sein Kollegium und seine Verwaltung. Er mag seine Schüler und deren Eltern. Er ist an einem lebendigen Interessenaustausch interessiert, er versteht, dass Eltern – auch - wichtig für den Lernerfolg der Kinder sind.

Die Welt, auch die deutsche, braucht *Leaders*. Wir getrauen uns nicht, diesen wichtigen Begriff direkt zu übersetzen, sonst würde diese Schrift nie verlegt. Es ist allerdings ein Begriff, der überall sonst in der freien Welt selbstverständlich auch in die schulische Landschaft gehört. Überall sonst gibt es Initiativen, jungen Menschen beizubringen *"to lead and to recognize leadership in others"*. Mit dem Englischen bleiben wir an dieser gefährlichen Stelle auf sicherem Boden und freuen uns, weil wir so viel Englisch unseren interessierten Lesern durchaus zumuten können.

An unserer Schule gibt es also diese Art von Pädagogen, die manch andere Schüler nie erleben. Sie ziehen jeden Tag in die Schlacht gegen Mittelmaß und gegen politisch korrektes Denken. Sie führen einen Feldzug für ihre Schüler, nicht gegen sie. Sie sind über ihr trockenes Fach hinaus engagiert und vermitteln es lebendig und anschaulich. Sie haben Ideen, wie sie ihre Schülerschaft mitreißen können. Sie sind jeden Tag aufs Neue Lehrer, als ginge es um ihr Leben, nicht um ihren Ruhestand.

Die Lehrkräfte an unserer Traumschule sind die besten ihrer Art. Sie haben keine psychologischen Schäden, kein Burn-Out, sie weinen nicht im Klassenzimmer, wie Physiklehrer andernorts, weil sie ihren Schülern nicht gewachsen sind, sie haben eine natürliche Autorität, die immer nur von einem starken eigenen Charakter kommt, nie von einer zugewiesenen Rolle oder - dreimalige Verneinung - von Amts wegen.

Diese Lehrer lieben ihr Fach, und sie lieben ihren Beruf. Sie haben ihn gewählt, weil sie das Beste aus Schülern herausholen wollen, nicht weil ihnen sonst nichts eingefallen ist. Sie hätten genauso gut in die Wirtschaft oder in die Wissenschaft gehen können. Aber sie sind Lehrer geworden, Lehrer aus Leidenschaft. Sie inspirieren, motivieren und bauen auf, sie fordern und fördern, sie kennen ihre Schüler und wissen, wo die Potentiale liegen und wie man sie anzapft.

Sie verstehen es, ihren Kohorten einen Lernwillen zu vermitteln. *"It's cool to be clever"* ist das Motto, das eigentlich inoffiziell ist, aber dennoch von allen gelebt wird, Lehrern wie Schülern.

Auch an unseren Gymnasien gibt es von diesen Lehrern eine

Handvoll und sie sind außergewöhnlich. Sie haben Initiativen gegründet, die nicht ihr Job gewesen wären. Sie lenken und leiten ihre Jugend. Sie führen! Da ist es wieder, dieses interessante Verb, das wir aus bekannten Gründen verlernt haben und das doch so wichtig für den Schulalltag wäre.

Daneben finden wir das recht breite Mittelfeld, die sich auf ein selbsternanntes Podest erhoben haben, von dem aus sie unantastbar über ihre Schüler regieren und die hauptsächlich daran interessiert sind, allzu große eigene Fehler zu vermeiden. Risikooptimierung, nennt man so etwas. Wer nichts wagt, bleibt unauffällig und - Sie vermuten richtig - durchschnittlich.

Diese Gruppe ist die gefährlichste. Sie ist überheblich, sauertöpfisch und voreingenommen gegen Schüler wie Eltern. Schließlich ist man selbst ja Lehrer. Man hat studiert! Dies ist nicht der Platz, das Lehrerstudium einmal näher unter die Lupe zu nehmen. Es würde sich allerdings lohnen. Vielleicht ein Stoff für einen künftigen Thriller. Für heute sei es damit getan festzuhalten, dass diese Lehrer leider nur ihr eigenes Abbild produzieren: durchschnittliche Schüler. Entgegenkommen? Motivation? Entfachen eines Feuers in den jungen Menschen? Ansporn und Horizonterweiterung? All das suchen wir hier vergeblich.

Und dann sind da noch die echten Dinosaurier. Wir alle kennen sie. Unsere Kinder kommen aus ihren Stunden und erzählen zu Hause, sie hätten „nichts" bei Herrn Y oder Frau X gemacht. Irgendwie sind aber 45 Minuten vergangen und unsere Kinder desillusioniert. Im normalen Berufsleben gäbe es Abmahnungen. Aber hier sind sie sicher, hier kann ihnen nichts passieren. Sie sind unfehlbar. Sie sind Lehrer.

Nichts wie zurück zu unserem Motto *"It's cool to be clever!"* Begnadet? Absolut. Vor allem, wenn es inoffiziell ist und von den Schülern selbst getragen wird.

Die Schulstunden beginnen in der Regel mit einem Witz oder einem Rätsel für laterales Denken. In den 70-er Jahren von dem Briten Edward de Bono entwickelt, leitet sich der Begriff aus dem Lateinischen ab. Aus *Latus* (Seite) wurde Laterales Denken und bedeutet so viel wie „Querdenken" oder „um die Ecke denken". Die ausgetretenen Pfade des linearen, vertikalen Denkens sollen auch einmal verlassen werden, um neuen, kreativen Ideen ans Tageslicht zu verhelfen. Klingt das nicht schon spannend? Hier einige Beispiele:

Frage: Stellen Sie sich vor: Sie fahren mit dem Auto und halten eine konstante Geschwindigkeit. Rechts neben Ihnen fährt ein riesiges Feuerwehrauto. Vor Ihnen galoppiert ein Schwein und hinter Ihnen verfolgt Sie ein Hubschrauber auf Bodenhöhe. Das Schwein und der Hubschrauber halten exakt Ihre Geschwindigkeit. Was machen Sie, um der Situation gefahrlos zu entkommen?
Antwort: Vom Kinderkarussell absteigen (Quelle 43)

Frage: Ein Mann geht auf eine Party, trinkt einige Gläser Punsch und geht wieder. Am Tag darauf hört er, dass alle seine Kollegen an vergiftetem Punsch starben. Er aber hatte keine Beschwerden. Wieso ist ihm nichts geschehen?
Antwort: Das Gift war in den Eiswürfeln. Da der Mann früher ging, waren sie noch nicht geschmolzen. Später aber, als das Eis geschmolzen war, hat das zur Vergiftung der restlichen Partygäste geführt. (Quelle 43)

Die Schüler lieben diese Rätsel. Ich erinnere mich an ein besonders schönes:

Frage: Als Harry nach Hause kommt, findet er Sarah tot auf, sie liegt in einer Pfütze Wasser und Tom sitzt ruhig im Sessel. Am Boden liegt zerbrochenes Glas. Tom wird nicht wegen Mordes angeklagt. Warum nicht?
Antwort: Sarah ist ein Fisch und Tom ist eine Katze. (Quelle 43)

Und schon haben die Lehrer die Aufmerksamkeit und die Dankbarkeit ihrer Schüler. Genial, oder? Warum sagt das unseren Lehrern niemand? Und weil sie so schön sind, noch zwei:

Frage: Eine Frau hatte zwei Söhne, die am gleichen Tag zur

gleichen Stunde im gleichen Jahr geboren wurden; dennoch waren es keine Zwillinge. Wie kann das sein?
Antwort: Es handelte sich um Drillinge. (Quelle 43)

Frage: *A man rode into town on Friday. He stayed for three nights and then left on Friday. How come?*
Antwort: *The man's horse was called Friday.* (Quelle 43)

Dies kann nicht wirklich ins Deutsche übersetzt werden, aber Sie verstehen was gemeint ist. Es versteht sich von selbst, dass diese lateralen Denksportaufgaben jedem Fach angepasst werden können. Es braucht hierfür lediglich Pädagogen, die bereits sind, selbst ein wenig den Trampelpfad zu verlassen und die berühmte Extrameile zu gehen.

Mr. Scirrow ist solch ein Lehrer an unserer *Grammar School*. Sein Fach ist Mathematik und er beginnt jeden Morgen mit einer Denksportübung der besonderen Art. Diese beiden sind von ihm überliefert:

Frage: Ein Mann ist alleine auf einer Insel ohne Essen und Trinken. Dennoch fürchtet er nicht um sein Leben. Wie kann das sein?
Antwort: Es gibt mehr als eine Art von Insel. Er ist ein Polizist auf einer Verkehrsinsel. (Quelle 44)

Frage: *A man marries twenty women in his village, and yet, he isn´t charged with polygamy. How can this be?*
Antwort: Er ist ein Pfarrer; er verheiratet sie mit anderen, nicht mit sich selbst. (Quelle 44)

Wie viele Minuten sind vergangen? Fünf, vielleicht. Und doch erinnert sich unser Sohn mit glänzenden Augen an Mr. Scirrow's Mathestunden. Welch Geniestreich, ein gefürchtetes Fach mit so viel Charme und Witz einzuleiten! Einmal rutschten die Leistungen unseres Kindes ein wenig ab, er ruhte sich ein wenig zu sehr aus. An unserer Traumschule wird dies „bestraft".

Es gibt verschiedene Leistungsgruppen pro Fach. *Streaming* nennt man das, man teilt die Kinder ihrem Leistungsvermögen nach in unterschiedliche Gruppen ein. Diese sind transparent und in beide Richtungen durchlässig. Innerhalb eines Schuljahres kann ein Kind durchaus mehrfach die Gruppe wechseln. Unser Sohn war also in die niedrigere Mathegruppe gerutscht und musste für eine Weile auf Mr. Scirrow's Denksportübungen verzichten. Der nächste Wechsel ist immer zum Trimester möglich. So schnell hatten sich Justins Leistungen noch nie stabilisiert. Der Anreiz von Mr. Scirrow war einfach unwiderstehlich. Er wechselte zum Sommersemester zurück.

Die englische Redewendung *"to go the extra mile"* ist inzwischen eingedeutscht. Nicht besonders gut, aber doch. Recherchieren wir sie ein wenig, finden wir z.B. die folgende Erklärung: „Wenn man mehr als 100% Leistung gibt, geht man die Extrameile, von Chefs gerne verwendet, um indirekt Überstunden aufzutragen." (Quelle 45)

Ist das nicht wieder eine herrlich deutsche Verwendungsformel? Wir sehen sofort, die Extrameile verträgt sich nicht besonders gut mit Beamtentum.

Ob letzteres mit lateralem Denken kompatibler wäre, ist höchst fraglich. Ein recht trüber Ausblick also. Eines steht allerdings fest: auch der deutsche Lehrkörper könnte von solchen einfachen Mechanismen profitieren, um den Unterricht interessanter zu gestalten und unsere Kinder anzufeuern.

„Langweilig" dürfte das mit am häufigsten gebrauchte Adjektiv sein, mit dem unsere Gymnasialkinder, unsere Zukunft an Universitäten und in akademischen Berufen, ihre Schulstunden beschreiben. Wäre es nicht an der Zeit, hieran etwas zu ändern? Sollten nicht auch Beamte daran gemessen werden, ob sie ihr Produkt Bildung ihren Kunden, also unseren Kindern, gegenüber ansprechend anbieten?

Wäre es nicht wert, diesen Traum ein wenig weiter zu träumen? Ein Betriebsausflug einer deutschen Lehrerdelegation an unsere Traumschule, zum Beispiel: ausgestattet mit einer ergebnisorientierten Erfolgsprämie vonseiten des Ministeriums für Bildung und dem Auftrag, nach Umsetzbarem Ausschau zu halten.

Wie offen unsere Delegation wohl wäre? Was würden sie uns mitbringen? Man dürfte gespannt sein.

Das Leben an einer Grammar School oder einem Äquivalent macht außerdem auch im Unterricht Spaß. Er ist lebendig, anschaulich, modern und witzig. Es gibt etwas zu lachen. Die Lehrer wissen, Lachen ist wichtig für den Lernerfolg. Der englische Humor spielt hier eine wichtige Rolle.

Manchmal ertappe ich mich dabei, unseren Sohn nach dem Spaßfaktor in der Schule zu fragen. *"Was it fun?"* – die Stunde, der Ausflug, das neue Thema? Die Antwort ist unweigerlich ein fragender Blick. *Fun*? In der Schule? Das scheint nicht vorgesehen zu sein. Hand aufs Herz: Wann hat ihrem Gymnasialkind zum letzten Mal etwas Spaß gemacht?

Kommen wir nun zu dem alles entscheidenden Thema, den Notenergebnissen. Englische Schulen veröffentlichen jährlich ihre Abschlussergebnisse und sie tun dies nicht nur freiwillig.

Seit den frühen 90-er-Jahren wurde in England das Office for Standards in Education, kurz: Ofsted, eingeführt, das seither jährlich einmal alle Schulen in England, staatlich wie privat, genauer unter die Lupe nimmt. Alle Schulen werden nach den gleichen Vorgaben gemessen und in die Kategorien Outstanding, *Good, Satisfactory* und *Inadequate* eingeteilt. Beurteilt werden vor allem auch die Leistungen der Schulleitung, *the Quality of Leadership*, und wie gut eine Schule ihren Verpflichtungen nachkommt, Lehrstoff auf hohem Standard zu vermitteln und dabei ein optimales Lernklima herzustellen. Lehrer werden beurteilt und zwar von einer übergeordneten Instanz. Die Resultate werden auf den Internetportalen der Schulen veröffentlicht.

1988 hatte Großbritannien über den Education Reform Act unter Margret Thatcher ein nationales Curriculum für die fünf- bis sechzehn-Jährigen eingeführt. Ebenso wurden standardisierte Tests für sieben-, elf- und vierzehn-Jährige verabschiedet. Hieraus entstanden die sogenannten *School League Tables*, die Veröffentlichung der jährlichen akademischen Ergebnisse des Abschlussjahres, sowie diejenigen der Mittleren Reife.

Der Hintergrund? Schulen sollten vergleichbar gemacht werden. Eltern sollten das Gefühl haben, eine Wahl zu haben.

So entstand ein System, in dem ausgezeichnete und gute Schulen sich ihre Leistungen auf die Fahnen schreiben können, mittelmäßige aufgefordert werden, sich zu verbessern und schlechten ein Aufpasser zugeteilt wird, der ihnen bei der Kehrtwende helfen soll, um bei der nächsten Inspektion innerhalb von 15 Monaten besser abzuschneiden.

Hier hat Deutschland einen eindeutigen Nachholbedarf. Warum müssen eigentlich unsere Gymnasien ihre Ergebnisse nicht veröffentlichen? Wäre es nicht interessant für Eltern zu erfahren, wie die Schulen, für die sie sich interessieren, unter denen sie womöglich sogar wählen können, im Vergleich abschneiden? Was wäre daran verwerflich? Schulen im Landkreis würden vergleichbarer und man hätte nach einigen Jahren einen Trend, auf den man zurückgreifen könnte. Schulen müssten sich ein wenig mehr anstrengen. Lehrer auch.

Als ich dereinst als unschuldiger Rücksiedler unsere Schulleitung nach den letzten Abiturergebnissen fragte, musste man den Eindruck gewinnen, ich hätte etwas Ehrenrühriges gesagt. So weit hergeholt erschien meine Frage dem Direktorium, dass die ansonsten glatte Fassade für eine Weile ins Wanken geriet. Augenbrauen wurden allseits hochgezogen, man war bis auf die Grundfesten erschüttert. Eine unfassbare Zumutung! Ergebnisse veröffentlichen? Schulen und Lehrer vergleichbar machen? Der Beginn einer Dienstleistungsgesellschaft an unseren Schulen? (Noch) Undenkbar. Leider. Aber ich bin zuversichtlich. Irgendetwas muss sich ändern, auch bei uns.

Ein wichtiger Vordenker auf dem Gebiet nationaler wie internationaler Schulbildung ist Sir Anthony Seldon.

Seldon, nebenbei auch Biograph der britischen Premierminister John Major, Tony Blair, Gordon Brown und David Cameron, war zunächst selbst Lehrer und später Headmaster von Brighton College. Den bisherigen Höhepunkt seiner Karriere bildete jedoch die Leitung von Wellington College in den Jahren 2006 bis 2015. Beide Institute führte er an die Spitze der *League Tables*.

Unter seiner Ägide erwuchs Wellington College zu der *most forward-thinking school* – The Week, 2013" (Quelle 46). Seldon führte dort das IB, das *International Baccalaureate* ein, um sich von den englischen A-Levels zu verabschieden. Heute ist Wellington College eine der weltweit führenden IB Schulen.

Sein Verdienst ist zudem die Gründung des Wellington College Festival of Education, das seit 2010 jährlich stattfindet und die renommiertesten Köpfe aus den Bereichen Education, Wissenschaft, Wirtschaft und Politik für Gastvorträge und Symposien verpflichtet. Mit 300 internationalen Gastrednern sowie 3000 Teilnehmern hat es sich als führender professioneller Kongress zum Thema Education weit über englische Grenzen hinaus positioniert.

Schon der Name alleine inspiriert. "Festival of Education" – das klingt nach Freude, Leidenschaft und Liebe zum Thema, oder? Ein Grund zum Feiern! Ein Feuerwerk zugunsten unserer Kinder! Und genauso sollte es sein.

Zweimal hatte ich das große Glück, dabei gewesen sein zu dürfen. Ich werde die Eindrücke nie vergessen.

Zwei Tage im Juni, an einem Samstag und Sonntag, diskutieren Koryphäen aus Universitäten und Schulen über die neuen Herausforderungen in Hörsaal und Klassenzimmer, sie halten Vorträge und stehen in Workshops zur Verfügung. Es ist Wochenende, und sie stellen ihre freie Zeit zur Verfügung; eigentlich an und für sich schon erstaunlich für Pädagogen. Aber sie sind nicht alleine. An ihrer Seite, und das ist das eigentlich Bemerkenswerte, stehen auf gleicher Augenhöhe Vertreter aus der Wirtschaft, der Wissenschaft, der Kultur und der Politik. Sie alle ziehen an einem Strang, denn sie haben verstanden: Die Zukunft ihres Landes steht und fällt damit, wie gut ausgebildet ihre Jugend ist.

Die Titel der Vorträge lassen jedem, der auch nur halbwegs Interesse an Bildung hat, das Wasser im Munde zusammenlaufen:

"What if everything you knew about Education was wrong?"
"Parents, the best educational resource in the world"
"Growing young leaders"

"Creative learning environments"
"You're hired – creating a skilled workforce for the 21st century"
"Education and industry: credible partnerships"
(Quelle 47)

Die Lehrer hier scheinen zu wissen, dass die Aufgabe "Schule" nicht nur von ihnen alleine zu lösen ist. Es braucht starke Netzwerke, gegenseitige Inspiration und neues, frisches Denken. Es braucht kluge Köpfe aus allen Bereichen, um unsere Jugend zu inspirieren.

Wenn ich durch die Hallen des bayerischen Gymnasiums gehe, so hat sich in vierzig Jahren nichts verändert. Wenn ich meine Söhne befrage, was sie z.B. in Wirtschaft und Recht durchnehmen, so gähnen sie und stöhnen. Über die Montanunion sind sie nicht hinausgekommen, und die war 1982 schon langweilig. Und so wollen wir den Herausforderungen des 21. Jahrhunderts begegnen?

"It's cool to be clever!" Es wäre so einfach. Warum haben wir so wenig Mut?

Kapitel 14

"What's the Dresscode?" – ein Plädoyer

- *"What's the Dresscode?"*

Egal, ob es sich um die Abiturfeier, ein Gartenfest, einen Wirtschaftsempfang oder die Geburtstagseinladung bei Freunden handelt, mit dieser Frage meines Lieblingsengländers muss ich bei allen größeren oder kleineren, wichtigen und weniger wichtigen Anlässen rechnen.

Schlimmer noch, ich muss eine Antwort parat haben. Sofern der Anlassgeber an die Frage der Kleiderordnung selber gedacht und eine solche vorgegeben hat, atme ich erleichtert auf. Bei vielen Gelegenheiten hierzulande muss ich allerdings auf meine eigene Interpretation des Ereignisses vertrauen und, da ein Dresscode offiziell nicht vorgegeben ist - undenkbar für den Lieblingsengländer und seiner Meinung nach die reinste Zumutung für die Gäste - improvisieren.

Antworte ich *Smart Casual*, schnaubt der Lieblingsengländer ein wenig herablassend, weil er Anlässe dieser Kategorie für zu verbreitet, schwer definierbar, einfallslos oder schlichtweg unzivilisiert hält. Mein Lieblingsengländer ist ein Snob, ein liebenswerter zwar, aber immerhin, und zudem hat er fast immer Recht.

Ein Blick in Debrett's, die Bibel des Engländers in allen Stilfragen, enthüllt, dass *Smart Casual* zwar als Dresscode-Kategorie durchaus existiert. Allerdings wird in dem Einleitungsparagraphen bereits darauf hingewiesen, dass diese Angabe mit am schwersten zu interpretieren sei. Wird man zu einem Anlass dieser Form gebeten, sei es daher unerlässlich, die Form der Einladung auf zusätzliche Hinweise zu untersuchen. Dies ist bereits an und für sich eine kleine Zumutung. So steht es zwar nicht in Debrett's, aber die zweithöchste Instanz unmittelbar nach Debrett's, der Lieblingsengländer, empfindet dies durchaus so.

Ist die Einladung also gedruckt, so lässt dies Rückschluss auf ein formelleres Event zu. Macht sich der Gastgeber lediglich die Mühe einer Email oder eines Eintrags in sozialen Netzwerken, empfindet man dies als Brite geradezu unerträglich und wird sich möglicherweise eine passende Ausrede zurechtlegen.

Debrett's unterscheidet für Herren - wie Damen - weiter nach *Formal, Smart Casual* bzw. *Informal Smart Casual.* Man muss sich also nie ganz verloren fühlen im Dickicht des englischen Dresscodes, selbst wenn man keinen privaten Berater hat. Debrett's hilft immer weiter.

Man muss nun versuchen, Verständnis aufzubringen für dieses uns doch eher fremd anmutende Verhalten und bereit sein, ein wenig englische Tiefenanalyse zu betreiben.

Ein englischer Gentleman braucht den Dresscode wie die Luft zum Atmen. Ohne ihn fühlt er sich schlichtweg nackt und verwundbar. Doch Vorsicht! Es geht bei einem gesellschaftlichen Leben nach Dresscode nicht, wie ein Uneingeweihter vielleicht vermuten könnte, um Selbstdarstellung. Vielmehr geht es um Höflichkeit, die oberste Tugend eines jeden würdevollen Exemplars der Spezies British Gentleman. Man(n) will auf gar keinen Fall *over-* oder *underdressed* sein. Die jeweiligen Konsequenzen wären fatal. Käme man *overdressed*, liefe man tatsächlich Gefahr, sich in Szene setzen oder auffallen zu wollen. So etwas hat man ja nun gar nicht nötig. *Overdressed* wäre also der Anzug, wenn alle anderen Herren nur ein Sakko tragen oder womöglich das Dinnerjacket, wenn der bedauernswerte Rest der Veranstaltung lediglich Anzug trägt. Ebenso will man durch ein *overdressed*-Erscheinen natürlich auf gar keinen Fall den Eindruck zu erwecken, man hätte sich mehr von dem Abend erwartet. Entscheidend ist immer der Gastgeber. Hauptmotivation für den englischen Gast ist es, ihm die Ehre zu erweisen. Umgekehrt wäre die *underdressed*-Variante der möglicherweise ultimative Affront gegenüber dem Gastgeber. Undenkbar, man käme selbst im Anzug und die restlichen Geladenen hätten sich in ihre Smokings gezwängt. Man liefe dann Gefahr, dem Anlass nicht genügend Format unterstellt zu haben oder sich schlichtweg als Prolet zu outen.

Wenn der Engländer irritierenderweise keinen Dresscode vorgegeben hat, schaltet er automatisch auf seine fabrikseitig vorgegebene Standardeinstellung *Formal*. In jedem Fall lieber zu formell als zu leger gekleidet.

"To dress correctly", sich richtig zu kleiden, hat eine uralte Tradition auf der Insel. Jahrhunderte über kleidete sich die britische Ober- und Mittelschicht für das Dinner um. Noch in den Kinder- und Jugendtagen meiner lieben Freundin Innes musste sie sich für das Abendessen mit ihrer Familie umkleiden. Das Nachmittagskleidchen wurde gegen ein ordentliches Spitzenmodell ausgetauscht und die Spielschuhe gegen weiße Lacksandalen. Der Lieblingsengländer stammt nicht aus der Oberschicht, aber auch er erinnert sich, dass er sich für das Abendessen waschen und umziehen musste.

Wenn wir unseren Thomas Mann lesen, so wissen wir selbstverständlich, dass dies auch in unseren Breiten einmal üblich war. Allerdings: lang, lang ist's her, diesseits wie jenseits des Ärmelkanals.

"We are changing for dinner" hieß übersetzt Smoking für die Herren und Abendgarderobe für die Damen. Das abendliche Ritual hat sich nicht wirklich erhalten. Allerdings gibt es immer noch einige Enklaven der guten, alten Sitte und so wollen wir nicht gänzlich ausschließen, dass man nicht auch heute noch bei gehobenen Anlässen unter Umständen diese ominöse Ankündigung hören oder lesen könnte. In diesem Falle sind Sie gut beraten, ihre formelle Garderobe parat zu haben.

Spätestens seit „Downton Abbey" wissen wir um die

Bedeutung des Dinner Zeremoniells. Vor dem Krieg war der Frack Pflicht. Während des ersten großen Krieges lockerten sich allerdings die Sitten, leider. So kam es zu der Einführung des Smokings und der folgenden Szene zwischen Lord Grantham und seinem treuen Butler Bates. Lord Grantham, auf seinen Smoking verweisend:

„Was denken Sie, Bates? Alle Herren tragen ihn in London, selbstverständlich nur für informelle Abendessen."

Bates: „Ich kann mir nicht vorstellen, dass Sie dafür nach dem Krieg viel Verwendung haben werden, My Lord."

Lord Grantham: „Wahrscheinlich nicht. Aber ich kann ihn tragen, wenn Ihre Ladyschaft und ich alleine sind."

Die Szene ist interessant, da Bates offensichtlich daran glaubt, nach dem Krieg würde sich alles wieder so finden, wie es vorher war. In der Tat lockerten sich die Regularien zunehmend, und der Frack war nur noch sehr formellen Anlässen vorbehalten. Aber genießen wir für einen Moment die Aussage des Lords. Selbst wenn er sich gesellschaftlich nicht halten werde, könne er den Smoking immer noch für ein Abendessen im engsten Kreis, also nur für seine Frau, anziehen. Nun müssen wir uns die Frage gefallen lassen, ob wir angesichts unserer heutigen gemeinsamen Abendessen, wenn sie denn überhaupt stattfinden, wirklich zivilisatorisch weitergekommen sind.

Die beeindruckende Dowager Countess und Mutter von Lord Grantham hat für Smokings nicht viel übrig. Vieles ihrer alten Welt bröckelt, und sie stutzt ihren Sohn zurecht, wenn sie sagt, er könne ja gleich im Schlafanzug zum Abendessen erscheinen.

Eine herrliche Szene sei noch kurz erzählt. Aufgrund eines heimlichen Plots unter den Dienstboten sind alle Abendhemden des Lords verschwunden, und er muss ein normales weißes Oberhemd zu dem ohnehin bereits verwerflichen neuen Smoking wählen. Shirley Mclaine, alias Mrs. Levensen, die Schwiegermutter des Lords und immerhin fortschrittliche Amerikanerin, weist ihn zurecht: „Du siehst aus, als gingst Du zu einem Grillfest".

Seine eigene Mutter setzt noch eins drauf, indem sie ihn mit einem Ober verwechselt: „Glauben Sie, ich könnte einen Drink bekommen? Oh, Entschuldigung, ich dachte, Du wärst ein Ober."

Kleider machen eben Leute und Leute, die etwas auf sich halten, haben die richtige Kleidung. Diese muss im Übrigen nicht protzig sein. Im Gegenteil, teure Marken, bzw. deren Zurschaustellung in Form von sichtbaren Labels, werden eher abschätzig bewertet. So neureich!

Angefangen von ihren Schuluniformen, lernen englische Kinder, sich einem Anlass entsprechend zu kleiden. Je nachdem, auf welche Schule sie gehen, können sie das manchmal sogar besser als ihre Eltern. Hierzu muss die Geschichte von Mr. Lionel Cosgood erzählt werden.

Ende Juni finden landauf landab an englischen Privatschulen die berühmten *Speech Days* statt. An diesem Tag werden nicht nur die Absolventen verabschiedet, sondern alle Jahrgänge in die Sommerferien entlassen. Es werden Jahrgangspreise in Disziplinen wie Musik, Drama und Sport verliehen und Reden gehalten, in der Regel von der Schuldirektion, dem Vorsitzenden der Governors, und einem Gastredner, etwa aus der Wirtschaft, dem öffentlichen Leben oder der Geistlichkeit. Es gilt für alle strikte Anwesenheitspflicht.

Diese Tatsache alleine ist schon hochinteressant. Wer könnte sich vorstellen, dass an unseren Gymnasien die jüngeren Jahrgänge verpflichtend an der Abiturfeier teilzunehmen hätten? Und doch wohnt diesem jährlichen Aufblicken der Jüngeren zu den jeweils Älteren ein kleiner Zauber inne. Man weiß, was man vor sich hat. Der Weg wird vorgezeichnet - er scheint sogar machbar, erreichbar. Diejenigen, die jetzt vortreten, und ihr Reifezeugnis in Empfang nehmen, kennt man vom Pausenhof, von schulischen Veranstaltungen. Sie sind eigentlich ganz normal, und es verbreitet sich ein Gefühl von „Das können wir auch schaffen" unter den Jüngeren. Der Stab wird weitergereicht. Das damit verbundene Zeremoniell ist anstrengend, aber prägend.

Der Lehrkörper ist in seiner Gesamtheit vertreten, und sitzt, in schwarze Roben gekleidet, aufgereiht an einer langen Tafel auf einer Bühne oder einem Podest, den Stuhlreihen des Publikums gegenüber.

Für den *Speech Day* der Hillingworth-Preparatory-School for Boys war ein Samstagvormittag Mitte Juni angesetzt. Schon die

Tage vorher war es brütend heiß gewesen, und auch der Samstag sollte keine Erleichterung bringen. Mit 34 prognostizierten Grad sollte er einer der heißesten der letzten zehn Jahre werden.

Nun ist für jeden *Speech Day* volle Schuluniform verpflichtend. In Hillingworth besteht diese aus grauen Flanellhosen, einem weißen Hemd, Schulkrawatte und einem grünen Wollblazer. Während die Buben an normalen Schultagen im Sommertrimester lediglich in kurzärmeligen, grünen Polohemden erscheinen dürfen, erfordern offizielle Anlässe Gala-Uniform, sozusagen.

Bereits kurz nach Ankunft und dem zweiminütigen Weg vom Parkplatz zu der Mehrzweckhalle der Schule klebten die Damen in ihren Kostümen, die Herren in ihren Anzügen und die Boys selbstverständlich in ihren Wollblazern.

Einige der jüngeren Väter nahmen ihre Sakkos ab und legten sie sich lose um die Schultern. Für dieses revolutionäre Verhalten gab es zwei mögliche Theorien: entweder hatten sie möglicherweise einen internationalen Hintergrund und in britischer Etikette noch Nachholbedarf, oder sie waren zwar britisch, entstammten jedoch der beklagenswerten Mixtur „Geld, aber keine Manieren". Beide Lager verdienten nicht mehr und nicht weniger als eine britisch verächtlich gerümpfte Nase.

Die Mehrheit der alteingesessenen, selbst dem Drill einer Privatschule entsprungenen, Väter allerdings widerstand dem Sakko-Entledigungsdrang aufs Standhafteste. Sie wussten: Dies war ein Härtetest. Hier trennte sich die Spreu vom Weizen. Hier zeigte sich, wer Mann oder Maus war. Zwei Lager klafften auseinander, und ein tiefer Schützengraben zog sich durch das Publikum. Man(n) hatte Stellung bezogen.

Der Lieblingsengländer legte selbstverständlich seine Jacke nicht ab. Als ehemaliger Sandhurst-Absolvent und Berufsoffizier war dies eine seiner leichtesten Übungen. Wenn man nicht davon ausgehen könne, seine Jacke mit Würde durch einen Abend oder eine Veranstaltung zu tragen, egal wie widrig die Umstände - so hatte er mir mehrfach erklärt - solle man sie gleich zuhause lassen. Ein Gentleman legt seine Jacke nie ab.

Mr. Lionel Cosgood, Chairman of the Governors und damit

eindeutig V.I.P. der höchsten Ordnung, betrat das Rednerpult in dunklem Anzug und Krawatte. Die Schwüle im Raum war unerträglich. Mr. Cosgood war dies nicht anzumerken.

"*Headmaster, Staff, Parents and Friends of Hillingworth School, Boys*", so wandte sich Lionel Cosgood an die Versammlung und ließ seinen Blick über das Publikum schweifen. Er machte eine längere Pause, blickte nochmals um sich und sagte dann:

"*As it is, indeed, a very hot day today, boys may now take their blazers off. Parents may do the same.*"

Mr. Cosgood erteilte also Buben wie Eltern in diesem Moment die Erlaubnis, ihre Sakkos nun abzulegen. Selbstverständlich hatte er gesehen, dass einige der Väter dies längst getan hatten.

Welch elegante Art, die Traditionsverächter zurechtzuweisen! Er konnte Ihnen ja nicht direkt einen Rüffel erteilen. Aber er konnte sehr wohl zunächst seinen Schülern, die bislang kerzengerade in ihren Blazern geschwitzt hatten, erlauben, diese nun auszuziehen. Und damit war eigentlich auch alles bereits gesagt. Diejenigen Väter, die bereits ohne Sakkos auf ihren Plätzen saßen, waren auf cleverste Art und Weise bloßgestellt und öffentlich gebrandmarkt. Wie peinlich! Herrlich, wieviel man doch mit so wenigen Worten sagen kann. Typisch englisch.

Der Lieblingsengländer hingegen hatte wieder einmal einen persönlichen Sieg davongetragen. Er legte selbstverständlich seine Anzugjacke auch nach Mr. Cosgoods Erlaubnis nicht ab, Mr. Cosgood die seine übrigens auch nicht. Die beiden wurden bei dem anschließenden Imbiss beste Freunde. Über Anzugjacken wurde nicht wirklich gesprochen, man verstand sich einfach.

Von der ehrwürdigen Longwood School, der Ausbildungsstätte unseres Lieblingsengländers und einer der besten Schulen des Landes - *of course* - ist eine ähnliche Szene überliefert. Mr. Cosgood hätte seine helle Freude gehabt.

Man schrieb das Jahr 1976. Ein besonders edler Jahrgang hatte gerade seine A-Levels (Abitur) abgeschlossen. Der Schule war es gelungen, Hardy Amies als Gastredner zu verpflichten, einen *Old Boy* der Schule und von 1955 bis 1990 Hofschneider der Königin. Das Folgende ist aus Erzählungen des Absolventen überliefert. Amies begann seine Rede mit folgenden Worten:

"Here I stand in front of you in suit and tie. Only a few years ago, this would have been unthinkable. I would have stood here in Black Tie."

„Hier stehe ich in Anzug und Krawatte. Dies wäre vor wenigen Jahren undenkbar gewesen. Ich wäre hier vor Ihnen noch im Smoking erschienen."

Und unter großem Gelächter prophezeite er:

"And I fear in the future guest speakers will be wearing Jeans and T-Shirts."

„Und ich fürchte, in Zukunft werden Gastredner ihre Reden in Jeans und T-Shirts halten"

Für die Absolventen des Jahrgangs 1976 war dies eine so weithergeholte Prognose, als würde man unseren Abiturienten heute sagen, der Schuldirektor würde die nächste Abiturrede im Smoking halten. Sie können sich das Gelächter vorstellen. So ging es damals dem Longwood-Jahrgang. Mr. Amies darf getrost ruhen, in Longwood werden auch heute noch keine Abschlussreden im T-Shirt gehalten.

Zur Premiere des Fidelio vor wenigen Jahren bei den Salzburger Festspielen trug allerdings nicht nur der Gefangenenchor bunte T-Shirts, sondern auch der Herr in der Reihe vor uns. Er war mit Sicherheit nicht Österreicher.

Nicht nur die britischen Herren führen ein Leben nach Dresscode. Auch die Damen haben seit frühester Jugend gelernt, sich richtig zu kleiden, aber sie sind ein wenig flexibler in der Interpretation.

Begleiten Sie mich auf einem kurzen Wegweiser - streng nach Debrett's (Quelle 48) versteht sich - durch das Dickicht des englischen Dresscodes.

White Tie: der Frack, *Tails*, wird nur noch bei königlichen Bällen oder Staatsempfängen getragen. Der Lieblingsengländer sieht sich hier gezwungen, Debrett's zu ergänzen. „Einige", so sagt er mir mit feuchten Augen, „tragen Frack auch noch zu privaten Bällen, allerdings stirbt der Brauch leider mit der alten Generation aus." Bis vor dem Ersten Weltkrieg war dies jedoch die klassische Abendkleidung. In den Highlands von Schottland wird der Frack tatsächlich noch zu einigen Bällen getragen, vor allem dann, wenn dem Träger der traditionelle Kilt verwehrt ist.

Black Tie: für eine förmliche Abendveranstaltung gilt in der Regel *Black Tie*. Der richtige Smoking hat exakte Auflagen zu erfüllen. Die Smoking-Jacke kann einfach oder doppelt geknöpft sein, das Revers muss aus glänzendem Satin und die Knöpfe ebenfalls überzogen sein. Auf gar keinen Fall darf sie Seitenschlitze aufweisen. Das passende Smoking-Hemd muss einen Smoking-Kragen aufweisen. Ein Kummerbund kann, muss aber nicht, getragen werden. Im Übrigen sei wohl klar - so der Lieblingsengländer - dass ein Kummerbund nur zu einer einfach geknöpften Smoking-Jacke getragen wird, nie im Leben zu einer doppelt geknöpften. Sollte man sich für einen Kummerbund entscheiden, so gilt die Farbregel schwarz oder burgunderrot, auf gar keinen Fall andere Farben. Ein weißes Taschentuch in der linken Brusttasche ist das vorgeschriebene Accessoire, sollten einer Dame einmal die Augen getrocknet werden müssen.

Die Damen tragen lang oder zumindest nicht kurz. Ein Cocktailkleid sollte leicht über das Knie reichen und nicht zu viel Dekolletee zeigen. Von den sogenannten *Red Carpet*-Kleidern, also den absoluten Hinguckern mit Schlitz oder Sicherheitsnadeln à la Liz Hurley wird abgeraten. Es gilt unbedingter Strumpfzwang, schwarz oder hautfarben.

Morning Dress: *Morning Dress* bezeichnet den formellen Tagesanzug für Gelegenheiten wie Hochzeiten, Empfängen bei der Königin oder wichtigen gesellschaftlichen Anlässen, wie z.B. Ascot. Der *Morning Coat* ist typischerweise grau oder schwarz zu grauen oder grau-schwarz gestreiften Hosen. Die Weste kann grau, creme oder zartblau sein. Ein grauer oder schwarzer Zylinder vervollständigt das Ensemble, wird aber heute eher in der Hand getragen als auf dem Haupt.

Für die Damen heißt *Morning Dress* ein elegantes Kleid, nicht zu kurz, mit Jäckchen. Schultern müssen unbedingt bedeckt sein. Zu hohe Absätze sind zu vermeiden, Strümpfe ein Muss, und die Perlenkette ist das klassische Accessoire. Hüte für Hochzeiten oder Pferderennen sind obligatorisch.

Morning Dress ist für alle englischen Hochzeiten verpflichtend und wird klassenübergreifend getragen.

Highland Dress: der Schottische oder *Highland Dress* ist eine Alternative zu der formellen *Black Tie*-Variante in England. Das Hauptkleidungsstück, der Kilt, geht eine gute Handbreit über das Knie und wird zu einem weißen Hemd und einer schwarzen Fliege getragen. Das *Highland Jacket* ist eine traumhafte dunkle Jacke, oft aus Samt, mit Silberknöpfen und wird oft noch mit Weste getragen.

Einige *Lowland*-Herren bevorzugen karierte Hosen, *trews*, die mit Samt-Jacken und Fliege getragen werden. Unser Lieblingsengländer weiß hier zu berichten, dass sich die *Lowland*-Schotten im Gegensatz zu den *Highlanders* im Verhältnis zu den Engländern als loyaler erwiesen hatten und deshalb eher bereit waren, deren Beinkleid anzunehmen. Der Snob im Lieblingsengländer scheut sich sogar nicht zu behaupten, *trews* seien das, was Oscar Wilde gemeint haben muss, als er sagte:

„Imitation ist die ehrlichste Form der Schmeichelei, die Mittelmäßigkeit gegenüber Größe zeigen kann." (Quelle 49)

Die Damen tragen ein langes Abendkleid, das ausgestellt sein sollte, da darin ja der *Reel* getanzt werden muss, der typische Schottische *Dinner-Dance*. Darüber wird eine schottische Schärpe getragen, über der rechten Schulter wohlgemerkt. Die linke Schulter ist der Frau des Clan-Chefs oder der Gattin eines Schottischen Colonels vorbehalten.

Lounge Suits: diesen Dresscode sieht man nur noch auf schriftlichen Einladungen. Umgangssprachlich bezeichnet er den Geschäftsanzug, also Anzug und Krawatte (*Two-Piece Suit*), eventuell mit Weste (*Three-Piece Suit*).

Will der Lieblingsengländer Modebewusstsein demonstrieren, greift er ab und an zu roten Schuhen, wobei rot hier als weinrot oder burgunderrot zu verstehen ist. Ich habe mir allerdings sagen lassen, *red shoes*, die oft auch als *American shoes* bezeichnet werden, seien höchst umstritten. Und doch trägt mein „Rebell" in der City zu einem grauen Geschäftsanzug manchmal rot an den Füßen und läuft hierbei durchaus Gefahr, von Elementen verachtet zu werden, die noch konservativer sind als er. Ich hätte nie gedacht, dass der Lieblingsengländer sich modetechnisch so aus dem Fenster lehnt.

Die Dame trägt Cocktail Dress mit Jäckchen und an ihren Füßen sind erfreulicherweise alle Farben erlaubt.

Smart Casual: für den Herrn erfordert *Smart Casual* ein Sakko, eine Flanell- oder Baumwollhose, ein Hemd mit Kragen und Schnürschuhe. Ein hübsches Tageskleid ist für die Dame passend, gegebenenfalls mit einem Jäckchen. Jeans gilt als absolutes *No-Go* für beide. Ebenfalls sind kurze Hosen tabu, selbst für das informelle Ende der Skala, es sei denn die Veranstaltung findet am Strand statt. Debrett's findet hierzu, wie stets, die richtigen Worte: „Auch wenn die Veranstaltung als informell deklariert ist, kann man sich trotzdem anstrengen!" (Quelle 50) Wie schön britisch das klingt, oder?

Country Clothing: zu einer Einladung aufs Land sind praktische Fragestellungen, wie das Wetter oder zugige Häuser, zu berücksichtigen. Ebenso kann eine Einladung zu einem *Sunday Lunch* durchaus einen Spaziergang nach dem Essen vorsehen, so dass man also mit hochhakigen Schuhen schlechte Karten hätte. Der Engländer auf Landpartie führt stets ein Paar Gummistiefel oder Wanderschuhe im noblen Kofferraum mit sich.

Traditionell wird die Farbe Schwarz als der City zugehörig empfunden und man trägt auf dem Land eher Brauntöne, es sei denn zu Beerdigungen natürlich. Der Herr ist also mit einem Tweed-Sakko zu braunen Schuhen gut beraten.

Hier können nun auch zum ersten Mal Jeans getragen werden, solange sie dunkelblau und stilvoll sind. Cordhosen für Herren, wie Damen, sind perfekt, und auch das gute alte Twinset kann die Land-Edelfrau aufs vorteilhafte zieren.

Ein Barbour-Jacket, die All-Wetter Bekleidung unserer Herren und Damen, darf im Übrigen nie neu sein. Je älter und gebrauchter, umso besser.

Wanderschuhe werden an der Tür ausgezogen und mitgebrachte *Slip-ons* ermöglichen ein gemütliches Beisammensein nach dem Spaziergang.

Manchmal kann es zu schicksalhaften Missverständnissen zwischen Land- und Stadtbevölkerung kommen, wenn die Städter meinen, eher *casual* ins Wochenende zu starten, die Landbewohner sich aber eben gerade fürs Wochenende feinmachen. Deshalb sei hier geraten, einfach im Vorhinein die Frage des Dresscode zu klären.

Für den Fall, dass ich Sie jetzt hinreichend verwirrt habe: Sie sind nicht alleine. Als wir jüngst liebe Freunde zu einem Wochenende nach London einluden, kam der Lieblingsengländer auf die hervorragende Idee, das Ehepaar in seinem Club einzuquartieren.

Die herrliche Einrichtung des Gentleman's Club wird in einem eigenen Kapitel gebührend gewürdigt. Gesagt, getan. Die Herrschaften wurden in ein Doppelzimmer eingebucht und im Vorfeld von dem Arrangement in Kenntnis gesetzt. So hatten diese leider auch Gelegenheit, sich über das Etablissement ein wenig vorab zu informieren. Meine Freundin, eine Dame von Welt und durchaus salonfähig, rief mich zwei Tag vor Abflug nach London äußerst nervös an. Sie und ihr Gatte hätten nun die Internetseiten des Clubs studiert. Es gäbe dort Dresscodes, die von Raum zu Raum unterschiedlich seien. Diese bezögen sich ebenfalls auf die an den Füssen zu tragenden Kleidungsstücke. Laut Lageplan und Vorschriften wüssten sie nun aber nicht, welche Schuhe sie tragen sollten, um vom Frühstücksraum zum Schwimmbad zu gelangen, bzw. von diesem über den Eingangsbereich zurück in ihr Zimmer. Ob sie recht in der Annahme ginge, dass hierfür drei Paar unterschiedliche Fußbekleidungen notwendig seien?

Ich wusste dies leider auch nicht. Fragen getrauten wir uns den Engländer nicht, da wir nicht unzivilisiert und ignorant erscheinen wollten und beschlossen, einfach einen zweiten Koffer für Schuhe mitzunehmen, für alle Fälle.

Der Aufenthalt der Herrschaften verlief für die ersten zwölf Stunden weitestgehend unauffällig und angenehm. Das Dinner in der imposanten Great Hall wurde kleidungstechnisch mit Auszeichnung gemeistert.

Einen kleinen Zwischenfall gab es dennoch: Zum Frühstück erschien der eingeladene Herr, selbst ein nobler Vertreter der österreichischen Oberschicht und durchaus versierter Gast der gehobenen Hotellerie, in ordentlichem Hemd, allerdings mit ärmellosem Pullunder, und wurde dezent vom aufmerksamen Personal auf sein Zimmer zurückgeschickt, um diesen Missstand zu korrigieren. Gott sei Dank nahm es der Gast aus der Alpenrepublik nicht nur mit Humor, sondern war vielmehr begeistert über diese hoch aufgehängte Etikette. Auf die Österreicher ist in Stilfragen eben Verlass. Es gab ein Happy End, alle weiteren Dresscode-Prüfungen wurden mit Bravour bestanden und das Wochenende war eines der schönsten überhaupt. Es lebe die Etikette!

Noch ein letztes Wort zu Herrenschuhen: niemals zweifarbig! Es sei denn, auf dem Golfkurs.

Kapitel 15

Der Gentleman und sein Club

Hinter den Fassaden der Hauptstadt London schlummern Kleinode. Im Verborgenen des Londoner Westends um Pall Mall und St. James führen sie ihr behütetes Dasein, hinter unauffälligen Eingangstüren perfekt maskiert, unkenntlich für die Wogen der Touristen, die draußen vorbei lecken und doch ahnungslos sind. Geheime Welten sind es, hinter verschwiegenen Mauern, zum Greifen nah und doch unerreichbar, Oasen inmitten des tosenden Hauptstadt-Getümmels, exklusiv, verschwiegen und unerbittlich britisch: die Gentlemen's Clubs.

Eine unvorsichtige Suche zu besagtem Schlagwort lässt uns auf Varianten mit Namen wie Boobs Gentlemen's Club, Venus oder Cheetah stoßen. Diese Art ist hier nicht gemeint. Wir sind schließlich im Vereinigten Königreich und recherchieren den bevorzugten Aufenthaltsort der Gattung British Gentleman. Theoretisch wäre es denkbar, dass sich hin und wieder ein solches Exemplar auch an Orte wie Venus verirrt, wir halten dies allerdings für höchst unwahrscheinlich und werden deshalb diese potentielle Schnittmenge unter Aspekten der Geringfügigkeit vernachlässigen.

Hier soll es um Einrichtungen gehen, in denen die Queen

selbst sich sehen lassen würde und bis heute oftmals auch die einzige Frau ist, die dies darf. Wir wollen zuerst das Habitat und dann die Spezies betrachten.

Historisch betrachtet kann man die ersten Gentlemen's Clubs bis ins 17. Jahrhundert zurückverfolgen. Ursprünglich entstanden sie für Debattierzwecke oder Trinkgelage, wurden dann aber im 18. und 19. Jahrhundert formalisiert und dienten der Interessens- und Kontaktpflege, heute würde man sagen, dem Networking. Man(n) war unter sich, die Mitgliedschaft war dem Establishment vorbehalten und - vielleicht noch wichtiger *"No Ladies!"* - Frauen waren nicht zugelassen. Es wurde Macht- und Weltpolitik betrieben, Staatsgeheimnisse wurden ausgetauscht und Militäraktionen diskutiert, kurz, es ging um Themen, die die Damen selbstverständlich auch gar nicht verstehen konnten.

Den Annalen zufolge wurde White's in St. James Street im Jahre 1693 gegründet und gehört zu den ältesten und bis heute exklusivsten Clubs. Prince Charles ist dort Mitglied und mehrere andere Mitglieder des Königshauses. Als Enklave der Tradition verbleibt White's bis heute streng männlich.

Ebenfalls in St. James's Street finden wir Brooks und Boodles. Beide etablierten sich 1762 und stehen White's, außer in Jahren, in nichts nach. Aber, wie oft in England gilt, je älter, desto ehrwürdiger, und deshalb trägt White's nach wie vor die Krone der alten Clubs.

Zusammen mit dem Carlton Club standen und stehen die bisher Genannten als Heimstätte für die Tories, die Konservativen. Baroness Margaret Thatcher war bis zu ihrem Tod das einzig weibliche volle Ehrenmitglied im Carlton und blieb es, bis der Club im Jahr 2008 seine Pforten für weibliche Mitglieder öffnete.

Wissenschaftler und Literaten formierten sich im renommierten Athenaeum.

Das Athenaeum ist eine ästhetische Augenweide. Es wurde von Decimus Burton entworfen, dem berühmten Landschaftsarchitekten, der bekanntlich auch für die Planung des Hyde Park, für die Gärten in Kew und den Londoner Zoo verantwortlich zeichnete. Als Vorbild für den Athenaeum Club diente Burton das Pantheon in Athen mit seinem Flachrelief-Fries.

Athena, die Göttin der Weisheit, steht hoch erhobenen Hauptes und wachen Blicks über dem Eingang, als ob sie die eintretenden Herren auf ihre Würdigkeit hin prüfen wolle. Seit 2002 prüft sie auch Damen. Der Club gab sich progressiv und ließ die Damenmitgliedschaft zu.

Das Militär trifft sich im Army and Navy Club, manchmal auch The In and Out genannt, oder im Royal Air Force Club, die Schauspieler im Garrick, benannt nach dem führenden Schauspieler der Aufklärung, David Garrick.

Der Traveller's Club an Pall Mall wurde nach den Napoleonischen Kriegen gegründet und machte es seinen Mitgliedern zur Auflage, sich mindestens einmal 500 km weit von London aufgehalten haben zu müssen. Bis heute erhält sich ein Zeremoniell, demzufolge ein Neumitglied, ganz gemäß der Gründungsidee, die Namen von mindestens vier Ländern nennen muss, in denen er sich im Laufe seines Lebens aufgehalten hat.

Der Reform Club, ebenfalls an Pall Mall gelegen, wurde im Anschluss an den Reform Act von 1832 gegründet und öffnete seine Türen im Jahre 1836. Gemäß seiner Tradition war der Club der erste, der 1981 die Mitgliedschaft für Frauen einführte. Allerdings ist es bezeichnend, dass seither lediglich 200 Damen beigetreten sind.

Einst gab Margaret Thatcher im East India Club einen Empfang. Es wird erzählt, ein Besucher sei hierüber erstaunt gewesen: „Ich dachte Frauen sind hier nicht zugelassen?" fragte er ein Mitglied. Dieser antwortete in etwa: „Sie ist der beste Mann, den wir je hatten". Bis heute sind Damen-Mitgliedschaften im East India Club nicht zulässig, es sei denn sie sind „Männer ehrenhalber", wie Maggie Thatcher, Gott hab sie selig.

Für die Aufnahme in einen Club war und ist es nicht ausreichend, wie ein Gentleman auszusehen oder sich wie einer zu benehmen, man muss mindesten einen, oftmals drei, Fürsprecher nachweisen können, die bereits Mitglieder des Clubs sind.

Jeder Club hat strenge Statuten. Im Jahre 2015 warben Mitglieder des Garrick darum, „....die Mitgliedschaft unabhängig von ethnischem Hintergrund, Geschlecht oder Glauben" zuzulassen. Die Abstimmung wurde mit über 50 % zugunsten der

Aufnahme von Frauen gewonnen. Allerdings wäre für eine Statutenänderung eine Zweidrittel Mehrheit notwendig gewesen und somit konnten sich die Antragsteller nicht durchsetzen.

Aber wäre das überhaupt etwas für uns Frauen? Wir würden mit Sicherheit die Atmosphäre der Clubs nachhaltig verändern. Und wären es dann noch Gentlemen's Clubs? Heute können sich die Herren hier ganz sicher fühlen. Sie müssen keine Damen beeindrucken und können ganz sie selbst sein.

Stellvertretend für alle beherzten Damen soll hier behauptet werden, alles möge so bleiben wie es ist. Wir Damen haben doch fürwahr diverse andere Möglichkeiten für unsere Selbstdarstellung. Und in aller Regel kichern wir einfach zu viel. Die heilige Ruhe der Clubs wäre ernsthaft gefährdet. Und das wäre schade!

Und jetzt wird es Zeit für einen Club-Rundgang, für irgendeinen, denn sie ähneln sich alle. Riskieren wir also einen Blick in eine Welt der Tradition, des Stils und der Eleganz.

Ja, es ist ein bisschen elitär, aber das ist ja gerade das Erfrischende. Das Allerschönste ist jedoch: Man kann sich die Mitgliedschaft nicht erkaufen.

Menschen mit viel Geld, auch viel neuem Geld, sind heute leider überall. Sie fahren die größten Autos, wohnen in den schönsten Häusern, sitzen in den besten Restaurants und auf den besten Opernplätzen, sie besetzen die schönsten Plätze der Welt, verwöhnen ihre Kinder und erziehen sie zu fordernden Egoisten. In der Regel sind sie allerdings stillos, und ihre Manieren haben sich fast nie parallel zu ihrem Geldsegen entwickelt. Geld regiert die Welt, leider, aber nicht die englischen Clubs! Geht einem da nicht das Herz auf?

Ich persönlich mag keine Neureichen. Aber ich mag gute Erziehung, gute Manieren, Höflichkeit und Respekt, Stil und Eleganz und freue mich immer, wenn ich sie irgendwo finde. Diese Werte haben oftmals gerade nichts mit Geld zu tun. Einige meiner besten Freunde haben nicht viel Geld, aber sie haben etwas, was mit Geld nicht zu kaufen ist: Herzensbildung und Stil. Ein oder zwei schöne Kleider dazu, und man kommt überall aufs Eleganteste durch.

Aber nun genug der Worte, die Tür öffnet sich, wir betreten - The Club!

Entweder sind Sie Mitglied, dann wird Ihnen der unauffällige Herr an der Tür freundlich zunicken und Sie mit „Guten Tag, Sir. Es ist schön, Sie zu sehen." empfangen. Oder Sie sind Gast, dann kommen Sie nur in Begleitung eines Mitglieds über die Schwelle. Die Position des Türstehers ist eine enorm wichtige. Sie ist unauffällig, aber für das Wohlbefinden aller entscheidend.

Die Augen und Ohren des Empfangspersonals sind äußerst geschult. Sollte sich tatsächlich ein Tourist oder, schlimmer noch, eine Gruppe von Touristen, einmal verirrt haben, sind die Eindringlinge in Sekundenschnelle geortet und aufs höflichste konfrontiert: *"Excuse me, Sir (or Madame), this is a private club."* Manche Eindringlinge sind insistent; ob sie wohl einfach mal ein wenig rumkucken könnten? Hier wird der Ton dann entschieden fester. *"No, that's not possible. Good bye."*

Der Empfangsbereich macht Lust auf mehr. Die Blumenarrangements lassen nichts zu wünschen übrig, sind immer frisch und aufs Trefflichste koordiniert.

Ein *Concierge-Service*, der einem 5 Sterne Hotel in nichts nachsteht, kümmert sich bei Bedarf um Theater- oder Konzertkarten, Tischreservierungen in angesagten Restaurants oder Night Clubs und ist bewährter Ansprechpartner für alle kleineren oder größeren Notlagen seiner Mitglieder.

Im Club gilt strenges Handyverbot. Will man sein Handy benützen, geht man in eine der Telefonboxen in der Eingangshalle. Dort darf man dann sprechen. Sehr zivilisiert. Wie in den guten, alten Zeiten eben.

Links oder rechts vom Eingang befindet sich typischerweise die Bar. Diese ist gut sortiert und lässt keine Wünsche offen. Hier trifft man sich direkt nach Geschäftsschluss auf einen *G&T*, sprich einen *Gin and Tonic*, oder ein Glas Champagner, je nach Laune. Man bezahlt nie bar, alles wird auf das Mitgliedskonto gebucht. Man gibt auch kein Trinkgeld. Das wäre unhöflich. Die Angestellten werden sehr gut bezahlt, besser als sonst bei irgendeinem Kellner Job.

Von der Eingangshalle aus gelangt man in den rückwärtigen

Teil des Clubs, der der Straße abgewandt ist. Dort findet man den Dining-Room, der mit wunderbaren antiken Möbeln einladend herrlichen, alten Glanz versprüht und dessen Fenster und Türen in einen wunderschön angelegten Garten führen. Hier steht tatsächlich die Zeit still. Von dem lauten, hektischen London ist nichts mehr zu spüren, kein Laut dringt hierher. Und doch sind es Luftlinie vielleicht nur 50 Meter? Es ist ruhig, fast gespenstisch ruhig. Wand- und Deckengemälde könnten ebenso in einen Palast des Königshauses passen. Die Farben sind dezent gehalten, blassblaues, cremefarbenes oder mintgrünes Dekor harmonieren von der Wandfarbe bis zu den Vorhängen. Alles ist stimmig. Die Mahagonistühle sind elegant bezogen, die Tischwäsche exquisit. Und wieder muss der Blumenschmuck hervorgehoben werden. Engländer lieben ihre Gärten, und auch die Herren haben ein echtes *Faible* für elegante Arrangements.

Die Bedienung ist persönlich und doch dezent, eine Klasse für sich, hervorragend ausgebildet und geschult im Umgang mit der guten Gesellschaft. Wer hier bedienen darf, hat es in seinem Berufsstand zu etwas gebracht.

Die Speisekarte ist nun eine delikate Kunst für sich. Es gibt zwei unterschiedliche Ausgaben. Beide sind in gediegenes, braunes Leder gekleidet, sehen identisch aus, und für das bloße Auge ist kein Unterschied zu erkennen. Und doch gibt es ihn, und er ist entscheidend: die eine Version der Speisekarte, die der behilfliche Ober dem Gast des Mitglieds reicht, hat keine rechte Spalte, also keine Preisangaben. Nur das Clubmitglied selbst - denn nur er darf eine Rechnung im Club begleichen - bekommt eine Speisekarte mit rechter Spalte. Die Weinkarte wird ohnehin nur dem Mitglied vorgelegt. Die allerwenigsten wissen um die Unterschiedlichkeit der Mappen.

Die Diskretion ist so diskret, dass sie in der Tat nicht bemerkt wird, es sei denn, man steht einem Mitglied ehelich nahe, dann kann man - muss aber nicht - in diese intimsten Abläufe eingeweiht sein.

Der Gast wählt also frei von möglicher Bescheidenheit und es bleibt dem Mitglied überlassen, gedanklich die Ausgaben des Abends zu addieren. In den wenigsten Fällen wird dies jedoch eine

Rolle spielen. Man gibt sich gerne großzügig, und Gastfreundschaft ist dem Engländer wichtig.

Neben dem Dining-Room gibt es den Smoking-Room, in dem heute aber nicht mehr geraucht wird. Hierher zieht man sich nach dem Abendessen zurück.

Diese Tradition hat sich seit dem viktorianischen Zeitalter erhalten. Für den Herrn der Oberschicht war es damals in Mode gekommen, zu rauchen. Man(n) nannte den Tabak ein *"divine weed"*, ein göttliches Unkraut, widmete ihm Oden, manchmal sogar Romane, sammelte Utensilien und trug Smoking-Jackets, eine etwas längere Jacke aus dunkelblauem oder weinrotem Samt, manchmal aus Seide, mit Schalkragen und buntem Futter. Nicht zuletzt Prinz Albert, der deutsche Gemahl von Königin Viktoria, trug dazu bei, das Zigarre-Rauchen als gesellschaftliche Herrendisziplin zu etablieren. Viktoria selbst hasste Zigarrenrauch, und der Prinz rauchte nie in ihrer Gegenwart.

Auch andere Damen der Gesellschaft hatten offensichtlich ein Problem mit dem Tabakrauch, denn um 1870 begann sich in den Country-Houses der britischen Aristokratie eine Demarkation zwischen männlichen und weiblichen Sektionen durchzusetzen. Nach dem Abendessen stand man auf und begab sich in unterschiedliche Zimmer. Die Herren erhielten mit dem Smoking-Room einen echten Rückzugsort, von dem Damen ausgeschlossen waren. Hier konnten sie ihre Zigarre oder Pfeife rauchen, Port trinken und Themen diskutieren, die der Gesellschaft von Damen nicht zuträglich waren. Die Damen ihrerseits hatten ihre Morning-Rooms oder *Boudoirs*, in denen wiederum die Herren des Hauses nicht erwünscht waren.

Der Smoking-Room in unserem Beispielclub ist mit riesigen dunkelgrünen Chesterfield Sofas und Ledersesseln ausgestattet. Eine gut sortierte Auswahl an Tagespresse steht zur Verfügung. Man bestellt seinen Port oder Whiskey und lässt sich mit seiner Zeitung oder einem Buch in eine der vielen Sitzgelegenheiten sinken und den Tag ausklingen. Die Beleuchtung ist diskret und schummrig, und auch hier ist es still. Alles wirkt wunderbar entschleunigend und das seit Jahrhunderten, lange bevor also dieses moderne Adjektiv erfunden wurde. Es kommt deshalb nicht selten vor, dass man in diesen Räumen friedlichen Schlummer in seiner entspanntesten Form beobachten kann.

Oder man begibt sich in den Billiard Room für eine Partie. In unserem Billiard Room, einem niedrigen langgezogenen Raum, gibt es acht Billiard Tische nebeneinander. Niedrighängende Lampen beleuchten die Tische. Es ist, wie überall, auffallend leise. Als Besucher fragt man sich, ob die Mitglieder überhaupt je sprechen. An der Wand stehen die Vitrinen mit den persönlichen Queues der Mitglieder. Kleine Messingplättchen mit deren eingravierten Namen markieren den Queue eindeutig. Die Atmosphäre ist auch hier sehr gediegen.

Vom Billiard Room gelangt man über eine verschwiegene Treppe in den Sportbereich. Jedes Mitglied hat hier seinen eigenen abschließbaren Spind, aus Mahagoni versteht sich. Es gibt drei Squash Courts und Anschlagtafeln erzählen von Clubmeisterschaften und Pokalsiegen. Die polierten Trophäen sind in blitzenden Vitrinen ausgestellt und erzählen ihre eigenen beeindruckenden Geschichten. Die Herren Mitglieder sind offensichtlich keine Couch-Potatoes.

Weiter geht es zum Herzstück des Clubs, einem straffen Olympia-Standard-Pool unter einer formvollendeten Jugendstilkuppel. Hier können die Herren, und manchmal auch die Damen, ganz *entre-eux* ihre Längen ziehen ohne von aufdringlichen oder womöglich ungehobelten Schwimmern anderer Gesinnung - im weitesten Sinne - gestört zu werden.

Des Weiteren stehen den Clubmitgliedern eine gut sortierte Bibliothek mit offenem Kamin und ein Business Center für diskrete Bürotätigkeiten zur Verfügung. In letzteres zieht man sich zurück, wenn man wirklich noch eine geschäftliche Email oder dergleichen zu erledigen hat. Die übrigen Mitglieder wollen selbstverständlich vom Tippen an einem Laptop nicht gestört werden.

Es ist die oberste Pflicht eines jeden Gentleman, stets gut rasiert und frisiert zu sein. Deshalb darf natürlich auch ein Barber im Club nicht fehlen. Meistens findet man ihn im Souterrain des Clubs. Die Schuhputzmaschine und diverse Cremes zum Facelift der geliebten Fußbekleidung sind ebenfalls hier unten anzutreffen.

Für Anlässe jeder Art, von einem Cocktail-Empfang bis zu

einer Dinner-Party, von einer Geschäftskonferenz bis zur aufwendigen Hochzeitsfeier der geliebten Tochter, bietet der Club einen exquisiten Bankettservice an. Aus bis zu acht Räumen, intim bis weitläufig, kann das Mitglied auswählen. Im größten Saal kann es durchaus einen Empfang für bis zu 450 Geladene ausrichten lassen. Soll es ein Dinner-Dance sein, darf man bis zu 160 intime Gäste willkommen heißen. Für mittelgroße Anlässe stehen die nächstkleineren Räume zur Verfügung. Selbstverständlich wird das Mitglied hierfür entsprechend zur Kasse gebeten, aber die persönliche Betreuung und Beratung wird in jedem Fall eine anonymere Örtlichkeit übertreffen und ohne Mühen jedes 5-Sterne Hotel schlagen.

Ist es einmal spät geworden, ist dafür gesorgt, dass der Herr nicht womöglich noch eine anstrengende Heimreise antreten muss. Auch in Fällen einer vorübergehenden ehelichen Disharmonie kann man sich über Nacht im Club verschanzen. Die englische Gattin wird dies meist tolerieren, sie ist ebenfalls so erzogen. Nicht, dass es hierbei zu Romanzen käme, der Herr wird dies seinem Club nicht zumuten. Aber eine kurze Verschnaufpause sei ihm gegönnt. Es stehen elegante Einzel- und Doppelzimmer zur Verfügung, die das Mitglied selbst jederzeit nutzen oder auch für seine Gäste reservieren kann.

Auch für das etwas peinliche Thema des leicht-angeheiterten-Gentleman ist vorgesorgt. In den Untergeschossen von Sauna und Dampfbad gibt es eine Ruhezone mit sehr bequemen Liegen und ebensolchen Decken. Sollte ein Herr einmal einen über den Durst getrunken haben, wird es besser für alle Beteiligten erscheinen, diesen für eine Weile aus dem öffentlichen Club-Verkehr zu ziehen. Eine unkomplizierte Übernachtungsmöglichkeit auf einer dieser Liegen ist die elegante Notlösung. Der Herr berappt hierfür schmerzlose 10 Pfund und bekommt am Morgen ein Bacon Sandwich an sein Lager geliefert. So wahrt der Gentleman sein Gesicht und der Club seine Standards.

Kommen wir nun zu den Dresscode-Rules. Diese sind nicht ohne und von Mitgliedern wie ihren Gästen unbedingt zu verinnerlichen. Schon im Vorspann des Club-Regelwerks kann das Mitglied lesen, dass er dafür Sorge zu tragen hat, die Dresscode-

Vorgaben zu verinnerlichen und zu beachten, um sich selbst und seinen Gästen Peinlichkeiten zu ersparen. Benimmt sich jemand daneben, wird das Mitglied zur Räson gebeten.

Sollte dieser unglückliche Fall eintreten und man von einem Angestellten des Clubs darauf aufmerksam gemacht werden, dass man selbst oder sein Gast gerade gegen Teile des Dresscode verstößt, verpflichtet man sich zur absoluten Höflichkeit und würdevollem Umgang mit dem Rüffel.

Tasten wir uns also weiter vor. Sollten Sie an einem regnerischen Tag den Club erwartungsgemäß im Trenchcoat betreten, muss selbiger unter allen Umständen an der Garderobe im Kellerbereich abgegeben werden. In den Empfangsräumen dürfen keine Mäntel, Hüte, Regenjacken, Schirme und ähnliches gesichtet werden. Auch ein Schal muss mit dem Mantel abgegeben werden.

Gepäckstücke jeder Art müssen ebenfalls in den hierfür vorgesehenen Aufbewahrungsräumen verstaut werden. Keine Rucksäcke bitte – *shocking!* – in unserem Club. Aktentaschen dürfen in das Business Center getragen werden, dort müssen sie aber verbleiben. Handys, Tablets oder Notebooks müssen auf *silent* geschalten werden. Einen Telefonanruf nimmt man ausschließlich in den hierfür vorgesehenen Telefonboxen entgegen. Laptops dürfen nur im Business Center verwendet werden. Soweit zu den General-Rules. Bis hierher war es einfach.

Die Dresscode-Regeln: Man unterscheidet zwischen Wochenende und Wochentagen. Das Wochenende wird eigens definiert und beginnt am Freitag um 05:00 p.m. und endet am Montag um 11:00 a.m.

Für Wochenende und Wochentage gibt es jeweils drei unterschiedliche Dresscodes für die unterschiedlichen Räumlichkeiten des Clubs: *Smart, Smart Casual* und *Casual.* Diesen formellen Abstufungen entsprechen die Farben Rot für *Smart*, Blau für *Smart Casual* und Grün für *Casual.*

Nun benötigt man nur noch die zwei Lagekarten des Clubs, eine für Wochentage, eine für Wochenende, und schon erkennt man, dass alle Räume gemäß der obigen Einteilung farblich markiert sind. Wenn Sie also wissen wollen, ob Sie zum

Abendessen im Dining-Room eine Krawatte benötigen, genügt ein Blick auf den Kalender. Stellen Sie sich diese Frage an einem Wochentag, befragen Sie nun die Wochentags-Karte und stellen fest, sie benötigen auf alle Fälle eine, da der Dining- Room in Rot unterlegt ist. Wollen Sie auch an einem Freitagabend im Dining-Room zu Abend essen, benötigen Sie im Übrigen auch eine. Auch auf der Wochenend-Karte ist der gute Dining-Room rot. Wir lernen: Dining ist immer formell! Außer im Juni, Juli und August: in den Sommermonaten macht die Förmlichkeit Sommerpause! *"No Ties!"* Kein Krawattenzwang, selbst im Dining-Room! Ansonsten sind aber die Räumlichkeiten am Wochenende eher Casual ausgelegt und Sie dürfen schon einmal ohne Krawatte in die Library. Die Dresscode Kategorien sind exakt definiert:

Smart: Herren: Sakko, Anzug oder Sportsakko
Krawatte
Hemd mit Kragen und durchgängiger Knopfleiste, in die Hose gesteckt
Hose, Anzughose oder Cordhose, im Sommer Chino-Hosen, Immer: Socken!
Damen: Kleid, Rock mit Bluse, Hosenanzug

Smart Casual: Herren: s.o., ohne Krawatte
Damen: s.o.

Casual: Herren: s.o., ohne Sakko, ohne Krawatte
Pullover über einem Hemd ist zulässig
Damen: interessanterweise heißt es hierzu, Damen sollten sich stets mit der nötigen Formalität kleiden. Man kann hier zwischen den Zeilen lesen, dass Jumpsuits oder Hot Pants nicht gut ankommen würden.

Ein wenig dekadent? Ein bisschen. Aber in Zeiten, in denen wir auch an Opernabenden und zu Silvester neben T-Shirt Trägern sitzen müssen, in denen sich in einem guten Steakhouse der Mann vom Nebentisch mit dem Steakmesser am Kopf kratzt, und unsere

Jugend manchmal aus dem schwarzen Hoodie-Look nicht mehr herausfindet, ist es für manchen ein Trostpflaster, wenn irgendwo von irgendwem, und sei es ein Überbleibsel aus besserer Zeit, gute Manieren - und dazu gehört eben der Dresscode - noch aufrecht erhalten werden.

An einem runden Geburtstag lud uns der Lieblingsengländer in ein österreichisches Lokal nach München ein, dem wir seit langen Jahren verbunden waren. Um den Abend ein wenig besonders zu machen, und weil wir uns auch schon einmal gerne schick anziehen, gaben wir den Dresscode *Black-Tie* aus. Die anderen drei geladenen Paare - Engländer natürlich - machten gerne mit, und so zogen wir in unserer Eleganz an einem lauen Sommerabend beim Steiermärker ein. Wir hatten einen herrlichen Abend. Das Menü war elegant und leicht, die Unterhaltung floss fröhlich dahin, alles war perfekt. Später setzte sich der Besitzer noch zu uns. Er war begeistert. „Wenn hierfür auch Engländer einfliegen müssen", schmunzelte er, „wie schön, dass es so etwas noch gibt. Der Koch war extra beflügelt für so eine elegante Gesellschaft zu kochen." Ist das nicht schön? Dekadenz hin oder her, Manieren und Stil sind zeitlos und haben immer ihren Platz in der Gesellschaft. Und wir vergessen oft, dass nicht der Träger beeindrucken und sich selbst in den Vordergrund rücken will, vielmehr erweist er dem Anlass, seinen Gästen und dem Ort die Ehre. Gegrüßt seien an dieser Stelle alle Österreicher. Auch hier verpflichtet die Tradition.

Aber zurück zu unserem Club. Wir sind nämlich lange noch nicht soweit, uns hier sicher fühlen zu können und einer Ermahnung zu entgehen. Wir haben noch nicht die sogenannten *Banned Items* besprochen; Gegenstände also, die man unter gar keinen Umständen tragen oder mit sich führen darf.

An erster Stelle rangieren hier Blue Jeans. Egal in welcher Form: *No!* Egal ob Jacke, Hose, Rock oder Hemd. Ausnahme: Man befindet sich auf direktem Weg zum Sportbereich. Aber wehe, man wiche von der Transit-Route ab. Die Selbstschussanlagen sind versteckt, aber sie funktionieren zuverlässig.

Ebenso sind verboten: Flip-Flops, Birkenstock ähnliche Sandalen (ernsthaft), Turnschuhe (egal wie teuer), Wanderschuhe oder Uggs. Hoodies sind ebenso wenig erlaubt wie Mützen oder Baseball Caps. Hüte aller Art, auch für Damen, sind sowieso nicht gestattet.

Durchsichtige Kleidung, halterlose Oberteile oder ausgeschnittenes Dekolleté sind tabu. Für den Fall, dass eine Dame hier unterwiesen werden müsste, stehen weibliche Angestellte zur Verfügung. Herrlich!

Exponierte Bauchfreiheit ist bei Herren wie Damen ein absolutes Tabu, Cargohosen und ähnliches sind ebenfalls strengstens verboten.

Nachdem wir nun das natürliche Habitat unseres Gentleman, seinen Club, kennengelernt haben, dürfen wir uns nun dem Exemplar an und für sich zuwenden. Fragen über Fragen türmen sich vor uns auf: Was macht eigentlich einen Gentleman aus? Ist man Gentleman von Geburt an oder kann man lernen, einer zu sein? Was trägt ein Gentleman oft und was überhaupt nie? Spricht ein Gentleman gerne und wenn schon, worüber? Worüber schweigt er? Welches Haustier hat ein Gentleman? Und - für uns Damen anderer Nation von entscheidender Wichtigkeit - gibt es Gentlemen außerhalb Englands?

Bei meinen Recherchen für dieses Kapitel habe ich mich in erster Linie auf den Lieblingsengländer gestützt. Dieser ist zum einen offen bekennender Vertreter der Gattung Gentleman und wird darüber hinaus auch von unbeteiligten Dritten als würdiger Prototyp eines solchen empfunden. Aus Gründen der Objektivität, aus empirischen Gesichtspunkten und zugunsten einer möglichst breiten Definitionsfindung wurden zur Beantwortung unseres Fragenkatalogs jedoch auch Quellen wie Country Life, die Serie "Jeeves and Wooster", Modejournale und Herrenausstatter bis hin zu Meinungen von David Beckham-Fanclubs herangezogen, die ihr Idol ihrerseits als den perfekten Gentleman ansehen.

Hoffentlich löse ich keinen Aufschrei aus, wenn ich Ihnen mitteile, dass es die Kleidung alleine nicht macht. David Beckham ist immer perfekt gekleidet. Ist er deshalb auch ein Gentleman?

Historisch betrachtet waren die Anforderungen an einen Gentleman zum einen seine Herkunft, zum anderen oftmals seine Tapferkeit und seine militärischen Auszeichnungen. Darüber hinaus musste er sich elegant bewegen können und sich, besonders in Gesellschaft von Damen, von angenehmer Erscheinung zeigen.

Die Zeiten haben sich geändert. Im 21. Jahrhundert sind Klasse und Herkunft nicht mehr so entscheidend, auch nicht die militärische Vergangenheit. Mehr und mehr geht es darum, wie Man(n) sich benimmt.

Man fühlt sich wohl in Gegenwart eines Gentleman. Zum einen ist er immer pünktlich und plant seine Vorbereitungszeit inklusive Anfahrt etc. peinlich genau, fast generalstabsmäßig, um dieses oberste Ziel stets einhalten zu können. Nie würde er einen Gastgeber warten lassen.

Seine Uhr, der einzige Schmuck des Gentleman, ist ihm sein zuverlässigster Begleiter.

In der Unterhaltung mit einem Gentleman gibt es nur Gewinner. Ein würdiger Vertreter seines Stammes fühlt sich selbst in den allermeisten Situationen wohl und überträgt diese Grundhaltung auf sein Gegenüber. Er wird immer bemüht sein, dass sich sein Gesprächspartner auch wohl fühlt. Zudem wird er stets mehr daran interessiert sein, zuzuhören und etwas über seinen Gesprächspartner zu erfahren, als von sich zu erzählen. Wie oft wird diese einfache Benimmregel übersehen? Wie oft sitzen wir innerlich verzweifelt in einer Runde, in der unser Nachbar vor allem von sich selbst, oder noch schlimmer, von seinen Kindern, erzählt. Sein Auto, sein Job, sein letzter Urlaub, seine Errungenschaften – wie langweilig!

Noch einmal muss der bereits zitierte Film „Indiskret" herangezogen werden, der als Parade Studie des britischen Dialogs einfach so brillant ist. Am Anfang unterhalten sich die beiden Schwestern über Männer. Anna (Ingrid Bergmann) ist überraschend frühzeitig von einer Reise nach Mallorca zurück. Ihre Schwester, Mrs. Manson, fragt sie nach dem Grund.

Mrs. Manson: „Was ist aus dem Colonel geworden, von dem Du mir geschrieben hast? Der, der wie eine griechische Statue aussah?"

Anna: „Er redete wie eine griechische Statue. Ich glaube, er kannte nicht mehr als ein Dutzend

	Worte, „Scotch" und „Soda" und noch einige wenige mehr."
Mrs. Manson:	„Du warst beeindruckt, als Du ihn kennengelernt hast"
Anna:	„Da hatte ich das Dutzend Worte noch nicht gehört."
Mrs. Manson:	„Ich weiß nicht, was Du von einem Mann erwartest. Es gibt Grenzen, wie unterhaltsam sie sein können, verstehst Du?"
Anna:	„Sie sollten nur ein wenig sprechen können. Einfache Sätze."

Ein Gentleman isst oft einfache Dinge am liebsten. Ein gutes Omelett oder ein guter *Shepherd's Pie, delicious*! Er muss sich und anderen nichts beweisen. Wenn er einmal in einem Sterne-Lokal landet, so wird er die Erfahrung schätzen, aber er wird hiervon niemandem erzählen. Kulinarische oder anderweitige Prahlerei? Nicht für unseren Gentleman. Über Geld und seine Derivate spricht man nicht.

Wie oft geben Sie jemandem die Hand und wundern sich, ob das Dargebotene tatsächlich eine Extremität oder ein Schwamm war? Wobei der Schwamm durchaus auch trocken sein kann. Ist er feucht, so ist der Eindruck natürlich noch unangenehmer. Ein kräftiger Händedruck ist selten geworden. Er zeugt von Stärke, Selbstsicherheit, und der so Grüßende ist sich nicht zu schade, einen Eindruck zu hinterlassen.

Britische Väter unterweisen ihre Söhne von klein auf in der hohen Kunst des festen Händedrucks. Auch unsere Söhne lernten vom Lieblingsengländer den unerlässlichen *firm handshake* und den dazugehörigen Augenkontakt. Es gibt hier keine Wahl. Manche Dinge sind unverrückbar und Väter zerquetschen die Kinderhand lieber, als sie zu zart zu drücken. Dies gilt für die eigenen Sprösslinge ebenso wie für deren Freunde. Da alle Väter hier an einem Strang ziehen, geht der Kelch reihum.

Ich erinnere mich, dass unsere Söhne die Väter ihrer Freunde ähnlich der Auswahl im Steakhouse in Handschlag-Kategorien *rare, medium-rare* und *medium* einteilten. Schon *medium* war äußerst selten, *well-done* Väter gab es nicht. Der Vater von Cameron Brown hingegen war als besonders *rare* gefürchtet. Bei Einladungen in seinem Haus konnte man Gefahr laufen, nach der Begrüßung seine Gabel nicht mehr zum Mund führen zu können.

Als wir uns entschieden hatten, nach Bayern zurückzukehren, besuchten wir als erstes in den Osterferien das künftige Gymnasium unseres Sohnes. Ein armer Biologielehrer war dazu verdonnert worden, stundenweise in den Ferien zur Verfügung zu stehen. In unserem Fall war besprochen, dass er einige Bücher für unseren Sohn bereithalten würde. Es ging also lediglich um einen kurzen Termin und die Übergabe. Der Biologielehrer war sehr nett, sein Händedruck allerdings war *very well done*, um bei obiger Analogie zu bleiben. Beim Verlassen des Schulhofes sagte unser 13-jähriger: „Ganz nett der Typ, *but boy, what a handshake!*" Sein Vater war begeistert. Sein Training hatte gefruchtet.

Auf einem Wirtschaftsempfang letztens habe ich auch viele Hände geschüttelt. Deren Besitzer habe ich alle sofort wieder vergessen. Bis auf einen: der Bürgermeister eines kleinen Dorfs hier im Bayerischen und an besagtem Abend Preisträger für ein Qualitätssiegel hat mir die Hand so kräftig gereicht, dass mein Weinglas in der anderen kurz verdächtig ins Schwappen geriet. Wie erfrischend! Spontan tat ich auch meine Begeisterung kund: „So ein schöner kräftiger Händedruck" lachte ich ihn an. „Alles andere wäre eine Beleidigung", so der engagierte Bürgermeister. Ein echter bayerischer Gentleman!

Leider bot sich nicht die Gelegenheit, den Bürgermeister auf seine Schuhe hin zu untersuchen. Das Schuhwerk entscheidet, wie sonst fast kein anderes Kleidungsstück, über Gedeih und Verderb, über Spreu oder Weizen, über die Originalausgabe oder „Möchtegern"-Gentleman.

Die Schuhe müssen teuer, also bei Crockett and Jones, Fine Shoe Makers since 1879, gekauft, sein, rahmengenäht und gepflegt. Der Schuh ist für den englischen Gentleman das, was ihr Gesicht für die Dame ist. Er wird aufwendig poliert, gepflegt und manchmal teilerneuert. Keine Kosten oder Mühen werden gescheut. Meine stylische Freundin Innes verriet mir vor vielen Jahren, sie schaue bei einem Herrn immer zuerst auf seine Schuhe.

Das war nun nichts Neues. Ich tat das Gleiche. Innes sah mich jedoch prüfend an. Wirklich entscheidend sei die Rückseite der Schuhe, jeder könne schließlich die Vorderseite der Schuhe polieren. Und in der Tat ertappt man Herren ja gelegentlich dabei, wie sie die Vorderseite ihrer Schuhe am hinteren Hosenbein kurz abreiben. Eine unsägliche Verfehlung. Wie gepflegt die Rückseite sei, sei jedoch ausschlaggebend dafür, aus welchem Holz der Herr nun wirklich geschnitzt sei, so Innes. Seit diesem Rat aus berufener Quelle ging auch ich dazu über, die jeweilige Rückseite des infrage kommenden Herren insbesondere auf sein Schuhwerk hin zu prüfen. Erstaunlich, welche ernüchternden Ergebnisse hier zu Tage gefördert wurden. Man muss nun als Dame die Schlussfolgerung ziehen, dass ein Herr, der nicht in der Lage ist, für die Rückseite seiner Schuhe zu sorgen, dies auch für uns nicht tun wird. Wollen Sie dies wirklich dem Zufall überlassen?

Zu seinen Schuhen trägt der englische Gentleman gerne Maß. Für Anzüge, die ihm auf den Leib geschnitten sind, gibt es die schönen englischen Adjektive *Bespoke* und *Made-to-Measure*, kurz *MTM*. Aber was ist der Unterschied und gibt es überhaupt einen?

In der Tat gibt es in London eine schöne Straße in Mayfair, die Savile Row, die hier entscheidend mitzureden hat. In der Savile Row sitzen die führenden Schneiderhäuser Londons, die ihre Tradition und Kunst über 500 Jahre zurückverfolgen können. Hier ließen bereits der Herzog von Wellington, Winston Churchill und Fred Astaire schneidern und seit ihnen tun unzählige Celebrities es ihnen nach. Ein Anzug aus der Savile Row steht für die beste Schneiderei weltweit und ist der Inbegriff für unübertroffene Qualität, maskuline Eleganz und diskrete Tradition. Für einen Maßanzug dieser Kategorie darf man schon locker von 3000 Pfund aufwärts hinblättern. Die *Savile Row Bespoke Organisation*, eine Interessensvereinigung von Schneiderhäusern für den Schutz und die Pflege ihrer traditionsreichen Kunst, gibt enge Definitionen für einen *Savile Row Bespoke*-Anzug vor.

So muss der Anzug in oder in unmittelbarer Nähe der Savile Row gemäß den spezifischen Maßangaben des Kunden geschneidert worden sein.

Ein fantastischer Prozess großer Handwerkskunst hat dieses Prachtstück entstehen lassen. Dreißig verschiedene Körperzonen des Gentleman wurden vermessen und hiernach zunächst ein Papierschnitt – nur für ihn - angefertigt. Nach diesem Muster wurde der ausgewählte Stoff, der seinerseits vom Feinsten ist, von Hand zugeschnitten und von hoch ausgebildeten einzelnen Schneidermeistern ihres jeweiligen Fachs vollendet.

Ein Schneiderlehrling absolviert eine Ausbildung von vier bis sechs Jahren, nach denen er sich lediglich in einem der vielen Spezialgebiete, z.B. dem Papierschnitt, qualifiziert hat. Die Ausbildung zu einem Jackenschneider dauert zwischen drei und fünf Jahren. Die Anzughose wird von einem Schneider gefertigt, der drei Jahre Lehrzeit hinter sich hat. An einem einzigen Anzug haben also mehrere Spezialisten entscheidende Hand angelegt. 50 Handarbeitsstunden, mindestens drei Anproben und insgesamt typischerweise drei Monate Zeit sind vergangen, bevor der Gentleman in seinen neuen Anzug steigen und die Dame seiner Wahl ausführen kann.

Einige der hier vertretenen Häuser können ihre Ursprünge bis in das 17. Jahrhundert zurückverfolgen. Die Schneidergilde siedelte sich in der Savile Row sogar schon um 1630 an, noch bevor diese ihren heutigen Namen trug.

Henry Poole, z.B. kann seine Aufzeichnungen bis 1806 datieren und kleidete nachweislich mehrere hochrangige Offiziere, die in der Schlacht von Waterloo kämpften. Norton and Sons kann seine Gründung auf das Jahr 1821 zurückverfolgen und Gieves and Hawkes auf 1771, um nur einige zu nennen.

Die altehrwürdige Gilde der Savile Row hat lange versucht, den Begriff *Bespoke* ähnlich z.B. dem Begriff *Champagner* patentrechtlich schützen zu lassen, leider vergeblich.

Man kann ein solches Anliegen allerdings aus Qualitätsgesichtspunkten nachvollziehen, umso mehr als sich auch in London eine neue Schneiderriege angesiedelt hat, die vielfach in Asien produzieren lässt und dem Herren einen Maßanzug bietet, ohne dass dieser hierfür Haus und Hof verpfänden muss. Ein Budget-Maßanzug, sozusagen, für den kleineren, aber durchaus anspruchsvollen Geldbeutel. Ein solcher Anzug mag durchaus attraktiv sein und seinem Träger auch viel Freude machen, er erfüllt allerdings nicht immer die Vorgaben der engen Savile Row-Definition und wird daher lediglich als *Made-to-Measure* bezeichnet.

Der Lieblingsengländer ist der Meinung, dass selbstverständlich das geübte Auge eines Gentlemans oder einer entsprechenden Lady den Unterschied sowieso auf 100 Meter erkennt.

Es gilt die goldene Regel: Sobald den Anzug eine Maschine geschnitten oder genäht hat, ja nur aus der Ferne gesehen hat, muss sich dieser mit *Made-to-Measure* zufriedengeben. So weit ist alles mehr als klar.

Wenn nun aber der Herr Schneidermeister zwar mit seinen Händen, aber nicht in der Savile Row, sondern in einer Schneiderei in Hong Kong oder Nepal schneidet und näht, wird es mit der Hochnäsigkeit schon schwieriger. Ein solcher Anzug, der um die 500 Pfund kostet, kann durchaus als *Bespoke* gelten, wenn er auch vielleicht nicht den allerhöchsten Weihen genügt.

Und, um es richtig kompliziert zu machen: Es gibt auch noch ein Mittelmaß, im wahrsten Sinne des Wortes, nämlich Schneider, die zwar in London, aber außerhalb der Savile Row ihre Werkstätten haben, nach Londoner Gepflogenheiten zu schneidern verstehen, und hierfür zwischen 1000 und 1500 Pfund verlangen.

Neben der Savile Row gibt es ein weiteres Muss für den Einkaufsbummel unseres Versuchsexemplars: die Jermyn Street.

Nördlich von St. James's Square verläuft sie parallel zu Picadilly und beheimatet die Hemdenhersteller der Hauptstadt. Die Vielzahl der Hemden in allen Farben, Gattungen und jedem Anlass entsprechend ist überwältigend. Selbstverständlich wird auch hier maßgeschneidert und ein Maßhemd ist für etwa 150 Pfund zu erstehen. Die Auswahl an Größen und Schnitten ist allerdings so fantastisch, dass man durchaus auch mit einem Hemd von der Stange durchkommt. Der Lieblingsengländer z.B. kauft bei Hilditch and Key auch „nur" von der Stange.

Auf unserem Spaziergang die Jermyn Street entlang treffen wir auf die Statue von George Bryan Brummell, kurz Beau Brummell genannt. Brummell lebte von 1778 bis 1840 und gilt als der erste Dandy. Überlieferungen zufolge benötigte er fünf Stunden, um sich anzukleiden und seine Wahl eleganter Hosen mit längerem Sakko gilt als der Prototyp des modernen Herrenanzugs. Der gute Beau war mit dem späteren König George IV. eng befreundet und ging als Stilikone in die englische Geschichte ein. Seine Extravaganzen und persönliche Vorlieben, wie z.B. seine Stiefel mit Champagner zu polieren, brachten ihm jedoch persönlich kein dauerhaftes Glück. Er verstarb mittellos im französischen Exil. Als Standbild für den eleganten Herrn von heute kann er aber durchaus noch herhalten, und so empfinden wir ihn in Jermyn Street wohl platziert.

Nach diesem Bummel finden wir den Herrn gut bestückt mit Hemden, Schuhen von Church's oder Crockett, einem Hut von Bates, einer Rasiercreme von Taylor's und eventuell einem Stück Käse von Paxton and Whitfield.

Ein echter Gentleman muss außerdem regelmäßig, also ungefähr alle 25 Jahre, zu Harvie and Hudson zurückkehren, um sich einen neuen Couvert Coat (gesprochen: Cover Coat) zuzulegen.

Noch ein kurzes, aber wichtiges Wort zu modischen Accessoires, wie zum Beispiel den bei uns recht beliebten Schals anstelle Krawatten: "*No!*" Das überlassen die britischen Herren gerne den feurigen Südländern.

Abschließend zu dem Unterkapitel Kleidung muss man vielleicht noch erwähnen, dass ein Gentleman seine Fliege zum Smoking stets selbst bindet. Keine Abkürzungen, meine Herren!

War es dies an Zutaten für einen Gentleman? Erfreulicherweise nein, sonst könnte sich ja tatsächlich der David Beckham-Fanclub noch Chancen ausrechnen.

Kommen wir deshalb nun zu den inneren Qualitäten eines Gentlemans. Kein noch so gepflegtes Äußeres kann über die Absenz der notwendigen, inneren *Must-Haves* hinwegtäuschen.

Auf einen Gentleman ist Verlass. "*A Gentleman's word is his bond*", so die Redewendung. Es gibt keinen markanteren Beweis für einen Anti-Gentleman, als wenn er zum Beispiel zu einer Verabredung, zu der er sich verpflichtet hat, zu spät kommt oder gar nicht erscheint.

Die beliebte Ausrede *"something came up"* existiert im Wortschatz des Gentlemans nicht. Bei ihm kommt eben nichts dazwischen. Nicht einmal das Angebot, mit der Reinkarnation von Lord Wellington eine Tasse Tee trinken zu dürfen, hielte einen wahren Gentleman davon ab, ein einmal gegebenes Versprechen zu brechen. Auch das vage *"maybe"* hören Sie von einem Gentleman selten, wenn überhaupt. Wenn Sie, verehrte Herren, also den Härtetest im Wettbewerb um den Top Gentleman gewinnen wollen und zu einer Party eingeladen werden, sagen Sie nicht zu, nur um dann nicht zu erscheinen und sagen Sie nicht *"maybe"*, wenn Sie bereits wissen, Sie haben keine Lust.

Ein klares *"No problem!"* auf alle möglichen Fragen ist hingegen eines echten Gentleman würdig. Es vermittelt Zuversichtlichkeit und Verlässlichkeit.

Zu den Fragen der Etikette gehört z.B. die kuriose Tatsache, dass ein Gentleman grundsätzlich nichts von *a fuss* hält. So kann man ihm z.B. in einem Restaurant verkochte Muscheln, wässrige Pasta oder beinharte Pasteten vorsetzen. Er wird sich sehr wohl der Mittelmäßigkeit seines Mahls bewusst sein, er wird für sich entschieden haben, dieses Lokal nicht mehr zu frequentieren, vielleicht, ja vielleicht sogar hadert er mit sich und nähert sich fast einer Beschwerde, aber eben nur fast. In neun von zehn Fällen wird er dennoch auf die Frage des Kellners, ob alles recht gewesen sei, mit *"Yes, fine, thank you"* antworten. Alles andere erschiene ihm überzogen. Nichts will er weniger als *to cause a fuss*. Er will keine Szene machen. Seine ihm in der gemeinsamen Sprache nahestehenden Kollegen aus den Vereinigten Staaten oder Canada, selbst Australien, werden sich nicht scheuen, in einer ähnlichen Situation, den Restaurantmanager zur Schnecke zu machen. Nicht so der Brite. Niemand kann genau erklären warum, aber so sind sie halt, liebenswert und zurückhaltend. Manchmal ein wenig zu sehr, so scheint es. Bitte liebe Restaurantbesitzer, denkt an den britischen Herren in der Ecke und kocht die Pasta ein wenig kürzer. Er hat es verdient.

Der Ritter in der glänzenden Rüstung – unser Gentleman fühlt sich seinem mittelalterlichen Vorbild bis heute durchaus verbunden. Obwohl die Regeln der Ritterlichkeit in unserer modernen Zeit vielfach als Gipfel sexistischen Patriarchats beklagt werden, so kenne ich wenige Damen, die - nur aus Protest gegen männliche Vorherrschaften - lieber eine Tür ins Gesicht anstelle diese von einem galanten Herrn aufgehalten bekämen. Selbst die überzeugteste Feministin oder der radikale politische Linke könnte vielleicht belehrt werden, würde man ihnen erklären, dass der Gentleman durch sein Festhalten an den Regeln der Ritterlichkeit nicht etwa die Klassengesellschaft verewigen will, sondern sich damit durchaus allen Schichten der Bevölkerung unabhängig von Geschlecht, Rasse oder Religion gleichermaßen verpflichtet fühlt. Unser moderner Ritter widersetzt sich entschlossen dem globalen Trend zur Unhöflichkeit, dem Egoismus und unverhohlener Rohheit. Er wird noch in 100 Jahren seinen Platz in der U-Bahn einem älteren Fahrgast, einer Schwangeren oder einem Kind überlassen, egal ob es hierfür eine EU-Norm gibt oder nicht. Mehr als alles andere schätzt er Höflichkeit und lässt sich gerne daran messen.

Paula Lester, Features Editor beim Magazin Country Life, ließ vor einigen Jahren eine Liste von 39 Zutaten erstellen, die für den modernen Gentleman unabdingbar sind. Ihrer Meinung nach ist die Fähigkeit, sich in die Bedürfnisse und Gefühle anderer hineinversetzen zu können, über Jahrhunderte hinweg das herausragende Charakteristikum eines Gentleman geblieben. In einem Interview sagte sie damals folgendes:

„Vieles hat sich über die Jahre geändert, aber der Punkt, den wir hervorheben müssen ist der, dass ein großer Teil des Gentleman-Seins darin besteht, einen Schritt zurücktreten und sich um Menschen kümmern zu können" und „Wenn ich einen Ratschlag für einen angehenden Gentleman hätte, dann den, so freundlich und hilfsbereit wie möglich zu sein." (Quelle 51)

Laut Country Life sind es exakt 39 Schritte, die aus einem Herren einen Gentleman machen. Hier sind sie:

1. Findet sich an Flughäfen gut zurecht
2. Haut nie jemandem die Tür in die Nase
3. Kann sowohl einen Hund wie auch eine Rose trainieren
4. Ist sich bewusst, dass Gesichtshaar vorübergehend, ein

Tattoo aber ewig ist
5. Versteht, wann man am besten nichts sagt
6. Hält mit seiner Bildung zurück
7. Besitzt mindestens einen guten dunklen Anzug, einen Tweed Anzug und einen Smoking
8. Meidet lila Socken und poliert seine Schuhe
9. Schaltet sein Handy auf stumm während des Essens
10. Hilft Gästen mit ihrem Gepäck
11. Gibt Angestellten in Privathaushalten Trinkgeld, ebenso dem Jagdmeister
12. Sagt seinen Namen, wenn er jemandem vorgestellt wird
13. Beendet eine Beziehung von Angesicht zu Angesicht
14. Hat keine Angst, die Wahrheit zu sagen
15. Weiß, wann man in der Oper klatscht
16. Kommt zu einem Termin stets fünf Minuten vor der Zeit
17. Kommt gut mit Obern klar
18. Kennt zwei Tricks, Kinder zu unterhalten
19. Kann einen BH mit einer Hand öffnen
20. Singt mit Bravour in der Kirche
21. Ist kein Vegetarier
22. Kann segeln und reiten
23. Kennt den Unterschied zwischen Glenfiddich und Glenda Jackson
24. Ist diskret, was Beziehungen anbelangt
25. Bereitet ein mörderisch gutes Omelett zu
26. Kann mit einem Streichholz ein Lagerfeuer entzünden
27. Sucht den Kontakt zu seiner Gastgeberin auf Partys
28. Weiß, wann er Emojis einsetzen muss
29. Würde niemals einen Chihuahua sein Eigen nennen
30. Hat „Stolz und Vorurteil" gelesen
31. Kann seine eigene Fliege binden
32. Würde nicht nach Puerto Rico reisen
33. Kennt den Unterschied zwischen einem Raben und einer Krähe
34. Sandalen? Niemals
35. Trägt eine Rose, keine Nelke
36. Patscht Fliegen und rettet Spinnen

37. Demonstriert, dass Liebe-Machen weder Wettrennen noch Wettstreit bedeutet
38. Föhnt sein Haar nicht
39. Versteht, dass es für jede Regel eine Ausnahme gibt

(Quelle 52)

Der Gentleman macht selten Fehler, zumindest Schnellschüsse aus der Hüfte sind ihm fremd. Sollte ihm dennoch einmal ein *Faux-Pas* unterlaufen oder er bei einer Dummheit – kaum vorstellbar - erwischt worden sein, so wird er niemals versuchen, die Angelegenheit zu vertuschen.

"If you make a mistake, you own up", mit dieser Vorgabe erziehen englische Gentlemen ihre Söhne seit alters Gedenken. Wenn man einen Fehler macht, gibt man ihn zu, unumwunden, ehrlich und gerade heraus. Im Übrigen tut man dies auch hoch erhobenen Hauptes, denn man hat nichts zu verbergen. Jeder halbwegs gebildete Zeitgenosse wird einem hierfür Respekt zollen. Ein Gentleman vertuscht nicht, beschönigt nicht und lügt nicht.

Wenn wir diese innerste Seelenwahrheit der Briten verstehen, werden wir uns vielleicht an die famose Aussage eines führenden EU-Politikers anlässlich der Griechenland-Krise im Jahr 2011 erinnern: „Wenn es ernst wird, muss man lügen."

Den Herren auf der Insel dürften hierbei wohl die gepflegten Ohren geklingelt haben. Solch eklatante Gräben zwischen Kulturen müssen zwangsläufig zu Scheidungsallüren führen. Ich vermute, der Herr hat damals den Grundstein für Brexit gelegt. Wen wundert's?

Für den Fall, dass der englische Gent sich für ein Haustier entscheiden sollte, so kommt laut Umfragen des Country Life-Magazins nur einer in Frage: der Hund und hier wiederum auch nur der Labrador.

Damen, die mit einer Katze liebäugeln, können nicht zeitgleich eine solche und einen Gentleman ihr Eigen nennen. Warum dies angeblich so ist, haben wir nicht eindeutig nachweisen können. Vielleicht mögen die Herren den treu ergebenen, zu ihren Füssen liegenden, selbstverständlich bestens erzogenen „Labby" deshalb lieber, weil er ihnen das Gefühl gibt, sie säßen immer noch auf ihrem Castle.

Unser großes Vorbild, Lord Grantham, Herr über "Downton Abbey", hat schließlich auch seine Isis und auch, als diese das Zeitliche segnet, kommt wiederum nur ein Labrador-Welpe als würdiger Nachfolger in Frage.

Der Labrador versinnbildlicht den perfekten Begleiter des Lords. Er trottet an seiner Seite die Treppe herunter, liegt an seiner Seite in der hauseigenen Bibliothek, und begleitet ihn, an seinem Hosenbein klebend, auf seinen Spaziergängen über seine Ländereien. Mein Lieblingsengländer hat hier die eindeutig falsche Wahl getroffen. Der Irish-Setter, der unser *Home* besiedelt, geht nie an unserer Seite oder liegt uns zu Füssen. Meistens jagt er die Eichhörnchen im ganzen Bezirk, Katzen oder, seit die Nachbarskinder sich unvorsichtigerweise Zwergkaninchen zugelegt haben, Langohren in jeglicher Form. Mein Abendgebet schließt täglich mit den Worten: „Und bitte mach, dass die Nachbarn die Käfig-Tür nie unverschlossen lassen. Amen".

Verbleibt nun zum Abschluss noch die Frage, ob es auch einen Gentleman nicht britischer Nation geben kann? Hier gehen die Meinungen auseinander. Nach reiflicher Überlegung und intensiven Fahndungsversuchen komme ich ganz persönlich zu dem optimistischen Schluss, dass man einen Gentleman überall finden kann.

Allerdings ist er die Stecknadel im Heuhaufen, das Gold-Nugget im Klondike River am Ende des Goldrausches, das vierblättrige Kleeblatt auf einer Almwiese oder der Sechs-er im Lotto. Die Wahrscheinlichkeit, ein Kartenspiel so zu mischen, dass es in der richtigen Reihenfolge zu liegen kommt, wurde von Mathematikern mit 10 hoch 68 berechnet. Ungefähr so groß ist die Wahrscheinlichkeit, einen Gentleman zu treffen, der die 39 Kriterien von Country Life und unsere eigenen in allen Punkten erfüllt. Sicher ist aber, es gibt viele Aspiranten, die auf einem ganz passablen Weg sind. Viele sind recht gut gekleidet oder können sich erfreulich benehmen. Viele andere wiederum besitzen einen Labrador oder knoten sich ihre Fliege selbst.

Aber ich versichere Ihnen - frei nach Emmanuel Geibel - der

Gentleman ist wie das Glück, „ein flüchtig' Ding". Und wenn Sie denken, Sie haben einen an der Angel, trägt er garantiert lilafarbene Socken....

Kapitel 16

Die Firma – eine Monarchie "well done"

Keine Angst, Sie werden in diesem Kapitel nichts erfahren, was Sie nicht bereits und besser aus Gala, der Bunten oder den unzähligen anderen mehr oder weniger anspruchsvollen Publikationen zum englischen Königshaus kennen.

Gerade wir Deutsche, so scheint es, sind den englischen Royals aufs Treueste verbunden und verfolgen seit Generationen die Schritte der Windsors.

Meine eigene Großtante, die lange verstorben ist, war stolzes Mitglied eines Lesezirkels und brachte zu ihren wöchentlichen Besuchen die jeweils neueste Ausgabe der Frau im Spiegel mit. Noch bevor sie die Türschwelle überschritten hatte, frohlockte sie bereits über die neuesten Bilder und verpflichtete meine Mutter verbindlich, welche Seiten sie unbedingt zuerst lesen müsse. Selbstverständlich rangierten die Nachrichten aus England hierbei an erster Stelle, so z.B. die Geburt des Nachzüglers Prince Edward und die von Corgis umrahmten neuesten Familienbilder der Queen sowie Prince Philip im Schottenrock mit Familie im Sommerurlaub auf Balmoral. Eine verbissene Princess Anne auf einem Pferderücken war da schon weniger interessant, aber auch diese

Bilder wurden dankbar konsumiert.

Seither sind fünfzig Jahre vergangen, und unser Interesse ist ungebremst. Woran liegt es? Immer wieder flackern ja durchaus glaubwürdige Gerüchte auf, denen zufolge zumindest die Bayern jederzeit für die Wiedereinführung der Monarchie votieren würden, erhielten sie hierzu nur die Gelegenheit.

Oder ist es einfach die Sehnsucht des einfachen Mannes, ein wenig am Glanz eines Königshauses teilhaben zu wollen?

Haben wir Deutsche vielleicht gerade deshalb so eine Vorliebe für die Zierde einer Monarchie, weil wir unseren Nationalstolz im vergangenen Jahrhundert so gänzlich an den Nagel hängen mussten? Aber die ganze restliche Welt schaut ja auch auf Harry und Meghan, warum nur?

Begeben wir uns auf Ursachenforschung. Dafür reisen wir selbstverständlich auf die Insel und wagen einen Blick, dem die Monarchie hoffentlich standhält und der dem Volk dabei ein wenig aufs Maul schaut.

Die Briten lieben ihre Monarchie. Nach der großangelegten Flak Attacke auf das Königshaus nach dem Tode von Diana, Prinzessin von Wales, sah man die Tradition gefährdet. Der Grund? Die verehrte Familie konnte nicht weinen.

Während der Rest des Landes in einer nationalen larmoyanten Inkontinenz ertrank, ging es den engsten Angehörigen weiterhin um öffentliche Haltung und *Stiff Upper Lip*. Vorübergehend wurde der Königin und ihrer Firma das Vertrauen entzogen. Aber nur vorübergehend.

Spätestens seit dem Film „The Queen" wissen wir, dass Helen Mirren doch auch trauern kann, vielleicht nur alleine in ihrem Range Rover auf den einsamen Hügeln um Balmoral Castle, aber immerhin.

Die Zeiten haben sich geändert. Wir lesen heute in offenen Interviews über die Trauerarbeit der Diana-Söhne William und Harry, wir erfahren von ihrem letzten Telefonat mit ihrer Mutter, verfolgen die ersten Schritte der jüngsten Windsors, sehen die Duchess of Cambridge beim Besuch eines Holocaust Mahnmals eine Träne abwischen und haben mit der neuen, jungen Generation ein neues Vorbild. Und jetzt schlägt Harry mit seiner Meghan sogar die Brücke nach Amerika, und der Union Jack weht neben dem Star-Spangled-Banner nun auch in Hollywood.

Die königliche Familie ist das Herzstück der Briten, ihre Wirbelsäule und ihr ganzer Stolz. Auch wenn es immer wieder einmal ernst wird mit der Diskussion um den Kosten-Nutzen-Effekt der Royals und Pressekommentare versuchen, deren Image zu beschmieren, so wird es wohl noch eine ganze Weile bei König Faruk von Ägyptens Prognose bleiben, der 1948 bekanntermaßen prophezeite: „In ein paar Jahren wird es nur noch fünf Könige auf der Welt geben - den König von England und die vier Könige im Kartenspiel." (Quelle 53)

Wenn Faruk auch selbst recht bald seine eigene Interpretation von Monarchie und die recht kostspieligen Machtprotz Fantastereien des Ein-Personen Kults an den Nagel hängen musste, so haben sich doch in Europa noch einige Königshäuser gehalten. Aber sind sie wirklich vergleichbar mit dem Hause Windsor?

Die britische Monarchie wird oft missverstanden und das nicht nur im Ausland. Auch die eigenen Untertanen, so berichtet mir mein, sowohl gut informierter als auch unbeugbar königstreuer, Lieblingsengländer, wüssten oftmals zu wenig über Sinn und Zweck ihres Staatsoberhauptes Bescheid. Wir bemühen uns also um Aufklärung.

Neben ihrer repräsentativen Rolle im In- und Ausland ist die britische Monarchin zum einen Head of the Armed Forces. Sie steht an der Spitze der Streitkräfte.

Die englische Geschichte ist voll kämpferischer Monarchen, die auch als Heeresführer eine gute Figur abgaben. 1066 verstarb King Harold auf dem Schlachtfeld, nachdem ihn ein feindlicher Speer getroffen hatte. Die Historiendramen Shakespeares zeigen uns Richard II., Henry IV., Henry V., Henry VI. und Richard III. als kampflustige unerschrockene Anführer ihrer jeweiligen Armeen. Am Abend der kriegerischen Auseinandersetzung mit der Armada hielt Königin Elisabeth I. eine feurige Rede. Sie ist so schön, dass wir sie hier zitieren wollen:

„Ich weiß, ich habe den Körper einer schwachen, kraftlosen

Frau. Aber ich habe das Herz und den Magen eines Königs – und eines Königs von England zudem - und verachte Parma oder Spanien, oder sonst einen europäischen Prinzen, der versuchen sollte, die Grenzen meines Reiches anzutasten; hierauf, anstelle dass mir Unehre erwachse, werde ich selbst Waffen anlegen – Ich selbst werde Euer General, Richter und Huldiger all jener sein, die sich auf dem Schlachtfeld auszeichnen." (Quelle 54)

In den folgenden Jahrhunderten haben sich die englischen Monarchen mehr auf eine politisch neutrale Position zurückgezogen, die motiviert und voranschreitet, allerdings nicht mehr selbst zum Schwert greift. Der letzte Monarch, der noch selbst aktiv an einer kriegerischen Auseinandersetzung beteiligt war, war der Vater der jetzigen Königin, König George VI. 1916 kämpfte er als 20-jähriger Marineoffizier in der Schlacht von Jütland.

Die Königin kann als einzige den Krieg erklären. Hoffentlich muss sie dies nie mehr, aber wenn, dann wäre es ihre Aufgabe und nicht die des Premierministers.

Sie ist überdies Defender of the Faith. Das soll nun nicht heißen, dass ihre Lieblingsmusik das gleichnamige Judas Priest-Album ist. Vielmehr erfüllt sie eine offizielle Rolle in den beiden Kirchen Englands und Schottlands, der Church of England und der Church of Scotland.

Der Titel Defender of the Faith wurde erstmals Heinrich VIII. verliehen, der bekanntlich aus nicht ganz uneigennützigen Gründen die englische Kirche von Rom abspaltete.

Die Queen selbst sieht ihre Rolle als Kirchenoberhaupt als durchaus weltoffen. Die Kirche werde vielfach missverstanden und unterschätzt. In einer Rede anlässlich ihres Diamond Jubilee-Jahres 2012 sagte sie in einer Rede im Lambeth Palace:

„Unsere Rolle ist es nicht, den Anglikanismus gegen alle anderen Religionen zu verteidigen; vielmehr hat die Kirche eine Pflicht, die freie Religionsausübung aller Glaubensrichtungen in diesem Land zu schützen." (Quelle 55)

Es wird trotzdem gemunkelt, ob Prince Charles, der ewige Thronanwärter, den Titel zu Gunsten von Defender of Faith abändern wird, um keine religiösen Gruppen auszuschließen.

Zu guter Letzt ist die Königin auch noch der Fount of Justice. In ihrem Namen wird Recht gesprochen und Recht und Ordnung aufrechterhalten. Obwohl die Monarchin heute praktisch nicht mehr in die Rechtsprechung involviert ist, bleibt es bei ihrer starken symbolischen Rolle - und ein wenig mehr, wie wir gleich sehen werden. Sie selbst steht über dem Recht und kann für Vergehen gegen Recht und Gesetz nicht belangt werden. Allerdings ist sie auch nachweislich darum bemüht, dass all ihre persönlichen Aktivitäten streng im Einklang mit bestehendem Recht stehen.

Und dann, ja dann, gibt es da noch den Begriff der Royal Prerogative. Und hier liegt sozusagen der Hase im Pfeffer. Dies ist es, was die britische Monarchie so besonders macht und warum die Königin eben <u>nicht</u> nur ein repräsentatives Symbol ist, wie alle Ausländer und viele Engländer selbst meinen.

Hier müssen wir letztlich auch den Grund dafür suchen, dass viele Briten zu Recht Angst vor einem europäischen Superstaat haben, der womöglich die Monarchie aushöhlen würde. Eine Gefahr für den Thron? Niemals! Der Lieblingsengländer und viele seiner Mitstreiter stehen hierin vereint. Aber was ist denn nun die Royal Prerogative?

Die Institution des Monarchen ist ein zentraler Baustein der britischen Verfassung, die im Vergleich zum deutschen Grundgesetz oder auch der amerikanischen Verfassung, als „ungeschrieben" bezeichnet wird. Hierunter ist zu verstehen, dass wir es nicht mit einem zusammenhängenden, kompakten Dokument zu tun haben, allerdings sehr wohl mit einer Summe von schriftlichen Gesetzen und Statuten. Geschichtliche Dokumente, wie die Magna Carta und die Bill of Rights, die Acts of Parliament (Parlamentarische Konventionen), das Common Law (geltendes Gesetz aufgrund von Gerichtsentscheidungen) und Works of Authority (wegweisende Schriften von viktorianischen Verfassungstheoretikern, wie Walter Bagehot oder A.V. Dicey), haben hier Eingang gefunden.

Die Royal Prerogative sind exekutive Gewalten, die dem Monarchen zustehen und sich weitestgehend aus Anwendung des Common Law über die Jahrhunderte entwickelt haben.

Klar ist, dass der Monarch diese Kompetenzen üblicherweise an seinen Premierminister oder seine Minister abtritt. Worum es sich aber im Detail handelt, war bis vor kurzem ein kleines wohlgehütetes Mysterium.

Auf Initiative der Regierung veröffentlichte das Justizministerium 2009 ein Kompendium "The Governance of Britain Review of the Executive Royal Prerogative Powers: Final Report" (Quellen 56 und 57) in dem diese Rechte nun zum ersten Mal zusammenfassend dokumentiert und erläutert werden. Vor allem sollte die Zusammenfassung der Transparenz dienen und das war sicherlich auch gut so.

So können wir jetzt offiziell nachlesen, dass der Premierminister nur durch den Monarchen offiziell ernannt werden kann. Letzteres wussten wir vielleicht schon, vielleicht aber nicht, dass im Falle einer ernsten nationalen Krise die Königin durch ihr Privy Council, dem Kronrat, eine Notlegislatur verabschieden könnte, die für 21 Tage Bestand hätte. Bei einer ernsten Krise könnte sie ebenfalls unter Berufung auf die Royal Prerogative *"enter upon, take and destroy private property"*, also Privateigentum aufheben.

Andere Prerogatives wurden für obsolet erklärt, so z.B. das Recht des Monarchen auf alle Wale und Störe vor den Küsten Englands, sowie interessanterweise auf *"waifs and strays"*, also Heimat- und Obdachlose.

Die wichtigste Funktion der Monarchie aber ist sicherlich schlicht und ergreifend ihre Präsenz. Sie verhindert zuverlässig den absoluten Machtanspruch eines übereifrigen Politikers oder Möchtegern-Diktators und ist damit für die Briten ein beneidenswerter Garant für Stabilität und Kontinuität.

Man weiß, was man hat: Auf Queen Elizabeth II. folgt ihr Sohn Prince Charles, auf ihn Prince William und auf ihn Prince George. Damit kommt man gut über die nächste überschaubare Zeit, und mehrere Generationen können sich sicher fühlen in dem Wissen, dass ihre Monarchie die Geschicke des Landes an ihrer Seite begleiten wird.

Man kann sie hierfür nur beneiden, finden Sie nicht?

Anlässlich des Abiturballs unseres ältesten Sohnes saßen wir am Tisch mit einem angesehenen Metzgermeister aus der Region und seiner Frau, besonders lieben Leuten, die ihrerseits ebenfalls einen Sohn zu feiern hatten. Es entspann sich ein interessantes Gespräch. Die beiden waren im Frühjahr auf Schottland Urlaub gewesen. Sie verstünden nun, so sagte mir mein Tischherr, warum die Engländer Brexit gewählt hätten.

Ach? Eine deutsche verständige Stimme pro Brexit? Das verdiente genaues Zuhören.

Der liebenswerte Metzgermeister erzählte, sie hätten in Edinburgh die Royal Yacht Britannia besucht. Sie hätten sie als überzeugte Gegner der Monarchie bestiegen und seien als bekehrte Konvertiten zurückgekehrt. *"How come?"*

Die Britannia wurde noch von dem Vater der Queen, King George VI, im Jahre 1952 in Auftrag gegeben. Leider verstarb er nur zwei Tage später und es wurde zur ersten Pflicht seiner Tochter, dieses großartige Projekt umzusetzen.

Das Design des Schiffs ist interessant. Zunächst war es ungleich pompöser konzipiert, wurde dann jedoch auf expliziten Wunsch der Queen und von Prince Phillip deutlich bescheidener umgesetzt. Im Gegensatz zu den anderen Palästen, die sie beerbten, hatten sie nur bei der Britannia die Möglichkeit, alles wirklich nach eigenen Vorstellungen zu gestalten. So entstand in Zusammenarbeit mit Sir Hugh Casson ein Schiff, das aufgrund seiner unaufdringlichen Eleganz den Geschmack der Königin selbst widerspiegelte und über 44 Jahre unverändert blieb.

Die Britannia wurde zum Symbol des Commonwealth und in einer bewegenden Einweihungsrede der Queen im Jahre 1953 bezeichnete sie das Schiff als „Notwendigkeit, nicht als Luxus für das Oberhaupt des Commonwealth, zwischen dessen Ländern das Meer keine Barriere ist, sondern eine natürliche und unzerstörbare Autobahn" (Quelle 58).

Auf der Britannia gelangten die Königin und ihr Mann in entfernteste Länder des Commonwealth, die aufgrund ihrer Unzugänglichkeit aus der Luft nie zuvor besucht worden waren. Über eine Million Seemeilen legte die Royal Yacht in ihrer Geschichte zurück. Empfing die Queen auf ihr Vertreter der Commonwealth Länder, so war dies gleichbedeutend damit, als würden diese einen königlichen Palast auf englischer Erde betreten. Bei ihren Audienzen hörte die Queen vor allen Dingen zu, erwies durch ihr offenes Ohr den Commonwealth-Ländern Respekt und erarbeitete sich so ihr nachhaltig hohes Ansehen in den entlegenen Gebieten ihres Zuständigkeitsbereichs.

Als die Britannia im Jahre 1994 außer Dienst genommen wurde, weil die Regierung John Major die Kosten für eine Renovierung nicht rechtfertigen konnte, vergoss die Queen nachweislich die eine öffentliche Träne ihrer Amtszeit, die sie drei Jahre später beim tragischen Tod ihrer Schwiegertochter nicht finden konnte, wofür sie sich heftige öffentliche Kritik einhandeln sollte.

Wenn man allerdings versteht, wie ernst die Queen das Amt nimmt, dem sie auf unerschütterliche Weise ihr Leben gewidmet hat, wird man die Träne einfach als Trauer über den Abschluss einer Ära empfinden, in der sie ihren Untertanen weltweit nahe sein konnte.

Es sei einfach schön, so der Bayrische Metzgermeister, so eine Monarchie sein eigen nennen zu können. Man könne sich sicher fühlen, dass kein „Erdogan" plötzlich Ärger mache. Man wisse, was kommt, so der Erz-Bayer. Wir waren begeistert. Hier waren Leute mit Verstand! Auch über den Brexit hätten sie sich aus erster Hand informiert. Sie verstünden jetzt viel besser, warum die Engländer und sogar manche Schotten der Europäischen Union skeptisch gegenüberstünden. Eine Gefährdung für die Monarchie? Niemals! Selbst der Metzgermeister fühlte sich als Brite.

Die Krone ist heute wieder gefestigter denn je. Die Krise, die im Jahre 1996 durch den Tod der Prinzessin von Wales ausgelöst wurde, ist lange überwunden. Umfragewerte zeigen die Zustimmung für das Königshaus regelmäßig zwischen 75 und 83 %. Interessanterweise sind es nicht nur die älteren oder konservativen Briten, die sich mit ihrer Monarchie identifizieren. Über alle Altersgruppen und Parteigrenzen hinweg befürworten die Briten die Beibehaltung der konstitutionellen Monarchie als Staatsform. Mehr als sechs von 10 Erwachsenen glauben darüber hinaus, dass es auch in 100 Jahren noch eine Monarchie geben wird. (Quelle 59)

Die republikanische Bewegung des Landes, die ab und zu in bestimmten Medien laute Töne spuckt, hat andeuten lassen, nach dem Tod der jetzigen Königin möglicherweise für eine Volksabstimmung über die Monarchie werben zu wollen. Graham Smith, der derzeitige CEO der Republic-Interessensvertretung, hat sich die Abschaffung der Monarchie zugunsten einer demokratischen Republik zum Ziel gesetzt. Man darf bezweifeln, ob er hierbei viel zu lachen haben wird.

Geschichtlich betrachtet gab es eine kurze Zeit nach dem englischen Bürgerkrieg (1642 bis 1649), in der das Land ohne Monarchie war. Nach der Hinrichtung von King Charles I. im Jahre 1649 wurde die Insel für eine Dekade republikanisch. Oliver Cromwell, der den einen Königsmörder, den anderen Freiheitsheld ist, wurde Reichsprotektor. Als er 1658 an Malaria verstarb, war innerhalb von zwei Jahren die Monarchie wiedereingeführt, allerdings war sie nun konstitutionell anstelle von absolut geworden. 1660 bestieg Charles II. den Thron. Seitdem ging es mit der englischen Krone wieder bergauf.

Oliver Cromwell wurde exhumiert und nachträglich posthum als Königsmörder hingerichtet. Für die Entwicklung zur englischen Demokratie, so wie wir sie heute kennen, war die Epoche Cromwell dennoch entscheidend.

Im Jahre 2002 wurde das Golden Jubilee der Queen gefeiert. 50 Jahre waren seit ihrer Thronbesteigung vergangen. In Hauptstädten, in Dörfern, in Schulen, in entlegensten Ecken des Königreiches, landauf, landab, in Krankenhäusern, ja in Kinderkrebskrankenhäusern, wurde das Goldene Jubiläum gefeiert. Wir waren dabei, unser vierjähriger Sohn auch - an eine Chemo-Infusion gekettet. So schoben wir ihn in einem Rollstuhl über den Parkplatz des Royal Marsden Hospitals in Sutton, London.

Seit vielen Monaten hatten wir hier ein unfreiwilliges Zuhause gefunden. Aber dieser Tag war ein fröhlicher Tag. Ich bin der Königin heute noch dankbar, dass wir damals feiern durften, mit Papierfähnchen, Rosetten, ungesunden Süßigkeiten und vielen bunten Flaggen. *"Thank you, Lizzie!"*

Die Außenanlagen des weitläufigen Krankenhauses waren für

den Tag umgestaltet worden. Der seitliche Parkplatz war gesperrt und für eine Street Party freigegeben worden. Union Jacks waren gehisst und unzählige Papierfähnchen in allen Größen wurden an die todkranken kleinen Patienten verteilt. Ich werde diesen Anblick nie vergessen. Das Golden Jubilee der Queen bot für Kinder wie Eltern einen kurzen Moment der reinen Lebensfreude.

Es gab Zuckerwatte, gebrannte Mandeln und glasierte Äpfel. Egal, ob Krebs nun Zucker mochte oder nicht. Nur für einen Moment war es uns allen egal. Nur für einen Moment genossen wir ein Stück Normalität. *"Thank you, Lizzie!"*

Für die mobileren Patienten gab es Bobbycars und Schwammwerfen. Hierfür stellten sich die Stationsärzte und -schwestern zur Verfügung. Die kleinen Patienten lachten. Chefärzte waren als "Beefeaters" verkleidet, Stationsärzte verschwanden hinter Prince Phillip Masken und Schwestern trugen übergroße Jubilee Rosetten. Luftschlangen, Luftballons, Quietschentchen in Union Jack-Farben und Hot Dogs taten ihr Übriges. Wie sie lachten!

All den kleinen Fähnchen-Schwenkern von 2002, die beim Diamant-Jubiläum 2012 nicht mehr dabei sein konnten, sei es hier noch einmal gesagt: Ihr wart großartig! Was hätten wir wohl sonst an diesem Tag zu feiern gefunden? Mir fällt nichts ein.

Auch das kann Monarchie: alle Untertanen für einen Tag wie diesen großflächig zu mobilisieren, ohne Rücksichtnahme auf sozialen Hintergrund, persönliches Glück oder Leid und ohne Schranken. Jeder darf feiern! Irgendwie, irgendwo, mit irgendwem.

2012 feierte das Land das Diamant-Jubiläum, 60 Jahre auf dem Thron, eine beachtliche Leistung und wieder feierten – fast - alle mit, wie 2002. 2015 löste Queen Elizabeth II. dann Queen Victoria als dienst-älteste Königin ab. 2016 wurde sie 90 Jahre alt. 2017 feierte sie mit dem Saphir-Jubiläum ihre Thronbesteigung vor 65 Jahren. Neue Münzen wurden geprägt, neue Briefmarken gedruckt. In der Hauptstadt feuerte man einen beeindruckenden Kanonensalut.

Bei all den Thronjubiläen fehlt allerdings immer eine, die Königin selbst, die diesen Tag traditionell unauffällig begeht, meist auf Sandringham, ihrem Palast in Norfolk. Der Tag ihrer Thronbesteigung ist gleichzeitig der Todestag ihres geliebten Vaters, König George VI., und sie hat in all den Jahren die Tradition der Zurückhaltung, besonders an diesem Tag, nicht aufgegeben.

Die Queen ist nicht zu bremsen und erfreut sich erstaunlich guter Gesundheit. Und für ihre Nachfolge ist gesorgt. Im Sommer 2011 heiratete der Thronfolger Prinz William seine Kate. Und wieder standen die Zeiten für Street Partys auf Sturm.

Eine ganze Industrie von Memorabilien-Herstellern lebt von diesen Royal Events. Neue Sammeltassen braucht das Land, Untersetzer, Teekannen, Zuckerdosen, Teelöffel, Vorlegelöffel, Salatbesteck, Kühlschrankmagnetbilder, Kugelschreiber, Brieföffner und Briefbeschwerer, Flachmänner, Sofakissen und Kuscheldecken, Bilder und Fotografien in jeder Form, Geschmackvolles wird nahtlos von Geschmacklosem abgelöst. Will und Kate für den Haus- und Hofbedarf. Es stört niemanden. Denn es ist Hochzeit im Land.

Es war ein strahlend sonniger Tag im April. Der April ist oft der beste Sommermonat der Engländer, und so lachte an diesem 29. April die englische Sonne auf ihre Monarchie herab und freute sich mit allen Untertanen.

Wir haben es schon gelernt: Die Engländer verstehen es zu feiern. Niemand sitzt an so einem Tag alleine zu Hause. Jahre und Wochen vorher schon wird das Großereignis geplant, von der „Firma" selbst, aber auch von so gut wie jedem Haushalt in England. Straßen-Partys, Straßen-Partys, Straßen-Partys!

Nachbarschaften schließen sich zusammen und organisieren einen gemeinschaftlichen Tag. Sackgassen und verkehrsberuhigte Zonen sind besonders beliebt. Biergartengarnituren werden aufgestellt und in den britischen Farben geschmückt, man legt Wert auf einheitliches Rot/Weiß/Blau. Servietten, Papierteller, Flaggen. Die weiblichen Gesandtschaften backen Kuchen und dekorieren Muffins mit royalen Marzipan Aufklebern. Alle tragen etwas bei. Riesenbuffets erwachsen aus dem Nichts. Jeder gibt sich Mühe. Wir feiern ja schließlich mit Königs. Wer einen Garten hat, stellt diesen zur Verfügung. Auch hier sammeln sich Familie und

Freunde, Alt und Jung.

Die Erinnerung an diesen Tag gehört mit zu den schönsten Eindrücken, die ich aus dem Land des Lieblingsengländers mitgenommen habe.

Wir waren bei den Rhys-Jones zum *"Wedding Barbecue"* eingeladen.

Zu den Rhys-Jones gehören Mervyn, der Stammvater und Ex-British Airways Pilot, und Liz, seine reizende Frau und Ex-British Airways Stewardess. Nein, Sie haben sich nicht über den Job kennengelernt, sondern sind später von gemeinsamen, weitsichtigen Bekannten verkuppelt worden. Eine glückliche Fügung! Deshalb gibt es jetzt Edward, der gleichen Alters wie unser Jüngster ist.

Zum Familienensemble gehört außerdem Uncle Allan, ein alternder Onkel, der nicht mehr ganz richtig im Oberstübchen ist bzw. nie war, und der beständig in der Rhys-Jones Großküche herumzusitzen scheint, obwohl er, laut Liz, irgendwo seine eigene Wohnung haben soll.

Daneben gibt es noch Whisper, die fünfjährige English-Spaniel Hündin, Sooty, die schwarze Katze und eine Reihe prätentiöser Hennen, die im Garten ein Edward Hopper-verdächtiges Hühnerhaus haben. Mervyn hat es selbst gebaut und es könnte ebenso irgendwo in den Hamptons oder an Cape Cod stehen. Die Hennen lieben ihre blassblaue Villa, denn sie beschenken Mervyn täglich mit den besten Eiern, die ich je gegessen habe.

Mervyn ist germanophil. Seine Affinität zu gutbürgerlicher, deutscher Traditionskost hat uns zusammengeführt. Unsere Liebe ist ungebrochen.

So war es keine Überraschung, dass unsere Freunde besagte Einladung für den Tag der königlichen Hochzeit aussprachen. Mervyn ist ein begnadeter Grillmeister und Liz eine Köchin aus Leidenschaft.

Es war vereinbart, dass jeder die Vorberichterstattung zu Hause verfolgen würde und wir uns, sobald es ernst würde, also wenn die ersten Gäste die Abbey zu Westminster beträten, auf den Weg Richtung Rhys-Jones machen sollten. Dies war gegen 10:00

Uhr vormittags der Fall und so fuhren wir, mit William und Kate-Flaggen bestückt, vor dem Rhys-Jones Anwesen vor.

Das Haus war weitläufig liebevoll patriotisch beflaggt, die große Landhausküche erstrahlte von riesigen roten, blauen und weißen Schleifen, und über der Terassentür hatte Mervyn ein *Just Married* Schild angebracht, mit baumelnden Dosen und allem Drum und Dran.

Außer uns waren selbstverständlich noch Uncle Allan, und die Eltern von Liz, Jean und Michael, eingeladen und befanden sich bereits in Position.

Es konnte losgehen. Der Fernseher in der Küche war auf Westminster Abbey fokussiert. Auf einem Parallelbild sah man den Rolls Royce der Braut mit ihrem Vater. Es wurde ernst.

Der erste Champagner Korken knallte. Mervyn hatte vorgesorgt. Als pünktlich um 11:00 die Glocken der ehrwürdigen Abbey die Braut begrüßten, prosteten auch wir Kate zu. Hinein ging es und wir folgten Pippa Middletons beneidenswertem Derrière.

Genau wie 2 Milliarden Zuschauer weltweit waren auch wir hautnah dabei. Und die restlichen Untertanen auf der Insel? Die Straßen waren leergefegt. Es war, als ob sich die traumhafte Schleppe von Kate's Kleid wie ein weicher Schal um das ganze Land gelegt hätte. Dieses „Ja" ging uns alle an.

Es war ein herrliches Erlebnis. Mervyn in Grillschürze hatte alles unter Kontrolle und konnte trotz Lammrücken der Fernsehübertragung bis auf wenige Minuten folgen. Der Lieblingsengländer, unter normalen Umständen alles andere als Herz-Schmerz-Romantiker, verfolgte mit seinem Glas Champagner die Zeremonie und war glücklich. Liz und ich kümmerten uns um Salate und Bratkartoffeln. Nun kam der Ring, er wollte nicht gleich. Alle hielten kurz den Atem an, sowohl in Westminster als auch in Pirbright, Surrey. Der nächste Schluck Champagner schmeckte noch besser. Uncle Allan bestätigte, er hätte noch nie eine so hübsche Braut gesehen.

Wir liebten die beiden. Einfach so, aus ganzem Herzen, und wenn mir in dem Moment eine Fee einen Wunsch gewährt hätte, dann hätte ich mir ohne Zögern gewünscht, britisch zu werden.

Was für ein Zeremoniell, was für eine Tradition, was für eine Freude unter den Geladenen und den Millionen draußen, was für ein Erbe, was für ein Nationalstolz, was für ein Zugehörigkeitsgefühl.

Ja, ich beneide die Briten. Was haben wir Deutsche dem zu entgegnen? Stolz? Nicht für uns. Wenn man mich in meinen vielen Jahren im Ausland manchmal aufgrund meines Akzents als Österreicherin einordnete, so war ich froh. Ja, ich empfand Österreich besser als Deutschland. Das ist heute noch so. Wenigstens konnte Reinhard Fendrich frei von der Leber singen „I am from Austria". Was können wir singen?

Ich erinnere mich mit Grauen einer frühen England Sprachreise. Wir waren eine bunte Teenager-Truppe aus allen möglichen Nationen. Es wurde ein bunter Abend veranstaltet. Alle Nationalitäten sollten etwas aus ihrem Land vortragen, singen, kochen oder spielen. Die Italiener kochten Pasta, die Franzosen Crêpes und die Polen Borscht, was zugegebenermaßen auch nicht so wirklich erfolgreich war. Die Spanier inszenierten einen gespielten Stierkampf mit viel *Olé* und Flamenco Getrappel, und die deutsche Delegation?

Noch heute zittern mir die Knie. Unsere Anführerin, und wir hören ja gerne auf Obrigkeiten, schlug vor, ein deutsches Volkslied vorzutragen. Und so marschierten wir in Kompaniestärke auf und sangen - es ist mir nach all dieser Zeit immer noch peinlich - „Kein schöner Land in dieser Zeit", im Kanon.

Ohne Witz! Ich stand dort oben und hätte alles dafür gegeben, ins italienische oder französische Lager wechseln zu dürfen. Ein Königreich für ein Loch im Boden. Wo war die Fee, wenn man sie brauchte? Aber das Erstaunlichste war: Alle anderen Sänger und Sängerinnen waren allem Anschein nach stolz auf unsere Darbietung. Sogar einige verschämte Tränen flossen. Was ist es nur mit der deutschen Seele?

Wenn man mir eine Monarchie schenken würde, ich wäre der treueste Untertan.

Und dann sind da noch die Hunde! Die Engländer lieben Haustiere und auch in diesem Punkt geht die Monarchin mit bestem Beispiel voran. Zu ihrem 18. Geburtstag wurde sie mit einem Welsh Corgi namens Susan beschenkt. Susan war fruchtbar und als Zuchthündin im Auftrag der Königin lange Jahre im Einsatz. Susan ist es zu verdanken, dass die Queen über die Jahre bis heute über 30 Welsh Corgis an ihrer Seite hatte.

Hunde dürfen übrigens in englischen Parks ohne Leine laufen, selbst in den meisten royalen. Auch an den Küsten oder in dem Seengebiet Mittelenglands gibt es traumhafte Bedingungen für Hundehalter wie Hunde. Kein Leinenzwang! Gibt es etwas Schöneres? Und man kann nur vermuten, dass Lizzie auch hier irgendwie die Finger mit im Spiel hat.

Wir selbst besitzen einen dreijährigen Irish Setter, einen wilden Roten. Er ist in den besten Jahren und will nichts als laufen. Aber wo? - Die Vorschriften schreiben Leinenzwang über einer Schulterhöhe von 50 cm vor. Keine Chance für unseren Wilden also. Ich muss Schleichwege suchen, damit er einmal durchstarten kann, übrigens eines der schönsten Muskel-Schauspiele überhaupt. Warum gibt es eigentlich keine Vorschriften gegen die nicht-artgerechte Haltung großer, friedlicher Hunde?

Wäre er in England, dürfte er durch die Heide und die Parks galoppieren. Nur in Richmond Park müssten wir ihn wahrscheinlich doch an die Leine nehmen.

Kurz vor Weihnachten im Jahre 2011 gelangte dort ein lebhafter schwarzer Labrador zu weltweitem Internet Ruhm. Unter dem Titel "Jesus Christ, Fenton" können Sie ihn aufrufen. Es ist eines der witzigsten Amateurvideos der letzten Jahre.

Ein 13-jähriger Junge filmt auf seinem Handy friedlich grasendes Wild. Man hört einen Mann gerade noch *"Fenton"* rufen, als die ruhevolle Szene sich binnen Sekunden in eine wilde Arena verwandelt. Wir sehen erst ein oder zwei Hirsche, dann plötzlich die ganze wildgewordene Herde Rotwild durch das Bild galoppieren, gefolgt von dem schwarzen Labrador Fenton und dessen entsetztem Besitzer, dessen Rufe nun deutlich ekstatischer werden und angesichts der ganzen Dimension des Fehlverhaltens in *"Jesus Christ, Fenton"* gipfeln. Fenton jagt nämlich die Herde über eine Straße, Autos stehen quer.

Der Alptraum eines jeden Hundebesitzers, hier wurde er rein zufällig in Bild und Ton festgehalten. Allerdings hatte ein englischer Gott an diesem Tag Erbarmen, so dass niemand zu Schaden kam, Fenton war wohlauf, sämtliches Rotwild der Königin ebenfalls und auch alle verwickelten Kraftfahrzeuge und ihre Insassen.

Und hier die eigentlich gute Nachricht: Trotz des Ungehorsams seines Hundes kam sein Besitzer Mark Findley ungeschoren davon. Ich mag mir nicht ausmalen, was Herrn Findley hier bei uns alles geblüht hätte. Hundertschaften selbsternannter Aufpasser hätten sich auf ihn und Fenton gestürzt. Ich bin mir ziemlich sicher, auch die Queen hat über Fenton herzlich gelacht, selbst wenn er ihr Wild ein wenig herumgescheucht hat.

Viel wird spekuliert über den Reichtum des englischen Königshauses. Aber wussten Sie, dass die englische Krone eine der wertvollsten Briefmarkensammlungen der Welt ihr Eigen nennt, die - so munkelt man - den Wert der Besitztümer Sandringham und Balmoral Castle zusammen genommen weit überschreitet? Für einen weiteren Baustein in unserer Sammlung von kleinen, weniger bekannten Fakten, den *little known facts*, wie die Briten selbst Kurioses gerne nennen, empfiehlt sich die Royal Philatelic Collection allemal.

Während die Kronjuwelen nicht der Königin, sondern der Nation gehören und lediglich von der Krone verwaltet werden, so gehören die Briefmarkenalben der Queen ganz allein.

St. James Palace, bis 1837 offizielle Londoner Adresse der englischen Monarchen und heute offizieller Wohnsitz des Prince of Wales, beherbergt neben ausgefallenen Schätzen wie dem Herz und den Eingeweiden von Mary I. Tudor, auch solch mysteriöse Organisationen wie z.B. die Queen's Watermen, eine Truppe strammer Untertanen, die traditionsgemäß dafür zuständig waren, den Monarchen die Themse auf und ab zu rudern. Die Queen lässt sich nicht mehr rudern, aber die Truppe gibt es immer noch.

Und hierher passt auch das Büro des "Keeper of the Royal Philatelic Collection". Diesen Job hat seit 2003 Michael Sefie inne. Mit seinem Team ist er für den Hochsicherheitstrakt zuständig, der die Sammlung beherbergt und kümmert sich um die bestmögliche Konservierung der brüchigen Schätze.

Wie kam es nun zu diesem kuriosen Vermächtnis?

Unsere Jugend sitzt vor Bildschirmen, der 16-jährige Prinz Alfred saß vor seiner Briefmarkensammlung. Der Sohn von Königin Victoria legte den Grundstein für die heutige Sammlung. Wir datieren die Anfänge seiner Sammelleidenschaft auf etwa 1856, circa 20 Jahre nach Druck der ersten Briefmarke am 1.Mai 1840. Alfred verkaufte die Sammlung an seinen älteren Bruder Edward VII, der sie wiederum an seinen Sohn, den Duke of York und späteren König George V., übergab. Und hier treffen wir nun den wirklich ersten ernsthaften Philatelisten.

Im Jahre 1896 übernahm der Duke of York die Präsidentschaft der Royal Philatelic Society, selbstverständlich der ältesten Philatelie-Gesellschaft der Welt mit Sitz in 41, Devonshire Place. Im Jahre 1869 wurde sie zunächst als The Philatelic Society, London, gegründet.

King George V. kaufte für die damalige Rekordsumme von 1,450 englischen Pfund Sterling 1904 die 2d Mauritius Post Office Stamp. Eine Anekdote erzählt, ein Höfling habe King George V. gefragt, ob er gehört hätte, „dass irgendein Volltrottel 1400 Pfund für eine einzige Briefmarke bezahlt habe". „Ja", antwortete George, „der Volltrottel war ich." (Quelle 60)

1906 durfte sich die Society dann Royal nennen, und 1924 erhielt sie die Erlaubnis, das königliche Wappen auf ihrem Briefpapier und ihren Publikationen zu führen.

Es wird erzählt, dass George V. sich an drei Nachmittagen pro Woche ungestört seinen Briefmarken widmete und diese in 328 roten Alben sammelte. Sein Sohn, George VI. und Vater der jetzigen Königin, setzte diese Tradition fort, verwendete ab sofort jedoch blaue Alben. Und die Queen? Auch sie verschrieb sich der Philatelie, allerdings in grünen Alben.

Das Briefmarkensammeln ist so typisch britisch, weil man hierfür - so hat es zumindest den Eindruck - Herren in grünen Tweed Anzügen braucht, die in kleinen muffeligen Zimmern über ihren Büchern sitzen und, mit Pinzetten und Lupen bewaffnet, kleinste Ecken eines winzigen Stück Papiers erforschen.

Obwohl das Briefmarkensammeln an einigen Privatschulen Englands noch als Freizeitaktivität angeboten wird, so gibt es hierfür immer weniger Interessenten. Schade eigentlich.

Man fühlt sich an das Schlagwort der „Generation des Vergessens" erinnert. Was werden unsere Jugendlichen wohl der Nachwelt hinterlassen? Man kann nur hoffen, dass sich die neue Generation der digitalen Datensicherung mit ebenso viel Liebe zum Detail hingibt, wie Michael Sefie und sein Team dies für die Briefmarken der Krone vollbringen. Sonst gibt es vielleicht in 10 Jahren immer noch die Briefmarken von King George V., aber sonst....?

Als letzte Eigenheit unseres monarchischen Applauses sei noch die britische Ceremony-of-the-Keys erwähnt.

Der Lieblingsengländer nahm vor einigen Monaten erstmalig an einer teil und war begeistert. Bislang war ihm dieses Kuriosum erstaunlicherweise versagt geblieben. Er gibt nicht so recht zu, ob er zuvor überhaupt etwas davon gehört hatte. Eigentlich wäre es ihm ein wenig peinlich, wenn dem tatsächlich so wäre, also fragen wir nicht direkt nach. Sie erinnern sich, immer schön indirekt bleiben im Umgang mit den Briten.

Die Ceremony-of-the-Keys ist eines der schönsten Zeremonielle des Königreichs und findet seit rund 700 Jahren unverändert jeden Abend im Tower of London statt. Tickets für diese Veranstaltung sind zwölf Monate im Voraus ausverkauft.

Um exakt 21:52 tritt der Chief Yeoman Warder, der Hauptwächter des Tower, aus dem Byward Tower. Er trägt die typische rote Beefeater Uniform, in einer Hand hält er eine Laterne, in der anderen die Hausschlüssel der Königin. Er marschiert zu Traitor's Gate, wo sich ihm eine Gruppe Foot Guards anschließen, die ihn während der Zeremonie begleiten. Einer der Soldaten nimmt dem Chief Yeoman Warder die Laterne ab und sie marschieren zu dem äußeren Tor, vorbei an anderen Wachen, die alle salutieren. Nun schließt der Warder das äußere Tor ab und auf dem Rückweg werden die Tore des Middle Tower und des Byward Tower abgeschlossen.

Weiter geht es nun in Richtung Wakefield Tower. In dem dunklen Bogen des Bloody Tower steht ein Wachposten. Nun ist seine Stunde gekommen. Wir belassen den englischen Originalton für die nun folgende Szene:

Wachposten:	*"Halt! Who comes there?"*
Chief Warder:	*"The Keys"*
Wachposten:	*"Whose Keys?"*
Chief Warder:	*"Queen Elizabeth's Keys"*
Wachposten:	*"Pass Queen Elizabeth's Keys. All's well"*

Die beteiligten Akteure marschieren nun zurück und die Stufen hinauf zur Hauptwache. Der wachhabende Offizier lässt präsentieren. Der Chief Warder hat nun eine letzte Meldung zu verrichten. Er hebt seine Mütze und ruft: *"God preserve Queen Elizabeth"*. Die Wache antwortet: *"Amen"*. Es ist exakt 10:00 Uhr abends. Der diensthabende Trommler spielt noch "The Last Post", und damit ist der Spuk auch schon zu Ende. Der Chief Yeoman Warder trägt die Schlüssel zurück und die Wache wird entlassen.

Zu jeder Zeremonie werden um exakt 21:30 ca. 45 Zuschauer zugelassen. Um genau 22:05 werden sie wieder zum Ausgang geleitet.

Das Zeremoniell wurde noch nie abgesagt und nur einmal unterbrochen, als während des Zweiten Weltkriegs Bomben nicht weit entfernt einschlugen und einige Beefeaters kurzfristig aus dem Gleichgewicht brachten und für einige Minuten desorientierten. Der wachhabende Offizier entschuldigte sich hierfür in einem Schreiben an King George VI. Wir können das Schriftstück im Tower-Museum bestaunen. Angeblich antwortete der König, von einer Bestrafung der Beefeaters sei abzusehen, da die Verzögerung aufgrund feindlicher Handlung entstanden war. *Very British*! Und das alles war dem Lieblingsengländer bis vor kurzem entgangen!

Unser symbolischer Applaus mit Pauken und Trompeten gehört der britischen Monarchie. Auch wenn sie den Steuerzahler ein wenig Geld kostet, um wieviel mehr gibt sie dem Land jedes Jahr zurück? Kleingeister, die hier zu rechnen beginnen. Krämerseelen, die nicht den Sinn hinter dem Zeremoniell sehen und mit der heutzutage so beliebten Gleichmacherei Tradition, Geschichte, ja, ein wenig Exklusivität und Pomp – man getraut sich die Worte fast nicht mehr auszusprechen - in den Erdboden stampfen wollen.

Runden wir diesen Blick auf die englische Monarchie deshalb mit einem Feuerwerk ab!

Einem echten Feuerwerk mit Raketen und Krachern. Und Gott sei's gelobt gibt es dieses nächtliche Spektakel jedes Jahr einmal. Sie denken an Silvester? „*No, no!*" Das wäre ja das, was alle anderen auch machen. Nein, die Briten lassen es am 5. November krachen.

"Remember, Remember!
The 5th of November,
Gunpowder Treason and Plot,
I know of no reason why Gunpowder Treason
Should ever be forgot!" (Quelle 61)

Bis hierher kennt das Gedicht jedes englische Schulkind! Nur sehr notdürftig könnte man diese Erinnerung an die Pulverfassverschwörung ungefähr so übersetzen:

„Erinnere Dich an den 5. November. Schießpulver, Verrat, Verschwörung. Ich kenne keinen Grund, warum diese Verschwörung vergessen werden sollte" (Quelle 62). Die ersten Zeilen sind für jeden Briten Pflicht. Aber das Gedicht geht noch weiter und wir erfahren in den folgenden Zeilen ein wenig mehr über das Warum des 5. Novembers.

"Remember, remember the fifth of November,
gunpowder, treason and plot,
I know of no reason why gunpowder treason
should ever be forgot.
Guy Fawkes, Guy Fawkes,
'twas his intent
to blow up the King and the Parliament.
Three score barrels of powder below,
Poor old England to overthrow:
By God's providence he was catch'd
With a dark lantern and burning match.
Holloa boys, holloa boys, make the o'Connors ring.

Holloa boys, holloa boys, God save the King!
Hip hip hoorah!" (Quelle 61)

Ein dunkles Komplott gegen den König also? Zu den Hintergründen müssen wir ein wenig in der englischen Geschichte wühlen. Wie so oft waren es wieder einmal Religionsfragen, die kriegerisch ausgetragen wurden. Nach der Abspaltung der englischen Kirche von Rom durch Heinrich VIII. war es zunächst unter seiner Tochter Maria I. zu einer Wiedereinführung des Katholizismus gekommen. Nicht freiwillig allerdings! Königin Maria ging in die Geschichte ein mit dem Beinamen „die Blutige". Sie war in der Tat nicht zimperlich und ließ über 300 Protestanten hinrichten. Je nach Anschauung wird sie manchmal auch als „Maria, die Katholische" bezeichnet. Dreimal dürfen Sie raten, welchem Lager diese Betitelung zuzuordnen ist.

Auf Maria I. folgte ihre Schwester Elizabeth I., die bekennende Protestantin war. Ihre Regentschaft war trotzdem von Toleranz und Duldsamkeit gegenüber den Katholiken geprägt. Da Elizabeth I. zeitlebens „jungfräulich" blieb und ohne direkten Nachfolger starb, bestieg nach ihrem Tod der schottische König James I., der Sohn von Maria Stuart, den Thron von England.

Obwohl Maria Stuart katholisch gewesen und er selbst katholisch getauft war, wurde James I. nach der Gefangennahme seiner Mutter streng presbyterianisch erzogen und war dem Protestantismus gewogen. Die Katholiken Englands befürchteten nun, parlamentarisch an Einfluss und Macht zu verlieren.

Und hier - am 5.November 1605 - betrat Guy Fawkes die geschichtliche Bühne und wurde in unserem Gedicht, sowie als jährlich wiederkehrende Strohpuppe - wir werden hiervon noch hören - unsterblich.

Zwei Jahre hatten sie es geplant. Robert Catesby, der Anführer der Verschwörung, überzeugter Katholik und ein Mann von großer charismatischer Ausstrahlung, hatte eine Gruppe von insgesamt elf jungen Männern um sich versammelt: John Wright, Christopher Wright, Thomas Percy, Thomas Winter, Sir Everard Digby, Robert Wintour, John Grant, Thomas Bates, Ambrose Rookewood, Robert Keyes und Guido (Abkürzung: Guy) Fawkes. Letzterer war ein verdienter Offizier der englischen Armee und Sprengstoffexperte mit Kampferfahrung.

Ihr Ziel war es, am 5. November, dem Tag der Parlamentseröffnung, die Houses of Parliament in die Luft zu sprengen, den König und seine Familie, sowie alle Parlamentarier auszulöschen, und England wieder katholisch zu machen.

Für die Sprengung wurden rund 2,5 Tonnen Schießpulver in den Kellern des Parlaments deponiert. Die Menge hätte ausgereicht, ganz Westminster dem Erdboden gleich zu machen.

Tja, sie hatten Pech. Die Sache flog auf, und Guy Fawkes wurde samt seinem Sprengstoff am Morgen des 5. Novembers entdeckt. Unter Folter gab er die Namen seiner Mitverschwörer preis. Den Rest kann man sich vorstellen. Vier der Beteiligten starben direkt bei ihrer Festnahme am 8. November. Vier weitere Mitwissende hatten eine etwas längere Vorfreude. Am 30. Januar 1606 wurden sie vor St. Pauls Cathedral gehängt und geviertelt. Ebenso erging es am Tag darauf zu guter Letzt Guy Fawkes selber und noch drei Armseligen.

Dem Katholizismus in England bekam dieser Ausflug nicht gut. Es mussten weitere 200 Jahre vergehen, bis er sich gegen Ende des 19.Jahrhunderts emanzipieren konnte.

Aber nun schnell zurück zu unserem Feuerwerk. Jedes Jahr am 5. November feiert Großbritannien in Erinnerung an die damaligen Ereignisse die Guy Fawkes Night, auch Bonfire Night oder Fireworks Night genannt.

Richtig. Es ist wieder Zeit für eine Street-Party. Mit der Bonfire Night lässt sich das Warten auf das nächste Thronjubiläum oder die nächste königliche Hochzeit gut überbrücken.

Ursprünglich war es Tradition gewesen, Scheiterhaufen aus Holz und Stroh zu errichten und darauf eine riesige Strohpuppe, *the Guy*, in Brand zu setzen. Dieser Brauch hat sich bis heute erhalten, wird jedoch aufgrund von Feuer- und Brandschutzgesetzen nur noch unter strenger Aufsicht und in angekündigten Veranstaltungen beibehalten. Spektakulär ist es allemal. Wenn man allerdings selbst Katholik ist, wird einem doch ein wenig komisch ums Herz, manchmal sogar ein wenig unangenehm „warm", wenn man den Glaubensbruder dort oben lodern sieht.

Aus Gründen der politischen Korrektheit haben sich deshalb anstelle der großen Guy-Verbrennungen eher nachbarschaftliche Straßenfeste oder Dorfveranstaltungen on *The Green*, dem zentralen Stück Rasen eines jeden englischen Dorfs oder einer Gemeinde, durchgesetzt. Man will ja schließlich auch zu den Katholiken nett sein.

Ich erinnere mich an den ersten 5. November in der neuen Heimat. Der Lieblingsengländer hatte mich bereits - fürsorglich wie er ist - auf das Kommende vorbereitet. Nein, nun lüge ich Sie an. Literarische Freiheit hat ihre Grenzen. Bleiben wir also bei der Wahrheit. Ich hatte keine Ahnung von Guy Fawkes und seinem Erbe und war an meinem ersten 5. November allein zu Hause.

Wir wohnten sehr schön und sehr ländlich.

Als ich unseren jüngsten Sohn schlafen legte und die Vorhänge über seinem Kinderbett zuzog, war das Kinderzimmerfenster plötzlich hell erleuchtet. Auf dem Feld nebenan brannte eine riesige Strohpuppe lichterloh. Rundherum standen Menschen mit Laternen und Fackeln und skandierten *"Burn the Guy!"*. Ich hatte amerikanische Geschichte studiert. Eine erste spontane Einschätzung ergab, es müsse sich um den Ku-Klux-Klan handeln, den es nach Surrey, England, verschlagen hatte. Aber warum direkt in meine Nachbarschaft? Unseretwegen womöglich? Meine Gedanken standen Kopf. Auch von Inspektor Barnaby wusste ich noch nichts und war auf heidnische Dorffeste gänzlich unvorbereitet. Ich zog den Vorhang fest zu, in der Hoffnung, es möge sich bei dem Anblick um eine kurzfristige Fata Morgana gehandelt haben.

Wo war der Lieblingsengländer, wenn man ihn brauchte? Nebenan ging es aber jetzt erst richtig los. Rote, Grüne und Gelbe Raketen erhellten lautstark den Abendhimmel, die Ku-Klux-Klan Versammlung erging sich in dröhnenden Beifallsstürmen, der Gesang wurde lauter und das Baby fing zu schreien an. In welchem Film war ich hier nur gelandet?

Aber da: Das Garagentor öffnete sich. Der Lieblingsengländer stand im Türrahmen. *"Happy Guy Fawkes Night, Darling"*. „Happy WHAT?" war ich noch zu stammeln in der Lage, dann fiel ich in Ohnmacht.

Aber man gewöhnt sich an vieles, und die nächsten Jahre sollten für mich voller fröhlicher Bonfire Nights mit nachbarschaftlichen Street-Partys werden. Man zog sich warm an, die Kinder spielten, die Erwachsenen sorgten für Glühwein und *nibbles*, kleine englische Happen diverser Art, und die Herren bauten Feuerwerkkörper auf. Wochen vor dem Termin werden Raketen und Knallartikel in Supermärkten, Heimwerkermärkten und eigens dafür deklarierten Verkaufsstellen angeboten und reichlich gekauft.

Einmal wurden die ersten 100 Schuss Massivfeuerwerk von einem engagierten Nachbarn in falscher Richtung entzündet und gingen direkt in den Garagenbereich des anderen Grundstücks. Der Effekt war aber nicht weniger lustig. Wir erinnern uns: *"No fuss!"*. Niemand verlor groß ein Wort darüber, am wenigsten die Geschädigten.

Das Garagentor wurde einfach neu gestrichen und einige Dellen beseitigt. Nächstes Jahr fand das Straßenfest unverändert statt. *"No fuss!"*

Ich denke Guy Fawkes hat einen Platz im Kapitel über die englische Monarchie verdient. Wenn sein Ende auch tragisch war, so verdanken wir ihm eine weitere Gelegenheit für Nachbarschaftsfeste. *"God Save the Queen!"*

Wenn Sie also an einem 5. November in England sind, erschrecken Sie nicht, wenn Sie von Knallern aufgeschreckt werden. Es ist noch nicht Silvester und Sie träumen nicht. Sie sind nur in England und da fliegen selbst die Raketen anders.

Kapitel 17

Authority and Rules – und wann sie beachtet werden

Ich erinnere mich genau an jenen schwülwarmen Samstagvormittag.

Mit Einkaufstüten bepackt, einen Fünfjährigen an der einen und einen Zweijährigen an der anderen Hand, zwängte ich mich durch das Einkaufsgetümmel der Guildford High Street. Auf dem Weg zurück zu meinem Wagen, der eine gefühlte Ewigkeit entfernt geparkt schien, hatten wir als nächste Hürde den Busbahnhof zu überqueren. Mir graute. Eine recht komplizierte Struktur aus Fußgängerwegen, Absperrungen, Kreisverkehr und Einbahnstraßen wartete auf uns. Jenseits dieses Dickichts aber, fast schon in Reichweite, lag der Sydenham Car Park. Dort, so hoffte ich, würden wir - mit ein bisschen Glück - unseren Volvo wiederfinden. Das Ende der samstäglichen Tortur war greifbar nahe. Fragen Sie mich nicht, wo der Lieblingsengländer war. Irgendwie fanden die eher lästigen Gänge, die mit Einkaufen, Kindern und überfüllten Fußgängerzonen zu tun hatten, immer ohne ihn statt. So konnte er auch nicht Zeuge der folgenden Ordnungswidrigkeit werden.

Die Nerven lagen blank, und so kam es, dass ich mich entschloss – und ich stehe bis heute dazu -, den Busbahnhof diesmal auf direktem Weg zu überqueren, anstelle der Fußgängerüberführung, drei weiteren Ampeln und zusätzlichen zehn Minuten den Vorzug zu geben. Ich fühlte mich der Situation gewachsen, vier Busse parkten friedlich, und ein sorgsamer, wenn auch müder, Blick nach rechts und links ergab keine ersichtliche Bedrohung.

Alles ging gut - keine Räder zermalmten uns, und wir waren kurz vor der rettenden anderen Seite und dem Eingang zur Garage, da gellte ein Estuary English Akzent (Anm.: Arbeiterklasse) an das lautempfindliche Ohr:

"D'ya think that's a good way to teach your children?"

In etwa zutreffend übersetzt mit:

„Denken Sie etwa, dass Sie Ihren Kindern mit so einer Erziehung etwas Gutes tun?"

Der hochrote Kopf, dem das lautstarke Organ zugehörig war, lehnte aus dem Fahrersitzfenster des ersten der vier Omnibusse. Er unterstrich seinen Groll mit fuchtelnden Fäusten und eindeutigen Fingerbewegungen.

Bis heute erzählen wir von ihm. Er ist namenlos, aber er hat einen ganz besonderen Platz in meiner Erinnerung.

Nicht, weil er so gebrüllt hat; nicht wegen des Inhalts seiner Aussage. Auch nicht, weil er sich so wichtig genommen hat und nicht, weil er zweifellos Recht hatte.

Er ist uns allen deshalb so ans Herz gewachsen, weil er in all den 15 Jahren Familienleben in England eine solche Ausnahme geblieben ist. "Grumpy Graham", so nennen wir ihn liebevoll, war der einzige in all den Jahren, der mich selbst oder einen meiner Söhne öffentlich gerügt hat.

Nach fünf Sommern in Deutschland erscheint mir "Grumpy Graham" mehr denn je als Lichtgestalt. Können Sie raten, warum?

Auf täglicher Basis finden sich hier erstaunlich viele selbsternannte Aufpasser, die mir helfen, mein Leben und das meiner Kinder zu regeln, ungefragt versteht sich.

Nehmen wir zum Beispiel das Hundeleben, das wir Hundehalter führen. Wenn ich mit unserem Roten spazieren gehe, ähnelt dies einem Spießrutenlauf.

Irgendjemand hat sich eine besonders sinnige Regel einfallen lassen, die besagt, dass in unserer Gemeinde Hunde über 50 cm Schulterhöhe an der Leine zu führen sind.

Ein bürokratischer Geistesblitz dieser Art wäre in England nicht haltbar. Und selbst wenn jemand auf die Idee käme, sich aus Langeweile solch stupide Regeln auszudenken, würden die Briten durch schnelle, simple Prüfung das jegliche Fehlen von gesundem Menschenverstand erkennen und die Auflage rigoros ignorieren.

Denn wer will beurteilen, ob die Aggressivität von Hunden etwas mit ihrer Körperhöhe zu tun hat? Eine Regel, die keinen Sinn ergibt, wird in Großbritannien durchaus auch einmal großzügig umgangen. Sehr vernünftig!

Die Leinenpflicht entspricht nicht dem roten Temperament, und ich betrachte es meinerseits als nicht artgerechte Haltung, wenn er nicht einmal freilaufen darf. Leider hat die Gemeinde, die die 50 cm Schulterhöhe festgelegt hat, nicht daran gedacht, eine entsprechende Freifläche für all die großen Vierbeiner zu bauen, auf der sie dann mit offiziellem Segen durchstarten könnten.

So drücke ich mich um 6:00 morgens ins Unterholz oder starte in unzugängliche Bergschluchten auf der Suche nach einer Rennstrecke für meinen bewegungsfreudigen Hund. Leider ist meistens ein Aufpasser vor mir da. „Hunde an die Leine" oder „Anzeige kommt", so schallt es mir schon von weitem entgegen.

Eine der Lieblingsbeschäftigungen meines Hundes ist es, Eichhörnchen auf den nächsten Baum zu jagen und dann von unten zu ihm hinauf zu bellen. Das Eichhörnchen gewinnt natürlich immer, und oft ist es so schnell, dass der Rote sogar den falschen Baum anbellt. Im Englischen gibt es hierfür reizender Weise die treffende Redewendung *to bark up the wrong tree*.

Letzten Sonntag war es wieder so weit. Mein Weg führte mich durch ein großflächiges Waldstück und ich ließ den Roten ein wenig freilaufen. Ein Eichhörnchen hatte die gleiche Idee, eine klassische Situation mit berechenbarem Ausgang. Alles ging seinen Gang, wie erwartet.

Leider war in selbem Moment eine Mutter mit einem Kleinkind dem Hain entstiegen - die Aufpasser arbeiten auf

Knopfdruck - und erklärte ihrem Kind in pädagogisch wertvollem Ton, was für ein böser Hund das sei, das arme Eichhörnchen zu jagen. Dabei warf sie mir anklagende Blicke zu. Ich bedaure das Kleinkind. Es hat keine Chance, ein normales Verhältnis zu Hunden zu entwickeln, oder zu Eichhörnchen. So oder so ähnlich ergeht es mir laufend. Auf jeden Hundebesitzer, so scheint es, kommen mindestens zehn Aufpasser.

Hat man Kinder, verhält es sich ebenso. Wenn mein Sohn an einem bayerischen Badesee Steine übers Wasser flitzen lassen will, so ist auch hier davon auszugehen, dass sich jemand findet, der ihn zurechtweist. Unser Sohn ist übrigens nicht dumm und weiß selber, dass er den Stein nicht in Richtung eines Schwimmers schnalzen lässt. Und dennoch ruft sein Verhalten unseren deutschen Aufpasser auf den Plan.

Wir sind, so scheint es, Weltmeister im Leute-Verbessern, - Zurechtweisen, und im ungefragten Rat-Erteilen. Wir mischen uns gerne ein und beziehen aus unserer beflissenen Kleingeistigkeit eine gewisse Befriedigung. Wir erwischen gerne andere oder bespitzeln sie. Unsere Vergangenheit profitierte von diesem deutschen Charakterzug. Anwälte leben von Nachbarschaftsstreitigkeiten, und es scheint so zu sein, dass jeder alles über jemanden behaupten kann. Die Beweislast liegt bei dem Beschuldigten. Ein seltsames System.

Nicht so in England. Mit Ausnahme von "Grumpy Graham" gilt die Devise: Leben und leben lassen. *How come?* Ein genauerer Blick auf die englische Polizei und ihre Geschichte enthüllt ein interessantes Wesensmerkmal der Briten. Außerdem sind wir ja bei unserer Schnitzeljagd für jeden Hinweis zu Brexit-Beweggründen dankbar, und wir werden hier möglicherweise ein wichtiges Papierstückchen mehr finden.

Im präviktorianischen England führte der Innenminister Sir Robert Peel 1829 die erste organisierte Polizei in London ein. Es war eine zivile Einheit und wurde unter dem Namen Metropolitan Police Force bekannt. Peel hatte zunächst alle Hände voll zu tun, seine Gegner zu überzeugen, da diese befürchteten, eine Polizei Einheit würde die persönlichen Freiheiten einschränken. Diese Geisteshaltung ist bis heute mehr oder weniger unverändert. Wir können aus ihr viel über die britische Seele lernen.

Peels Wachmänner wurden als Peelers oder Bobbies (kurz für Robert) bekannt, trugen schwarze Jacken und blaue Helme und waren lediglich mit einem Schlagstock und einer Pfeife bewaffnet. Seit 1909 war der Bobby dann mit einem Fahrrad unterwegs. Wir erinnern uns gerne an die unsterblichen „Miss Marple"-Filme und das beneidenswerte *Village Life* im England der 50-er Jahre. Jahrzehntelang war der englische Bobby ein Sinnbild für gelebte Autorität. Er war und ist eine Vertrauensperson. In Zeiten vor Mobiltelefonen konnte man ihn nach der Zeit fragen, oder auch nach dem Weg.

Die englische Polizei ist traditionell unbewaffnet, eine Tatsache, die Touristen oder Besuchern aus aller Welt oftmals als erstes auffällt. Der hölzerne Knüppel, den jeder Bobby mit sich führt, wird verdeckt getragen und darf nur zu Selbstverteidigungszwecken eingesetzt werden. Für die Briten ist der unbewaffnete Zustand ihrer Polizei ein liebgewonnenes, vertrautes Symbol. Leider sind aufgrund der erhöhten Terrorgefahr die Bewaffnungsvorgaben massiver geworden. Schade.

Das Vereinigte Königreich hat keine nationale Polizei und kein Ministerium ist ausschließlich für die innere Sicherheit zuständig. Auf Provinzebene sind gewählte Police and Crime Commissioners (PCC) für die Polizei ihres Bereichs zuständig und direkt den Gemeinden unterstellt. Es gibt den schönen Begriff des Policing by Consent.

Als Robert Peel seine Polizei gründete, unterstellte er ihr neun wichtige Prinzipien, die als Policing by Consent bekannt wurden. Vereinfacht ausgedrückt besagen diese, dass die Polizei den Menschen dient, nicht dem Staat, und es die Menschen Großbritanniens sind, die es der Polizei erlauben, ihrem Dienst nachzugehen, nicht der Staat, der seinen Mitmenschen den Polizeidienst oktroyiert.

Der Polizeihistoriker Charles Reith nannte 1956 diese britische Polizei-Philosophie in seinem Buch "New Study of Police History" „einzigartig in der Geschichte und in der Welt, da sie sich nicht auf Angst gründet, sondern ausschließlich auf Kooperation zwischen der Öffentlichkeit und der Polizei" (Quelle 64)

Nicht die Macht des Staates überträgt also die Gewalt an die Polizei, sondern die Zustimmung des Volkes. Und hier sind wir schon einem entscheidenden Stück Motivation für Brexit auf die Schliche gekommen. Je weniger Staat, desto lieber ist es den Briten.

Sie akzeptieren, wie alle zivilisierten Staaten dieser Welt, dass es Regeln für das Miteinander und einen Rechtscodex geben muss. Sie nehmen hierfür Politiker in Kauf, diese Struktur zu schaffen und aufrecht zu erhalten. Wir verdanken zentrale Gedanken über die Macht im Staat und die Gewaltenteilung nicht zuletzt den englischen Staatstheoretikern der Aufklärung, John Locke und Thomas Hobbes. Bezeichnenderweise stimmen beide überein, dass eine Staatsgewalt zwar für Rechtsfrieden und innerstaatliche Ordnung sorgen, die Freiheit aber nicht eingeschränkt werden soll.

Der Staat ist für die meisten Briten ein notwendiges Übel und keine Instanz, die Ansehen oder Beachtung genießt. Im Gegenteil.

Der Lieblingsengländer erzählt gerne von der Umfrage des angesehenen "Today"-Programms auf BBC Radio 4 aus dem Jahr 2002. (Quelle 65)

Hörer waren aufgefordert, aus einer Liste von 100 Berufen jeweils die drei auszuwählen, die sie am meisten, bzw. am wenigsten respektierten. Aus den Ergebnissen von immerhin 7000 Abstimmungen wurde eine Beliebtheitsskala erstellt.

Aus unserem Kapitel „Kreatives Schreiben" wissen wir bereits, dass viele Inselbewohner gerne Schriftsteller wären. Daneben landeten Ärzte und Krankenschwestern auf den vorderen Plätzen, Lehrer, Feuerwehrmänner und Notärzte rangierten dicht dahinter.

Den letzten Platz allerdings - mit deutlichem Abstand und noch weit hinter dem unpopulärsten Viertel aus Immobilienmaklern, Staatsministern, Rechtsanwälten, Journalisten, Fußballern und Autoverkäufern - eroberten sich die Members of Parliament, das britische Pendant unserer Bundestagsabgeordneten. Noch vor dieser Gruppe kamen Berufe wie Reinigungspersonal, Call-Center Mitarbeiter, Fabrikarbeiter, Barpersonal und Straßenkehrer.

Dies lässt doch einen tiefen Blick in die englische Seele zu. Der

Brite hat eine grundsätzlich misstrauische Haltung gegenüber der Staatsgewalt. Politiker werden geduldet und bieten als „nationaler Witz" wöchentlich überreichen Stoff für Talk-Shows, Satire Programme, Kabarett-Sendungen, Quiz-Shows und Presse.

Als Beispiel soll die politische Fernseh-Quiz-Show "Have I got News for you" gelten. Sie porträtiert jeden Freitag auf BBC 1 Details der politischen Woche auf höchst unterhaltsame wie intelligente Weise. Woche für Woche amüsiert sich die Nation auf Kosten ihrer politischen Klasse.

Politik liefert den einfachen, ewig fruchtbaren und klassenübergreifenden Stoff für Satire. Gnadenlos wird jeder Patzer, jeder kleinere oder größere Fehltritt, jedes weniger geglückte Interview ausgeschlachtet. Die Sendung ist parteilos; jeder und alles wird geopfert, wenn er oder sie sich dumm verhält. Die Moderatoren und ihre Gäste zeichnen sich durch eine fast unnatürliche Schlagfertigkeit aus. Der verbale Funkenflug ist sehenswert, auch wenn die manchmal recht harten Bälle zunächst gewöhnungsbedürftig sind. Zimperlich darf man nicht sein. Zwei Teams treten gegeneinander an. Über mehrere Runden werden aktuelle Nachrichtenthemen und handelnde Akteure aufgegriffen. Filmclips werden gezeigt und Schlagzeilen ausgeschlachtet. Es gilt Fragen zu beantworten, wobei es weniger um die Richtigkeit als um die Schnelligkeit und den Witz der Antworten geht. Das *Banter*, das Geplänkel zwischen den Teilnehmern ist entscheidend und so verwundert es nicht, dass die Punktevergabe am Ende der Sendung meist rein zufällig ist. Typisch undeutsch also und ganz der britischen hohen Kunst verpflichtet, vor allem sich selbst aufs Korn zu nehmen.

Die Sendung ist seit 1990 ununterbrochen im Programm und segelt grundsätzlich hart am Wind. Die Grenzen zu Verleumdung und übler Nachrede sind fließend und über die Jahre musste sich die BBC einiges an Klagen gefallen lassen. Die Tatsache, dass die Show nie abgesetzt wurde, sagt viel über die Briten und ihre erfrischende Einstellung zu politischer Autorität.

Humor ist eine wichtige und mächtige Waffe, und niemand versteht sie besser einzusetzen als die Briten.

Für einen Politiker ist eine Einladung zu "Have I got News for

You" der ultimative Fehdehandschuh. Er oder sie weiß genau: Dies ist die Aufforderung zu einem Kampf ohne Visier. Einzig Witz, Charisma und Wortgewalt entscheiden über Gedeih oder Verderb. Es gibt keine Proberunde, kein Durchspielen von Fragen oder Antworten. Ist man langsam, hat man sowieso sofort verloren. Einzig der Schlagfertige kommt durch.

Man wird es sich zweimal durch den Kopf gehen lassen, bevor man eine Einladung zu dieser TV-Schlacht annimmt. Es ist eine Feuertaufe. Verlierer verschwinden in der Regel sang- und klanglos und sehen ihr politisches Profil auf lange Zeit gedemütigt. Andererseits können Gewinner mit unverhofftem Zuspruch und langwährendem Respekt rechnen. Zwei Beispiele sollen dies veranschaulichen.

Die Verliererin: Für den 16. Dezember 2016 war Nicky Morgan als Gast für die Show vorgesehen. Bis Juni desselben Jahres war sie Bildungsministerin unter David Cameron und Mitglied der Konservativen Partei gewesen. Nach dem Rücktritt Camerons hatte sie unter Theresa May keinen Platz mehr im Kabinett ergattert. Leider hatte sich in der Adventszeit ein kleiner Zickenkrieg zwischen ihr und der neuen Premierministerin entwickelt. Grund hierfür war zunächst eine 995 Pfund teure, braune Designer Lederhose, die Theresa May zu einem Foto-Shooting trug und die ihr hämische Kommentare aus den eigenen Reihen einbrachte. Eine der lauteren Stimmen gehörte Nicky Morgan, die verkündete, „seit ihrem Hochzeitskleid, habe sie nichts ähnlich Teures besessen". (Quelle 66). Tessy war über diese Indiskretion verständlicherweise nicht begeistert. Umso grösser war ihre Schadenfreude allerdings, als kurz darauf Nicky Morgan mit einer 1000 Pfund teuren Mulberry-Handtasche abgelichtet wurde.

Am 14. Dezember 2016 machte Nicky Morgan wegen *unforeseen circumstances*, unvorhersehbarer Umstände, einen Rückzieher und sagte ihre Teilnahme ab.

Zum Sendetermin am 16. Dezember saß kurzerhand eine Handtasche auf dem für den Gast vorgesehenen Platz neben Moderator Paul Merton.

Die Handtasche war sogar mit Mikrofon ausgestattet. Paul

Merton unterhielt sich bestens mit der Handtasche und bescheinigte ihr, sie gäbe eine bessere Figur ab, als manche seiner früheren Gäste. Die Diskussionsrunde mit *four men and a handbag* ist ein Lehrbeispiel und hätte ohne weiteres unser Kapitel über den englischen Humor alleinstehend füllen können.

Die Tatsache, dass Nicky Morgan nicht zur Show antrat, hat man ihr übelgenommen und sie brauchte eine Weile, bis sie sich von der Schmach wieder erholt hatte. Besser wäre es wahrscheinlich gewesen, auf typisch britische Art, der Sache ins Auge zu schauen, als sich zu drücken.

Der Gewinner: Bevor Boris Johnson Bürgermeister von London und danach Außenminister wurde, war er „nur" Historiker, Journalist und von 1999 – 2005 Herausgeber des konservativen Magazins The Spectator. Seine ersten Auftritte in "Have I got News for You" im Jahr 1998 meisterte Johnson trotz gnadenlosem Beschuss durch seine Quizmaster und die anderen Gäste mit solch einer Bravour, dass er in Folge wiederholt eingeladen und in der Öffentlichkeit als Meister des *Bonmot* und der Schlagfertigkeit bekannt wurde.

Briten mögen charaktervolle Individuen und ziehen sie einem angepassten Langweiler in jedem Falle vor. Für Johnson war es jedenfalls der Durchbruch und er konnte sich 2008 gegen den Labour-Politiker Ken Livingstone als Bürgermeister von London durchsetzen. Mit großer Mehrheit wurde er 2012 für eine zweite Amtsperiode bestätigt. Heute kennt ihn fast jeder.

Alan Johnson, Innenminister unter Gordon Brown, und Teil der alten Garde der Labour Party war jüngst Gast bei HIGNFY, wie die Show umgangssprachlich abgekürzt wird.

In der Sendung, die kurz nach dem ungewöhnlichen Wahlerfolg von Jeremy Corbyn im Juni 2017 ausgestrahlt wurde, wurde er damit konfrontiert, seinen Parteifreund als "*useless, incompetent and incapable*", „nutzlos, inkompetent und unfähig" bezeichnet zu haben. Johnson´s Antwort kam blitzschnell: "*Now, you are reading things into that.*", „Sie lesen da zu viel hinein". (Quelle 68)

Seine Geistesgegenwart und sein enormer Witz ernteten ihm allseits Lob, sogar von ausgewiesenen Corbyn-Befürwortern. So funktioniert der Umgang mit Autorität in Großbritannien.

Das zweiwöchentlich erscheinende Satire Magazin Private Eye ist das gedruckte Pendant zur TV-Show. Der Herausgeber Ian Hislop ist gleichzeitig einer der beiden "Have I got News for you"-Moderatoren. Private Eye erfreut sich seit 1961 allergrößter Popularität und nimmt regelmäßig Politiker und Personen des öffentlichen Interesses, aber auch Journalisten, Geschäftsleute und Tageszeitungen aufs Korn. Bei einer Betrachtung des englischen Umgangs mit Autorität und Regelwerken darf Private Eye nicht fehlen.

Die regelmäßigen Kolumnen beschäftigen sich mit den aktuellen Nachrichten und diversen Skandalen im Königreich jedweder Couleur. Alleine schon die Titel der Sparten sind nach guter alter englischer Manier urkomisch.

So gibt es die "HP Sauce", eine Kolumne über Politik und Politiker, wobei sich hinter dem Wortspiel sowohl die Houses of Parliament als auch eine echte Grillsauce verbergen.

Die Kolumne "Ad Nauseam" nimmt die Werbebranche (Advertising) aufs Korn, und die Spalte mit dem Titel "Brussel Sprouts", der englischen Bezeichnung für Rosenkohl, beschäftigt sich mit wenig schmeichelhaften Beiträgen zum Europaparlament und der EU.

Parodien von Tageszeitungen, Journalisten, Schreibstilen und die Spalte "Me and my Spoon" vervollständigen das Repertoire; Durch den Kakao wird alles und jedes gezogen, was nicht niet- und nagelfest ist und wir merken schon: man nimmt Autorität, Regeln und insbesondere die Politik und die Altvorderen nicht so wirklich ernst. Dem nicht-Briten wird das Verständnis von Private Eye schwerfallen. Es sei denn vielleicht, er hat das Kapitel über den englischen Humor mehrfach durchgearbeitet und sich die Redewendung *to take someone down a peg or two* als britische Lieblingsbeschäftigung gut gemerkt.

So machen Briten das gerne mit Autoritätspersonen: Sie lassen diese ab und zu wissen, dass sie bei weitem nicht so wichtig sind, wie sie selbst dachten.

Kapitel 18

"Come over for Sunday Lunch" – ein Sonntag bei Freunden

Wir beneiden die Franzosen um ihr Ritual des langen, gemeinsamen Familienessens und bewundern das Generationen übergreifende Zusammensein über einem guten Mahl. Aber wer hätte gedacht, dass die Engländer der *Grande Nation* hier in nicht viel nachstehen?

Die Einladung zu einem englischen Sonntagsessen ist etwas Besonderes und sollte in jedem Falle dankbar angenommen werden.

Anders als die Dinner Party an einem Samstagabend, ist der Sunday Lunch informell und kann folgende Personengruppen umfassen: Freunde, die man lange nicht mehr gesehen hat, Großeltern, Gastschüler, Onkel und/oder Tanten und sogar manchmal Arbeitskollegen oder gar Lehrer.

Der anzuberaumende Zeitaufwand sollte nicht unterschätzt werden. Sunday Lunches sind langwierige Angelegenheiten. Wir sollten uns in etwa von 12:30 bis frühestens 17:30 Zeit nehmen und anschließend nichts mehr vorhaben. In dieser Zeit werden wir einen *Roast* vertilgen, vergleichbar einem deutschen Sonntagsbraten, einen Spaziergang machen, Brett- oder Ratespiele spielen, eventuell ein Rugby- oder Cricket-Match am Fernseher verfolgen und insgesamt einen langen, faulen Nachmittag verbringen.

Das Hauptaugenmerk liegt auf einer *lazy* Atmosphäre, langsam, warm und entspannt soll alles zugehen, und die Gäste sollen sich gänzlich zu Hause fühlen. Die Kleidung darf dementsprechend sportlich *Casual* sein. Ganz in diesem Sinne werden Angebote von Gästen, sich nützlich zu machen, dankend angenommen. Ein Gast darf tranchieren, einer die Kartoffeln, ein anderer das Gemüse auftragen. Beim Abtragen helfen wieder alle mit. Bei einem Sunday Lunch geht es vor allem um das lange Verweilen und um die vielen kleinen Gespräche mit allen Gästen am Esstisch, aber auch in der Küche, im Gang, im Wohnzimmer, wo immer Platz ist. Kleine Grüppchen finden sich vielleicht auf der Terrasse, andere an der Spüle, wieder andere am Bücherregal im Wohnzimmer. Das Essen selbst wird unkompliziert gehalten. Ein Braten, Kartoffeln, viel Gemüse und ein oder zwei Desserts, fein, aber *easy*.

Die Franzosen nennen die Engländer bis heute „*les rosbifs*", ein deutlicher Hinweis auf das Lieblingsessen der Briten. Roastbeef ist ein solcher Teil der nationalen Identität geworden, dass wir ihm ein kleines Denkmal setzen wollen.

Geschichtlich betrachtet datieren wir den Beginn des Sunday Roast auf die Regentschaft von Heinrich VII. um 1485. Um etwa diese Zeit kam die königliche Leibwache, die Yeoman of the Guard, auch zu ihrem Kosenamen Beefeaters, da diese täglich eine gehörige Portion Roastbeef vorgesetzt bekamen.

Der Jamie Oliver des 19. Jahrhunderts hieß William Kitchiner, der 1822 das vielversprechende Kochbuch "The Cook's Oracle" veröffentlichte. Sein Name war buchstäblich in aller munde. Als zeitgeschichtlich erstes Vorbild aller späteren Hausmänner kochte er nicht nur die Speisen selbst, sondern er trug das Geschirr ab, erledigte den Abwasch, räumte die Küche auf und sorgte für allseits blitzende Umgebung.

Allen heutigen Ernährungsphilosophen, Veganern und Vegetariern stehen allerdings die Haare zu Berge, wenn sie Kitchiners Empfehlungen für drei Kilogramm rotes Fleisch pro

Woche als Teil einer gesunden Diät, sowie eine tägliche Ration von 2 kg Brot und eine Pint Bier (ca. 600 ml) lesen.

William beschrieb in seinem Hauptwerk auch die bevorzugte Methode, ein 15 Pfund schweres nobles *Sirloin* vier Stunden lang an einem Spieß über offenem Feuer für das sonntägliche Mittagessen zu braten. Selbstverständlich war ein solches Stück Fleisch sowie eine passende Feuerstelle nur den wohlhabenden Klassen zugänglich. Die weniger Betuchten entschieden sich für ein entsprechend kleineres Stück Rind und gaben dieses auf dem Weg zur Kirche beim Bäcker ab. Da am Sonntag kein Brot gebacken wurde, konnte das Fleisch in den abkühlenden Brotöfen gegart und auf dem Rückweg von der Kirche wieder abgeholt werden.

Als die Küchengeräte der Neuzeit ihren Einzug hielten, wurde es für viele Familien einfacher, ein Stück Braten zu garen und der Siegeszug des Sunday Roast, dessen Name sich allerdings aus der Zeit der offenen Feuerstellen erhalten hat, konnte beginnen.

Von der entlegensten Ecke des Königreichs bis zur Hauptstadt sind Pubs und Restaurants regelmäßig sonntags ausgebucht. Der Pub Roast ist sehr populär, und eine wachsende Zahl junger Familien, die über das nötige Kleingeld verfügen, entfliehen dem eigenen Herd und treffen sich mit Verwandtschaft oder Freunden im Pub ihrer Wahl. Man kann nachvollziehen, weshalb. Ein Sunday Roast ist mit viel Arbeit verbunden, und diesseits wie jenseits des Ärmelkanals erleichtert man sich heutzutage gerne einmal die Küchenarbeit.

Für die allermeisten Briten jedoch ist die Zubereitung eines Sunday Roasts und die Einladung in den eigenen vier Wänden das Herzstück der englischen Küche und Ehrensache. Hier wird gezeigt, was die Hausfrau kann. Das Gericht ist national und wird in aller Welt nachgekocht. *Beef with Yorkshire Pudding and all the trimmings* steht auf der Speisekarte, und es läuft uns das Wasser im Munde zusammen.

Für das Stück Rind wird traditionell entweder eine Rippe gewählt, da der Knochen das Fleisch saftig hält, oder auch eine Lende. Das Fleisch sollte möglichst dunkel sein, was auf einen gut abgehangenen Zustand hindeutet. Eine dicke Fettschicht ist von Vorteil, da es das Fleisch während des Garvorgangs schön saftig hält. Marmoriert ist ebenfalls gut; die ein oder andere Sehne sorgt für zusätzliches Aroma und verhindert, dass das Fleisch austrocknet. Das gute Stück wird von allen Seiten gut angebraten und dann im Ofen gegart. Wenn die Garzeit erreicht ist, muss der Braten ruhen. "*Rest, rest, rest*" wie die Engländer sagen. Bis zu einer Stunde ist hier nicht ungewöhnlich. Die Fasern, die sich beim Garvorgang zusammengezogen haben, haben so Zeit, sich zu entspannen und den Fleischsaft freizugeben, den man für die *gravy*, die Soße benötigt.

Henry Fielding schrieb dem Roast Beef 1731 sogar eine eigene patriotische Ballade, "The Roast Beef of Old England". Eine Ode an ein Stück Fleisch, das den Reichtum und die Macht der Insel symbolisieren sollte. Der Text wurde während der nächsten zwanzig Jahre kontinuierlich erweitert, und der Barockkomponist Richard Leveridge gab dem Lied eine neue musikalische Fassung. Bis heute wird das Lied bei formellen Abendessen der Royal Navy gespielt.

Der Lieblingsengländer, anderen Nachschlagewerken stets noch einen Schritt voraus, bestätigt, dass auch die britische Armee, die sich sonst gerne etwas hochnäsig gegenüber Errungenschaften der Royal Navy gibt, bei offiziellen *Mess Dinners* (dem Abendessen in der Offiziersmesse) das Lied von Leveridge erklingen lässt. Zu Fielding und Leveridge blitzen sozusagen bis heute die Orden und das Regimentssilber.

Auch bei formellen *Mess Dinners* des United States Marine Corps erklingt es, wenn das Beef präsentiert wird, oder manchmal sogar bei Paraden für den Präsidenten.

Der alte Schinken ist so schön britisch, dass wir die Ballade dem Interessierten in voller Länge und unübersetzt im Anhang 3 zur Verfügung stellen. Wer mag, kann kurz dorthin blättern.

Mit einem entsprechenden Stück Roastbeef im Magen widersetzte sich also die englische Flotte der Armada und die Generation dieser Väter, "*robust, stout and strong*", wird von Fielding verherrlicht. Der Verfall, kulinarisch wie gesellschaftlich, wird beklagt. Von "*all-vapouring*", dem allesfressenden, Frankreich habe man gelernt, "*to eat their ragouts as well as to dance*", eine dramatische Wende zum Schlechteren, so darf man

Fielding wohl unterstellen. Patriotischer geht es wohl nicht, und der Historiker entdeckt auch hier einen kleinen Hinweis auf das charmante Verhältnis der Engländer zu den *frogs*, den Franzosen. Aber hierzu mehr im Kapitel "*The English are best*".

1748 malte William Hogarth das passende Bild zum Roast Beef. Ursprünglich betitelt "The Gate of Calais" zeigt uns Hogarth hier eine Szene, in der die Seite eines Rindes vom Hafen in Calais zu einer englischen Taverne transportiert wird. Bekannter wurde das Bild unter dem Titel des Liedes "Oh, the Roast Beef of Old England".

Das Bild, das heute in der Tate Britain zu bestaunen ist, ist mehrfach interessant für unser kleines Kompendium. Hogarth, der für seine satirischen Untertöne bekannt ist, setzte hier nicht nur dem Beef ein Denkmal. Wir hätten es gerne hier abgedruckt, aber die Tate ist nicht gerade zimperlich mit ihren Nachdruckgebühren, deshalb müssen Sie es selber nachschlagen, wenn Sie wollen. Oder noch besser: es beim nächsten London Besuch vor Ort aufsuchen!

Hogarth war selbst gerade im August 1748 von den Franzosen wegen Spionageverdacht in Calais festgenommen worden. Der arme Hogarth hatte nur Festungsskizzen anfertigen wollen und war erbost über die Behandlung, die ihm zuteil geworden war. Gott sei Dank kam er bald wieder frei.

Das Bild darf aber als seine Rache an den Franzosen angesehen werden. Der Katalog der Tate Britain beschreibt die xenophoben Hinweise. Ein fetter französischer Franziskanermönch ist die einzig wohlgenährte Person des Bildes. Ein dürrer französischer Gardist scheint hochnäsig und doch interessiert. Ein Jakobiner kauert bei seinem spärlichen Mahl bestehend aus einer Zwiebel und einem Stück Brot, seine Tasse liegt umgeworfen neben ihm. Die Jakobiner waren bekanntlich nach der gescheiterten Rebellion 1745 aus Schottland nach Frankreich geflohen. Auf einem Tavernen-Schild symbolisiert eine weiße Taube über dem Kreuz die katholische Kirche, die nicht gut wegkommt bei Hogarth. Auch Hogarth selbst sitzt links im Bild, inmitten von Gemüse fertigt er seine Sketche der Zugbrücke, als sich die Hand des Franzosen, der ihn verhaften will, auf seine Schulter legt. (Quelle 70)

Ach, die lieben Franzosen, ein eigenes Büchlein muss wohl irgendwann einmal die Geschichte der englisch-französischen Freundschaft füllen.

Doch zurück zu unserem Sunday Roast. Sein zweiter wichtiger Bestandteil ist der Yorkshire Pudding.

Der Pudding, oder "Yorkie", wie er manchmal liebevoll genannt wird, wurde in alten Zeiten nicht wie heute mit, sondern vor, dem Fleisch serviert. Hiermit sollte sichergestellt werden, dass der gröbste Hunger bereits gestillt war, bevor das Fleisch auf den Tisch kam. Damals war der Yorkshire Pudding ein großes Stück Teig in einer Pfanne, die unter das Fleisch geschoben wurde, um den Fleischsaft darin aufzufangen.

Das erste Yorkshire Pudding Rezept datiert aus dem Jahr 1866 und ist von einer Mrs. Beeton überliefert.

Heute kann man ihn in allen Größen tiefgefroren in Supermärkten kaufen. Nichts schlägt jedoch einen selbstgemachten Yorkshire Pudding und wir wollen versuchen, der deutschen, anglophilen Hausfrau den Mund ein wenig wässrig zu machen.

Aussehen sollten sie wie eingedrückte Muffins. Wir empfehlen, an dieser Stelle diese ausgesprochene Delikatesse zumindest einmal zu googlen.

Der Teig für den Yorkshire Pudding muss gut geruht haben, auch hier ist *Rest, Rest, Rest* ein guter Leitfaden für unseren Koch oder Köchin. Die mit reichlich Enten- oder Gänsefett präparierte Pudding Form, ähnlich einer Muffin-Form, wird stark erhitzt. Es darf ruhig leicht rauchen. Nachdem der Teig hineingegossen wurde, wird das Blech sofort in den sehr heißen Ofen zurückgeschoben.

Rezept für Yorkshire Puddings

Zutaten:
    4 grosse, frische Eier, aufgeschlagen in einem Krug
    Gleiche Menge Milch (zu den Eiern)
    Gleiche Menge Mehl (zu den Eiern)
    1 Prise Salz

2 Esslöffel Schmalz oder Öl

Zubereitung:

1. Ofen auf höchste Stufe stellen, nicht höher als 230 Grad C
2. Eier und Milch in einer Schüssel gut vermengen
3. Prise Salz dazufügen
4. 10 Minuten ruhen lassen
5. Mehl zu der Mischung sieben und mischen bis eine cremeähnliche Konsistenz entsteht
6. Die Mischung mindestens eine halbe Stunde ruhen lassen, je länger desto besser
7. Eine erbsengroße Menge Schmalz in die Muffin Formen füllen und das Blech im Ofen erhitzen
8. Die Mischung noch einmal mit 2 Esslöffeln kaltem Wasser vermengen und jeweils 1/3 der Muffinform füllen
9. Sofort in den Ofen schieben
10. Warten, bis der Pudding gut aufgegangen ist, circa 20 Minuten (Quelle 72)

Die Yorkshire Puddings werden mit der Soße, der *gravy*, zum Fleisch verdrückt. Einfach göttlich! Als weitere Beilagen werden *Roast Potatoes* und Gemüse serviert. Hier ist Vielfalt alles und die folgenden Variationen haben sich bewährt, je mehr, desto besser. Ein Muss sind auf alle Fälle geröstete Pastinaken, Karotten, Grünkohl oder Bohnen und Blumenkohl-Gratin. Der Teller wird überladen und erstrahlt in einer wahren Farbenpracht. Darüber noch die gute *gravy* und das kulinarische Gedicht ist fertig. Ich garantiere Ihnen, niemand steht hungrig auf.

Wenn Sie, was unwahrscheinlich ist, direkt im Anschluss an unser Festmahl Hunger auf ein Dessert haben, müssen Sie noch warten.

Es ist üblich, nach dem Hauptgang erst einmal aufzustehen und sich ein wenig die Beine zu vertreten. Der Weg führt hinaus auf die Terrasse, in den Garten oder zum Wohnzimmer.

Im Sommer bietet sich eine Partie Crocket oder Boule an, verfügt man über eine Tischtennisplatte, so kommt auch sie jetzt zum Einsatz. Ein bisschen Bewegung ist angesagt; allerdings nicht zu viel.

Sehr beliebt ist auch der kleine Spaziergang nach der sonntäglichen Küchenschlacht, der *Constitutional Walk* oder Verdauungsspaziergang. Britische Gäste haben für diese Gelegenheit immer ihre *Wellies*, ihre Gummistiefel, im Kofferraum dabei. So steht dem Marsch über Wald und Wiesen nichts im Wege. Was ist schöner, als mit ein paar guten Freunden nach einem guten Mahl durch die Heide oder den Park zu stapfen? Der Sunday Walk hat eine lange Tradition.

Kinder können sich austoben, Teenager lüften einmal durch, und die Erwachsenen teilen sich in wechselnde Gruppen auf. Oft stiefeln die Herren forschen Schritts voraus, die Damen bestaunen je nach Jahreszeit die ersten zarten Knospen, das ein oder andere besonders schön gefärbte Herbstlaub und besprechen all die Themen, für die während des Essens keine Zeit war, oder solche, die den Herren unlieb wären.

Nach dem Spaziergang ist es Zeit für den Tee und das Dessert. Dies kann ein Kuchen sein, darf aber auch aus mehreren verschiedenen Nachspeisen bestehen. Einige können auch durchaus von den Gästen mitgebracht worden sein.

Wenn man sich nicht mehr an den großen Esstisch setzen möchte, kann die Nachspeise auch informell z.B. auf Wohnzimmersofas oder in den in englischen Häusern sehr beliebten Family Rooms eingenommen werden. Im Family Room steht meistens der Fernseher und man hat so Gelegenheit, den Stand des Cricket-, oder Rugby-Matches zu erfahren. Zwanglosigkeit ist Priorität und so verteilt sich die Gesellschaft oft mit ihren Teetassen und Nachtischtellern über das ganze Haus.

Wenn liebe Kleine mit von der Partie sind, wird auch gerne einmal eine Folge "Tom and Jerry" oder "Top Cat" eingeschoben. Wenn es sich allerdings gleichzeitig um einen Sonntag in einem gepflegten Haushalt wie den Shaws handelt, kann hier durchaus auch eine englische Grammatikstunde eingeflochten werden.

Hierfür stets bestens gerüstet war der Großvater Mike Shaw, ein Gentleman der alten Schule. Ich erinnere mich an genau einen solchen Sonntagnachmittag bei unseren Freunden. Die versammelten Kinder im Alter zwischen 6 und 13 saßen vor "Top

Cat", die Erwachsenen verblieben am Esstisch. Mike Shaw, der Vater des Hausherrn, war gerade nicht im Raum, man vermutete ihn in der Küche.

In der Trickfilmszene über ein Mäusefangmanöver erzählte Top Cat gerade: *"Me and the Gang went shopping in Losely Mall yesterday"* als eine Oxford English Stimme aus dem Hintergrund laut und würdevoll verkündete:

"Grammar, Children! The Gang and I went shopping in Losely Mall yesterday". Mike Shaw war mit seinen ganzen 1,90 m wie aus dem Nichts erschienen, ein Geschirrspültuch um die Schulter geschlungen und wie von Geisterhand auf den Plan gerufen, um diese amerikanische Massakrierung des Queen's English so nicht stehen zu lassen. Was immer er vorher gerade getan hatte, er ließ es stehen und liegen, um sich diese Gelegenheit nicht entgehen zu lassen. Man muss Prioritäten setzen. Nach der Verkündung seiner Botschaft verschwand er auch schon wieder, einem Erzengel nicht unähnlich, um sich weiter in der Küche nützlich zu machen. Die Kinder haben diese Grammatik-Korrektur nie vergessen, die Erwachsenen auch nicht.

Die Briten spielen gerne.

Sie sind sich für keinen Witz zu schade und lachen gerne, vor allem über sich selbst. Vielleicht hat sich hieraus ihre Spiele-Leidenschaft entwickelt. Ein wenig haben wir über dieses Hobby schon bei unserem Kapitel Dinner Party erfahren. Ein Spiel kann Eis brechen, Brücken bauen oder einfach ein gemeinsames Thema schaffen, bei dem alle mitreden können.

Die unter *Parlour Games* bekannt gewordenen Spiele für den Innenbereich gibt es seit dem Viktorianischen Zeitalter. Man spielte sie gerne im *Parlour*, einer Art Empfangszimmer oder Salon und benötigte dafür auch nicht mehr, als eben ein typisches *Parlour* zu bieten hatte: einen Tisch und ein paar Stühle. Viele solcher Spiele haben sich erhalten und die Konkurrenz zu Fernsehen, Radio und sogar Computer überlebt.

Beliebt sind Wort-Assoziationsspiele, Logikspiele oder Quizspiele.

Schnelle, unkomplizierte Ratespiele wie z.B. "20 Questions", bei dem eine Person sich eine Figur überlegt, die die anderen mit

20 Fragen erraten müssen, eignen sich im Übrigen hervorragend dafür, einen ansonsten vielleicht langweiligen Spaziergang für Teenager attraktiver zu gestalten.

Auch unsere nachweislich computersüchtigen Söhne waren und sind heute noch immer für ein Quizspiel oder "20 Questions" zu begeistern.

Mehr oder weniger komplizierte Brettspiele gibt es zwar auch, die sind allerdings eher dem kleinen Familienkreis vorbehalten und müssen, um in England erfolgreich sein zu können, vor allen Dingen Groß und Klein Spaß machen.

Ein beliebter Klassiker ist hier "Snakes and Ladders", ein Würfelspiel, bei dem man entweder auf Schlangen oder Leitern landet, wobei die ersteren den Spieler jeweils um Runden zurückwerfen, die Leitern jedoch zu schnellerem Vorrücken berechtigen. Auch die Spiele „Risiko", „Cluedo" oder „Monopoly" dürfen in keinem Spieleregal fehlen und, für die kleinen und größeren Philosophen, das wunderschöne Spiel "Sophie's World", benannt nach dem Buch von Jostein Gaarder.

Zum festen Repertoire eines jeden guten britischen Gastgebers gehört auch das geniale Mimik- und Darstellungsspiel "Charades". Die Anfänge von "Charades" verfolgen wir in das 18. Jahrhundert in Frankreich. Es handelte sich in der Originalform um ein Wortspiel, bei dem die einzelnen Silben eines Wortes zuerst getrennt voneinander als eigene Worte beschrieben und erraten werden mussten, bevor die Zusammensetzung dann das gesuchte Wort ergab. Eine noch kompliziertere Variante sah einen ganzen zu erratenden Satz vor, der so aufgeschlüsselt werden musste.

Im 19. Jahrhundert begann man dann in Frankreich das gesuchte Wort schauspielerisch darzustellen. Der englische Aristokrat und Autor William Makepeace Thackeray importierte diese Idee in sein Heimatland und gab ihr in seinem Roman „Vanity Fair" einen eigenen Rahmen. So gelingt es seiner Heldin Rebecca Sharp, durch ihre "Charades" Vorstellungen die Aufmerksamkeit des Prinzregenten auf sich zu ziehen.

Die Regeln der modernen Version sind einfach: Zuerst signalisiert man durch ein festgelegtes Handzeichen, ob es sich bei dem gedachten Begriff um einen Buchtitel, einen Film oder eine

Person handelt. Des Weiteren lässt man über Fingerzeig erkennen, um wieviel Worte und Silben es sich handelt. Es darf nicht gesprochen werden. Durch geschickte Darstellkunst versucht man nun, seinen Begriff schrittweise so zu visualisieren, dass das Publikum ihn erraten kann. "Charades" hat sich bis heute für Partys aller Art erhalten und ist vor allem auch an langen Winterabenden und zur Weihnachtszeit beliebt, wenn die ganze Familie versammelt ist. Ist der Sonntag verregnet, kann auch bei unserem Lunch eine Runde "Charades" vorgeschlagen werden.

Und für noch eine Sache schwärmen die Engländer bei einer solchen Gelegenheit. Ein Quizz muss her und gehört zu unserem *lazy Sunday afternoon* wie die Soße zum Roastbeef. In jedem Haushalt sind Quizbücher vorhanden und nichts ist einfacher, als eine oder zwei Runden Quizfragen einzulegen. Man braucht nur einen Quizmaster und eine Runde von eifrigen Ratenden. Diese Art des Quiz ist nicht kompetitiv. Man lehnt sich in sein Sofa zurück und ruft die Antwort einfach vor. Wer nicht mitmacht, weil er bereits ein wenig vor sich hindöst, fällt auch nicht weiter auf.

Ein Sonntag mit Familie und Freunden geht zu Ende. Alle sind satt, haben sich ein wenig bewegt, ein wenig gespielt, und niemand braucht sich mehr um das Abendessen zu kümmern. Einfach eine sehr schöne Art, einen Sonntag zu verbummeln.

Apropos Quiz, wie gut ist es eigentlich um Ihr Allgemeinwissen bestellt? Sind Sie bereitet für unser nächstes Kapitel? Finger am *Buzzer*, bitte.

Kapitel 19

The Pub Quiz – eine englische Institution

The Hairy Salamanders, Legends of Filth, Names are for Tombstones, Quizlamic Extremists, Onion Terror, It's only Cannibalism if you Swallow, Rehab is for Quitters, Les Quizerables, Our Sofa Pulls out – We don't, Emergency Brexit, The Muppets....
Die Liste ist endlos. Was in aller Welt verbirgt sich hinter diesen herrlichen Bezeichnungen?
Und schon höre ich einen *Buzzer* tönen: Richtig! 10 Punkte für das Team "Readers of the Lost Ark". Gratulation von Ihrem Quizmaster!
Wir haben es hier mit britischen Pub Quiz-Team Namen zu tun, die im Übrigen absolut unübersetzbar sind.
Es gibt so viele, leider auch einige sehr unanständige, und aus Jugendschutzgründen musste die Auswahl hier beschränkt werden. Die allermeisten sind aber witzige Parodien oder urkomische Wortspiele auf aktuelle Themen oder Schlagzeilen und wir wissen ja bereits, die Briten spielen leidenschaftlich gerne. Wenn man sich erst einmal für den britischen Humor erwärmt hat, wird man die hohe Kunst der Quiz Team-Namensfindung noch besser schätzen können.
Aber warum, bitte schön, widmen wir der Ratesucht ein

eigenes Kapitel?

Wir fordern dies nicht nur deshalb ein, weil das Kneipenquiz definitiv in Großbritannien seine Anfänge hat und von dort aus seinen Siegeszug rund um die Welt angetreten hat, sondern weil es sich heute auf der Insel mehr denn je als feste Größe und echte britische Institution in Städten und Dörfern festgesetzt hat.

Das Quiz per se, auch wenn es nicht im Pub stattfindet, ist aus dem englischen Leben nicht wegzudenken. Wir finden es auf Weihnachtsfeiern, an Silvester, auf Dinner Partys, auf Dorf-, Kirch- und Schulfesten, sogar bei Taufen und, wenn es sein muss, nach der ein oder anderen Beerdigung. Ein gutes Quiz ist ein Stimmungs-Aufheller, und nichts fühlt sich so gut an, wie bei einer forschen Quizrunde halbwegs überlebt zu haben. Kommt man unter die ersten fünf, so ist das eine Leistung. Ein Sieg dagegen ist etwas fürs Familienalbum, ein Victoria-Kreuz für den Hausgebrauch, sozusagen.

Manche Theoretiker sehen in dem Spiel Trivial Pursuit den Urvater der heutigen Quiztradition. Da die Briten allerdings schon immer ihren eigenen Kopf hatten, wollten sie sich als einzige nicht mit den Trivial Pursuit Vorgaben zufriedengeben und kamen deshalb auf die Idee, sich gegenseitig Fragen auszudenken.

Als die Besuchszahlen aufgrund der Verbreitung von Sky Sports in den Haushalten rückläufig wurden, mussten sich die Pub Besitzer etwas einfallen lassen und Anfang der Neunziger Jahre hatten viele englische Pubs bereits eine wöchentliche Quiz-Night eingeführt. Die Briten wurden süchtig nach dem Fragen und Antwort Spiel. Und zur Freude der *publikans*, den Pub Besitzern, wurde bei Pub Quiz-Veranstaltungen deutlich mehr getrunken als bei einem Fußballspiel, sozusagen ein willkommener Nebeneffekt. Man schreibt es dem Adrenalin zu, dass die Ratefüchse so durstig sind.

Im Fernsehen hatten sich die Shows "Mastermind" (1972 bis heute) und "University Challenge" (1962 mit einigen Unterbrechungen bis heute) bereits fest etabliert und ziehen heute wie damals wöchentlich ein festes Stammpublikum vor die Bildschirme.

Besonders "University Challenge" ist seit 50 Jahren ein wahrer

Leckerbissen von und für die geistige Elite des Landes. Jeremy Paxman ist ein hochintelligenter, gewitzter Gastgeber, der jeweils zwei vierköpfige Teams von den führenden Universitäten des Landes zu sich bittet. 28 Teams gehen ins Rennen und werden im Knock-Out-Verfahren aussortiert.

Die Fragen haben nichts mit Trivialitäten zu tun. Es handelt sich um handfeste wissenschaftliche, musikalische, literarische, geschichtliche, künstlerische, politische oder geografische Fragen, die im Blitzfeuer abgeschossen werden. Tempo sowie Allgemeinwissen der Studenten sind bemerkenswert. Der Lieblingsengländer verpasst keine Folge, soweit er es irgendwie einrichten kann und ergötzt sich an jedem Punkt, den er für sich reklamieren kann. Und das ist schwer! Ich habe es längst aufgegeben, bei dieser Show der Intelligenzbestien mitzuraten und versuche mir vorzumachen, es läge an meiner Nicht-Muttersprachlichkeit.

Insgeheim verfluche ich ab und zu mein deutsches Abitur, das man uns als gute Grundlage der Allgemeinbildung verkauft hat. Bei "University Challenge" reicht es nicht mal für die erste Runde. Aber dafür ist der Lieblingsengländer umso erfolgreicher, und die heimatlichen Fronten sind damit jeden Montag leider aufs Neue geklärt.

Es ist teilweise unmöglich, aufgrund von Wortspielen usw., die Fragen ins Deutsche zu übersetzen. Wenn Sie sich also für intelligent und gebildet halten, gehe ich gleichzeitig davon aus, dass Ihr Englisch wahrscheinlich auch nicht das schlechteste ist. Also bitte, hier ist Ihr Fehde-Handschuh. Eine typische Frage von Jeremy Paxman könnte so gestellt werden:

Frage: *"Which French Adjective links: a) essays, usually of criticism, written for aesthetic effect; b) the period from the late nineteenth century to the First World War, and c) a poem of 1819 by John Keats about a knight „alone, and palely loitering?"*
Antwort: *"belle"* natürlich (!), *Belles-Lettres, Belle-Epoque, "Belle Dame sans Merci"* (Quelle 73)

Sie sehen, bei "University Challenge" geht es nicht um Triviales. Wir besitzen in der Familie ein "University Challenge" Quiz-Buch, das noch relativ unbenutzt auf dem Bücherregal steht.

Aus irgendeinem Grund bevorzugen wir "The Mammoth Quiz Book" von Nick Holt für unsere sonntäglichen Quizrunden nach dem Familienmahl. Hier gibt es die Kategorien "Movies", "Writers", "General Knowledge", "Wildlife", "Science", "Kings and Queens", "Myths and Legends", "Books" und viele andere mehr. Unsere Söhne lieben ein oder zwei Runden Quizfragen nach dem Essen. Nick Holt ist deshalb schon recht abgegriffen. Wir sind eine durchschnittlich intelligente, bzw. belesene Familie und drei Mitglieder können bei Nick das ein oder andere Erfolgserlebnis verbuchen. Der Lieblingsengländer übernimmt oft ungefragt die Rolle des Quizmasters, zum Mitraten bei Nick Holt ist er sich meistens zu schade. Er hält Jeremy Paxman die Treue. Wenn der seine Fragen nur weniger anspruchsvoll verpacken und weniger schnell vortragen würde, wüssten wir vielleicht auch hier einmal etwas.

Wer sich aber mit Ratespielen im Fernsehen oder mit der lieben Familie nicht zufriedengeben will, der muss ins Pub!

Auf schwarzen Kreidetafeln, weithin sichtbar für vorbeifahrende Autos mit ratelustigen Briten, kündigen sie es an: *"Quiz-Night this Tuesday!"*

Diesem Aufruf folgen erstaunlich viele. Quiz Teams formieren sich, geben sich einen einfallsreichen Namen, und pilgern mit Bleistift bewaffnet in ihr *Local,* ihr Pub um die Ecke.

Gemischte Teams sind die besseren Rater, so Markus Berkman, Autor, Journalist und selbstbekennender Quiz Fan. „Frauen sind besser im lateralen Denken, Männer denken immer, sie wären die Besten, kommen aber dann doch nur auf Platz Vier", so Berkman in einem Interview mit dem Daily Telegraph. (Quelle 74). Außerdem sollte man sich laut Berkman vor Besserwissern in Acht nehmen.

„Seien Sie auf der Hut, wenn ein Rater sagt „Ich bin absolut sicher, es ist Äthiopien", und in Wirklichkeit keine Ahnung hat. Befreien Sie ihr Team von solchen selbst ernannten Spezialisten. Bleiben Sie bei ihrer ersten instinktiven Antwort. Wenn Antworten wieder und wieder überlegt, verbessert und nachgebessert werden, geht es meistens schief." (Quelle 74)

Berkman erzählt die Geschichte der Frage: „Welches Gesicht ist auf einer $ 50 Note?". „Ulysses S Grant" so kam pfeilschnell die Antwort von Will, einem Mitglied des Rateteams. Die anderen konnten sich nicht einigen und überstimmten Will zugunsten von George Washington. Es war Grant und der Nervenkitzel im Team war spürbar. Ein unausgesprochenes „Hab's Euch ja gesagt" von Will hing quälend in der Luft und verdarb ein wenig die Atmosphäre.

Oft liegt die Quälerei der Ratlosigkeit nicht in der Frage an sich, sondern in der umständlichen, besonders langwierigen Umschreibung, die eine relativ einfache Allgemeinwissensfrage geschickt schwieriger tarnt, als sie eigentlich sein müsste.

Wir erinnern uns kurz an die obige Jeremy Paxman Frage nach dem französischen Adjektiv. Keats war definitiv verwirrend und kein normaler Sterblicher kann dieses Detail wissen, es sei denn er hat ausgerechnet die Ballade "Belle Dame sans Merci" auf dem Nachttisch liegen. Ich hoffe einmal, nicht allzu viele unter uns fallen in diese Kategorie. Auch die gefragten Essays in der obigen Umschreibung sind gemeingefährlich. Das mittlere Stück, also die Frage nach der Epoche, könnten wir aber doch schaffen, oder? Und damit hätten wir das Adjektiv. Aber die allermeisten von uns lassen sich von komplexen Fragestellungen einschüchtern.

Hier noch eine dieser Wortverflechtungsfragen in einem Quiz, an das ich mich erinnere, leider auch nur im englischen Originalton sinnvoll.

> Frage: "*What word of four letters denotes: a) in physics, the rate of acceleration; b) in physiology, an involuntary spasmodic muscular movement; and c) in colloquial speech, a stupid or contemptible person?*"
> Antwort: "*Jerk*"

Wieder einmal scheiterte ich: hätte ich hingegen einfach daran gedacht, wie ich gedanklich noch am selben Morgen einen ungeliebten Herrn aus der entfernteren Nachbarschaft bezeichnet hatte, hätte ich punkten können. Aber mit der Physik hatte ich es noch nie.

Bei unserem Pub Quiz geht es nun folgendermaßen von statten: Der Quizmaster, entweder der Pub-Besitzer oder ein externer, engagierter Quiz-Fan, teilt Papier und Stifte aus. Ein Team besteht traditionell aus zwischen vier und maximal zehn Mitratern. Sie geben sich die eingangs erwähnten Namen, die auf allen abgegebenen Antworten vermerkt sein müssen.

Der Quizmaster entnimmt die Fragen einem Quiz-Buch oder kauft die Fragen von einer darauf spezialisierten Firma ein. Manchmal findet sich ein Quizmaster, der die Fragen selbst vorbereitet. In diesem Fall kann er sich auf eine Runde Freibier freuen.

Ein Quiz kann über mehrere Runden gehen, wobei die beliebtesten die folgenden sind:

1. *General Knowledge*, Allgemeinwissen
2. *Picture-Round*: Hier werden Fotos gezeigt, die außer Kontext erraten werden müssen
3. *"Who am I?" Round*: Es geht hierbei um versteckte Hinweise auf eine berühmte Person
4. *Music-Round*: ein Lied wird kurz angespielt und der Titel oder die Band muss erraten werden
5. *Puzzle-Round*: hier geht es um Anagramme, Rätsel, laterales Denken oder mathematische Fragen

In den Anfängen der Quiz-Kultur konnte man sich noch darauf verlassen, dass nicht geschummelt wurde. Das ist heute mit Smartphones deutlich schwieriger geworden. Allerdings ist es ein ungeschriebenes Gesetz und eine Frage der Ehre, selbstverständlich nicht zu schummeln. Einige Pubs verbieten für die Quiz Night Mobiltelefone oder sammeln diese vor dem Quiz ein. Die Versuchung könnte für den einen oder anderen doch zu groß sein.

Preise sind meistens alkoholischer Natur. Wenn man für die Quiz Night Eintritt bezahlt hat, kann die Summe auch als Bargeld Preis am Ende des Abends vergeben werden.

"The Great British Pub Quiz" ist ein jährlich stattfindender

Wettbewerb. Redtooth, eine auf Unterhaltung spezialisierte Firma, liefert an über 3.000 Pubs in ganz Großbritannien wöchentliche Quiz-Vordrucke und ist auch im Pub Poker Geschäft tätig. Im Great British Pub Quiz wird von Redtooth ein landesweiter Pub-Sieger ermittelt. Das Siegerteam hat dann die Gelegenheit gegen eine professionelle Mannschaft von Quiz-Persönlichkeiten aus Fernsehshows anzutreten.

Auch ein Quiz-Abend außerhalb des Pubs, zum Beispiel in einer Schule, fungiert ebenfalls bestens als optimaler Kommunikationsverstärker. Regelmäßig werden deshalb Quiz-Abende von Elternvereinen in Zusammenarbeit mit der Schule veranstaltet, und die beliebten Eltern-gegen-Lehrer-Teams haben schon so manches Eis gebrochen.

Manchmal wird so ein Abend als *Fund Raising* für die Schule oder einen anderen guten Zweck arrangiert. Preise werden meistens von den Eltern gespendet.

Ich erinnere mich eines denkwürdigen Quiz-Abends in Box Hill School. John Shaw, der ebenso beeindruckende Sohn des bereits erwähnten Mike Shaw („*Grammar, Children!*" siehe Kapitel Sunday Lunch) führte unser Team an.

Wir waren zuversichtlich. John hat in Oxford Physik „Summa Cum Laude" abgeschlossen und ist einer der schlauesten Köpfe, die ich kenne. Er ist immer für ein Quiz gut und hat uns auch auf privaten Silvesterfeiern oftmals mit einer selbstgebastelten Raterunde und leider unmöglich zu beantwortenden Fragen unterhalten. Jedes Mal, wenn wir der Verzweiflung nahestanden, ermunterte uns John: "*Oh come on, folks, cheer up, you got to know **that**!*" „Das müsst Ihr jetzt aber wirklich wissen!"

So war es ihm völlig unverständlich, dass wir zum Beispiel nicht wussten, was für einen Innuit ein Umiak ist. (Antwort: ein großes Kanu! "*Of course!*")

Wir hatten also einen respektablen Rater an unserer Spitze. Unser Team-Name war "Don Quizote" und wir waren bereit.

Die Runde der Lehrer nannte sich "The Celtic Connection", da einige Iren, zwei Waliser und eine Schottin vertreten waren.

Die Lehrer gingen in Führung, weil sie wussten, dass die Shinto Göttin Ama-Terasu, der Hindu Gott-Surya und die Inka

Gottheit Inti mit dem Ägyptischen Gott Ra der Sonne halber verwandt waren. Typisch!

John wusste die Antwort auf die Frage, welche der Wissenschaften laut Leonhard Euler und Karl Gnauss die Königskrone trägt. Die Mathematik natürlich.

Wir alle wussten, dass ein Dodekaeder 12 Flächen, hat. John war gerade auf der Toilette, deshalb mussten wir die Teilfrage, wie viele Kanten jeweils eine Fläche hat, abgeben. Es waren natürlich fünf, aber Alice aus unserem Team war sich sicher, es seien sechs. Deshalb ging auch dieser Punkt an die Lehrer. Alice fällt in die Kategorie Besserwisser, die nächstes Mal nicht mehr in unser Team gebeten wurde.

John war wieder zurück, Gott sei Dank, und wusste, dass Keraunothentophobie die Angst vor herabstürzenden Satelliten ist. Gleichstand!

Wir wussten auch, dass Bruxismus das nächtliche Zähneknirschen bezeichnet. Führung!

Nun kommt der Moment, den ich nie vergessen werde und über den ich noch heute, 10 Jahre später, großen Stolz empfinde. Die nächste Frage zu europäischer Geschichte lautete: „Aufgrund welchen Erlasses von 1713 konnte Maria Theresia den Habsburg Thron besteigen und damit das salische Recht ablösen?" Da meine Mutter freiberufliche Habsburger-Expertin und ich mit den diversen Biographien der Kaiserin aufgewachsen war, konnte ich hier ohne mit der Wimper zu zucken antworten: „Die Pragmatische Sanktion". Der Sieg war unser.

Mein größtes Geschenk war das Lob von John: *"Well done, old bean!"* strahlte er und fügte mit einem Augenzwinkern hinzu: *"The Germans are good for some things"*, „Die Deutschen sind doch für was gut".

Als Belohnung durfte sich unser Team aus einer Reihe von Preisen einen aussuchen. Ich durfte wählen. Mein Team war großzügig und die Preise ebenso. Es gab eine Reihe von begehrten Tickets zu Sportveranstaltungen, die von anderen Teilnehmern neidvoll beäugt wurden. Ein Elternpaar hatte Beziehungen zu Lord's Cricket Ground im Herzen der Hauptstadt spielen lassen und zwei begehrte Plätze gespendet. Lord's ist das Mekka des

Cricket-Spiels, ist so alt wie der Sieg Wellingtons über Napoleon in Waterloo, und ich brauchte nur zugreifen. Aller Augen waren auf mich gerichtet.

Nun hatte ich Cricket aber immer noch nicht so wirklich verstanden. Die scheinbar endlosen Spiel-Nachmittage, bei denen scheinbar absolut nichts passiert, die Zuschauer aber ab und zu in lautes Beifallsgeheul ausbrechen, sind mir bis heute verschlossen geblieben.

In der hintersten Reihe des Preisangebots stand allerdings verschämt eine Salatschleuder. Da ich immer schon praktisch denkend war, wählte ich die Salatschleuder. Ein erstauntes Raunen ging durch den Saal. Wer es noch nicht wusste, spätestens jetzt war ich als Deutsche korrekt identifiziert. Wer sonst würde eine Salatschleuder dem Lords Cricket Ground vorziehen?

Nie habe ich im Übrigen meine Wahl bereut. Meine rote Schleuder tut mir bis heute gute Dienste und hat mich noch nie im Stich gelassen. Jedes Mal erinnert sie mich an meinen großen Einsatz. Cricket hätte das nie geschafft.

Kapitel 20

The Last Night of the Proms – ein patriotischer Sommerabend

Patriotismus auf großer musikalischer Bühne - das sind die Proms.

Das größte klassische Musikfestival der Welt findet jedes Jahr in der Royal Albert Hall statt. Von Juli bis September ist dort Proms-Zeit.

Mehr als 70 tägliche Konzerte lassen sich hören und können ihre stolzen Anfänge auf das Jahr 1895 zurückverfolgen. Am 10. August fand damals das erste "Promenade Series Concert" in der Queen's Hall am Langham Place statt. Dieser Konzertsaal ist uns nicht mehr erhalten. Eine deutsche Bombe legte sie in Schutt und Asche. Heute steht dort das St George's Hotel.

Die Queen's Hall hatte einen findigen und geschäftstüchtigen Impresario namens Robert Newmann, der sich mit dem Musiker und Dirigenten Henry Wood zusammentat, und die ersten Promenadenkonzerte ins Leben rief. Die Idee war so lobenswert, wie sie einfach war.

Einem möglichst großen Publikum sollte eine möglichst breite Musikpalette auf möglichst hohem Niveau angeboten werden. Das

Konzept war stimmig und sah neben günstigen Eintrittspreisen außerdem eine informelle Atmosphäre vor. Es durfte gegessen, getrunken und sogar geraucht werden.

Zur Hundert-Jahr-Feier der Schlacht von Trafalgar, einem ikonischen Höhepunkt der britischen Geschichte, arrangierte Wood eine Reihe britischer Seemannslieder neu. 1905 wurde seine "Fantasia on British Sea Songs" in einem Promenadenkonzert in der Queen's Hall uraufgeführt und ist bis heute fester Bestandteil des jährlichen Musikfestivals geblieben.

Es darf bescheiden angeführt werden, dass Mr. Henry Wood ein enger Freund des ebenfalls musikalisch gestimmten Großvaters des Lieblingsengländers war. Der Urgroßvater wiederum hatte mit seinem Kammerorchester bereits für Königin Viktoria musiziert. Ein kleines Lied möge deshalb hinübertönen in die Ewigkeit zu Henry und den Ahnen. Ihr füllt heute noch locker Konzerthäuser und berührt unsere Herzen, britisch oder nicht.

Wood´s „Fantasie" beschreibt in neun Liedern die Schlacht von Trafalgar aus Sicht eines Seemanns. Wir sollten sie uns ein wenig näher anschauen, weil sie so schön britisch sind und weil sie uns, ob wir das nun wollen oder nicht, einen Einblick gewähren, warum aus Sicht einer Insel eben manches anders ist.

Das erste Lied ist dem Horn, dem *bugle*, gewidmet. "Bugle Calls" (1) eröffnet die Schlacht, sowie die Liedreihe.

"The Anchor's Weighed" (2) ist eine Ballade zu Ehren eines Schiffes, das den heimatlichen Hafen verlässt, um nicht mehr zurückzukehren.

"The Saucy Arethusa" (3) verewigt das Schiff HMS Arethusa und deren Konfrontation mit dem französischen Schiff „Belle Poule" im Ärmelkanal zu Beginn des Amerikanischen Unabhängigkeitskriegs 1778.

Charles Dibdin (1745-1814) schrieb die Ballade "Tom Bowling" (4) und erinnert damit an einen tugendhaften und tapferen Seemann, "the darling of our crew", den Liebling der Mannschaft, der auf See geblieben ist.

Das fünfte Lied ist das berühmte "Jack's the Lad" (5), auch bekannt als "The Sailor's Hornpipe" oder "The College Hornpipe". Die Melodie für diesen Tanz lässt sich bis auf das Jahr 1770 zurückverfolgen. Der Hornpipe-Tanz ist noch älter. Erstmalig wird er in Geoffrey Chaucer's Werken erwähnt und war zunächst nicht nur den Matrosen vorbehalten. Als "Sailor's Hornpipe" wurde er jedoch am bekanntesten. Man brauchte weder viel Platz noch einen Partner, und so waren die Vorbedingungen für die Unterhaltung an Deck ideal. Musikalisch wurde der Tanz der Seeleute typischerweise von einer Hornpfeife, einem historischen Holzblasinstrument, unterstützt. Wir wissen von Captain James Cook, dass er sehr daran interessiert war, jeweils mindestens einen Hornpipe-Spieler bei seinen Reisen dabei zu haben. So wies er seine Männer an, zur Hornpipe zu tanzen, um sie bei guter Gesundheit zu halten. Heute würde man sagen, er verordnete ihnen ein persönliches Fitness Programm.

An sechster Stelle im Reigen steht "Farewell, Ye Spanish Ladies" (6). Auch dieses Lied hat Geschichte. Eine frühe Ballade gleichen Namens wird 1624 erwähnt, wenn auch der wahrscheinlichere Ursprung erst der Napoleonischen Ära zuzuschreiben ist. Während der Befreiungskriege gegen Napoleon halfen britische Schiffe, Nachschub auf die iberische Halbinsel zu bringen und unterstützten den Kampf gegen den Eroberer auch mit Soldaten. Als diese nach ihrem Sieg über die *Grande Armée* wieder nach Hause zurückkehrten, mussten sie ihre spanischen Frauen und Kinder zurücklassen. "Spanish Ladies" wird in „Moby Dick" erwähnt, ebenso wie in vielen weiteren literarischen Werken. Robert Shaw singt es in dem Blockbuster Film „Der weiße Hai", bevor ihn sein Schicksal ereilt.

Das Lied "Home, Sweet Home" (7) von dem Engländer Henry Bishop mit einem Text von John Howard Payne wurde vor allem im Amerika des Bürgerkriegs bekannt. Durch den Film „Der Zauberer von Oz" wurde es unsterblich.

"See, the Conqu'ring Hero Comes" (8) nimmt den prominenten achten Platz ein und wurde als choraler Höhepunkt von Händels Meisterwerk "Judas Makkabäus" in Deutschland unter „Tochter Zion freue dich" bekannt. Die Royal Albert Hall erbebt jedes Jahr unter den herrlichen Chorstimmen! Eine arme Seele, die sich hieran nicht erfreuen könnte. Die patriotischen Herzen haben ihre Bühne gefunden. In Händel oder Handel, wie er sich anglisiert nannte, schlagen die beiden Seelen, die deutsche und die englische, nun tatsächlich in einer Brust. Wie gut uns allen immer wieder der Blick in die Geschichte täte. Sie gäbe immer wieder allem die richtige Perspektive, ließen wir es nur öfter zu.

An letzter Stelle unseres Liedzyklus steht, wie könnte es anders sein, "Rule Britannia" (9).

Zum ersten Mal wurde die inoffizielle Nationalhymne der Briten für den Thronfolger Frederick, Prince of Wales, anlässlich der Thronbesteigung seines Vaters, George II., in seinem Landsitz Cliveden zu Gehör gebracht. Sie findet sich versteckt in einem höfischen Maskenspiel, dem Vorreiter unserer Barockoper, über das Leben Alfred des Großen und bildet den Schlussgesang. Ursprünglich von Thomas Arne (1710–1778) komponiert, ist das Lied in der Fassung von Mervyn Sargent (1895-1967) zum unangefochtenen Lieblingslied aller Briten geworden.

So, nun kennen wir Wood's Fantasie. Könnten wir sie jetzt hören, wäre das natürlich noch besser. Bevor Sie weiterlesen, gönnen Sie sich diesen besonderen akustischen Genuss und lassen Sie die britische Musik an Ihr Herz dringen. Und da meinen die Politiker in Brüssel wirklich, sie könnten die Briten in die Knie zwingen? Niemals, meine Herren! Und als Ihre Drohungen größer wurden, da wurden die Briten noch bockiger.

Henry Wood begleitete die Konzertreihe bis an sein Lebensende im Jahr 1944. Er organisierte 1941 auch noch den Umzug in die Royal Albert Hall, die herrlich grandiose Rotunde mitten im Herzen Londons. 1911 war er zum Ritter für seine außergewöhnlichen Verdienste um das britische Musikleben geschlagen worden. Die Büste von Henry Wood steht in der Royal Albert Hall und wird jährlich anlässlich der Last Night of the Proms mit Lorbeer umkränzt.

Die Royal Albert Hall of Arts and Sciences, so ihr voller Name, ist Teil der nationalen Gedenkstätte zu Ehren von Prince Albert, dem geliebten (deutschen!) Mann von Königin Viktoria. Sie wurde 1871 eröffnet. Im Jahre 1872 folgte das Prince Albert Memorial-Denkmal direkt im Norden der Halle.

Die Royal Albert Hall bietet 7000 Sitzplätze, 2000 Stehplätze und steht für Großveranstaltungen aller Art zur Verfügung, von den Proms über Pop-Konzerte bis hin zu Boxkämpfen und jährlichen Wohltätigkeitsveranstaltungen. Als die Orgel der Halle zur Einweihung eingebaut wurde, war sie die größte der Welt.

Die Proms ist eine Konzertsaison der Sonderklasse. Am 9. September 2017 ging die 123. Auflage mit einer weiteren rauschenden *Last Night* zu Ende.

Vorher hatten 74 Konzerte stattgefunden. 2016 waren es über 90. Stravinsky, Britten, Schubert, Prokofiev, Bach, Brahms, Beethoven, Haydn, Mahler, Rossini, Bruckner – wenige, die aus dem großen „*Who's Who*" der Klassikszene nicht vertreten sind. Aber auch Gegenwartskomponisten wie Philip Glass oder John Adams, die Vertreter der Minimal Music, sind im Programm. Sie alle würden sich dagegen verwehren, die Proms „nur" als gleichbedeutend mit der *Last Night* zu sehen.

Wie wird man nun *Prommer* und was ist das eigentlich?

Ein Konzert bei den Proms ist nie ausverkauft! Es wird ein tägliches Kontingent von circa 1.350 Stehplätzen in der Arena oder der Galerie zur Verfügung gehalten. Ein kleiner Teil davon wird am jeweiligen Morgen online angeboten. Die große Mehrzahl allerdings wird von Angesicht zu Angesicht verkauft. Das ist seit Anbeginn der Konzertreihe so geblieben.

Als *Prommer* bezeichnen die Briten deshalb liebevoll diejenigen Musikfreunde, die sich für einen Stehplatz in der Arena oder der Gallery interessieren und sich hierfür geduldig in die zwei Warteschlangen einreihen.

Das *Queueing* gehört übrigens wesentlich – ganz nach britischer Tradition – mit zu einem gelungenen *Promming*-Tag. Und die Belohnung? Eine Eintrittskarte für 6,00 englische Pfund!

Ab 12:00 mittags beginnen sich die beiden Warteschlangen für das jeweilige Abendkonzert zu formieren. Auch für das *Promming* gibt es Regeln.

So wird zum Beispiel als Muss empfohlen, Essen und Trinken mitzubringen, vielleicht ein Kissen, wenn die Beine müde werden und ein gutes Buch. Des Weiteren wird geraten, sich mit seinen Nachbarn in der Schlange zu unterhalten. Angeblich werden beim *Promming* jedes Jahr die Grundlagen für mehrere Heiratsanträge gelegt, von nachhaltigen Freundschaften ganz zu schweigen.

Außerdem wird empfohlen, seinen Regenschirm nicht zu vergessen, seine Sonnencreme und/oder den Schal, um für alle Wetterbedingungen gerüstet zu sein.

Ach, übrigens, seit letztem Jahr darf man die Schlange verlassen! Geradezu revolutionär für die Briten. Freundliche Stewarts von der Royal Albert Hall vergeben im Austausch für seinen Platz in der Schlange eine *Queueing Number* und informieren darüber, wie lange man wegbleiben darf und wann man spätestens seinen Platz in der Schlange wieder einzunehmen hat, in der Regel etwa zwei Stunden, bevor am Abend die Türen öffnen. Das ist nun doch schon eine Erleichterung, obwohl das altmodische Schlange-Stehen durchaus seine Vorzüge hat. Wenn Ihnen also der Herr oder die Dame vor oder hinter Ihnen sympathisch ist, und Sie noch keine(n) Lieblingsherren oder -dame ihr Eigen nennen dürfen, so verbleiben Sie in der Schlange. Wer weiß, was der *Promming*-Amor für Sie bereithält.

Absolut tabu ist, und es darf deshalb nicht unerwähnt bleiben, das *Queue Jumping*, das Schummeln beim Anstehen. Für die Briten versteht sich das von selbst, aber immer wieder gibt es den ein oder anderen Touristen, der hier unangenehm auffällt. Bleiben Sie also ehrlich, man würde es Ihnen wirklich übelnehmen und aus dem Heiratsantrag würde garantiert nichts.

Neben der Royal Albert Hall sind in den letzten Jahren Proms-Veranstaltungen auch auf die Cadogan Hall in Chelsea, Southwark Cathedral, die Tate Modern und die Wilton's Music Hall ausgewichen. Mit Händels Wassermusik reisten die Proms 2017 zum ersten Mal nach Hull, der Britischen Kulturstadt des gleichen Jahres.

Der krönende und verrückte Höhepunkt der Konzertreihe ist und bleibt allerdings die Last Night of the Proms.

Wie bei einem Fackellauf, wird der Stab von Konzert zu Konzert weitergereicht, bis sich die Spannung gegen Ende des Zyklus ins Unerträgliche steigert. Ein Land wartet und die britische Zurückhaltung beginnt zu bröckeln. Der gefesselte Koloss der britischen Seele drängt nach seinem patriotischen Ventil. Die Musikwelt rund um den Globus wartet mit ihnen. Ein spektakulärer Abschied steht bevor.

Die Atmosphäre bei der legendären *Last Night* ist wie bei allen Prom-Konzerten gelöst. Zur Last Night kommt allerdings noch eine gute Portion Karnevals-Feeling dazu, verkleiden und schminken sich die Briten doch hierfür in Landesfarben und bewaffnen sich mit Union Jack Fahnen.

Um einen Platz zu ergattern war bis vor wenigen Jahren das Übernachten vor der Royal Albert Hall an der Tagesordnung. Manche hartgesottene *Prommers* machten es sich hier über zwei Wochen bequem, dies wurde inzwischen allerdings aufgrund von Sicherheitsbestimmungen unterbunden.

Das Interesse ist übergroß und die Royal Albert Hall könnte jedes Jahr mehrfach gefüllt werden. Um die Last Night einem noch größeren Publikum zu erschließen, haben sich seit 1996 die Proms in the Park etabliert.

Das erste Prom in the Park-Konzert fand im Hyde Park, direkt gegenüber der Royal Albert Hall statt. Heute gibt es die Park Proms außer im Londoner Hyde Park in Glasgow, Swansea, County Down and Salford. Es spielen jeweils lokale Musik Ensembles und schließen sich dann für das große Finale mit der Royal Albert Hall auf Großleinwänden zusammen.

Die zweite Hälfte der *Last Night* ist das, worauf alle seit acht Wochen gewartet haben, ein Feuerwerk der populären Klassiker aus der Kategorie Patriotismus. Und warum eigentlich nicht?

Edward Elgars March No. 1 "Pomp and Cirumstance" führt die Liste an, wobei "Land of Hope and Glory" selbstverständlich von allen mitgesungen wird. Die Henry Wood "Fantasia on British Sea Songs" haben wir bereits hinreichend besprochen. Nach "Rule Britannia" folgt "Jerusalem" und gewinnt mit Leichtigkeit das Wettrennen um Englands inoffizielle Nationalhymne.

Das Lied hat mittlerweile seinen 100. Geburtstag hinter sich, lässt es sich doch auf den ersten Weltkrieg zurückverfolgen, als Persönlichkeiten wie Elgar, der Dichterpreisträger Robert Bridges, Thomas Hardy und der Komponist Hubert Parry die Idee hatten, der kriegsverstörten Bevölkerung britische Werte zurückzugeben. William Blakes Gedicht "And did those feet in ancient time" aus dem Vorwort zu seinem Werk "Milton" sollte hierzu die Vorlage darstellen und Parry wurde von Bridges damit beauftragt, eine

Musik zu schreiben, „...die von der Bevölkerung aufgenommen und mitgetragen werden könnte." (Quelle 75) - Und wie er das geschafft hat!

Der Lieblingsengländer weiß zu berichten, dass einer Legende zufolge Jesus britischen Boden betreten haben soll.

"Jerusalem" wurde während der Suffragetten-Bewegung populär und ist heute die offizielle Hymne des Women's Institute. Bei Cricket-Länderspielen wird es seit 2003 und bei den Commonwealth-Spielen seit 2010 für England gespielt.

Zudem wird die Hymne bevorzugt von englischen Rugby Fans angestimmt und ist ein sicherer Topfavorit bei Hochzeiten.

Und wäre es ein Wunder? Sie ist ja auch so wunderschön, dass wir sie vorstellen möchten. Das „Sesam Öffne Dich" zur englischen Seele heißt "Jerusalem":

Jerusalem

And did those feet in ancient time	*Und sind in alter Zeit jene Füße*
Walk upon England's mountains green?	*Über Englands grüne Berge gewandelt?*
And was the holy Lamb of God	*Und ward das heilige Lamm Gottes*
On England's pleasant pastures seen?	*Auf Englands lieblichen Auen gesehen?*
And did the Countenance Divine	*Und strahlte das göttliche Antlitz*
Shine forth upon our clouded hills?	*Hervor auf unsere umwölkten Hügel?*
And was Jerusalem builded here	*Und wurde Jerusalem hier erbaut*
Among these dark Satanic mills?	*Inmitten dieser dunklen teuflischen Mühlen?*
Bring me my bow of burning gold:	*Bringt mir meinen Bogen aus glühendem Gold –*
Bring me my arrows of desire:	*Bringt mir meine Pfeile des Verlangens –*

Bring me my spear: O clouds unfold!	*Bringt mir meinen Speer: O ihr Wolken teilt euch!*
Bring me my chariot of fire.	*Bringt mir meinen Streitwagen aus Feuer.*
I will not cease from mental fight,	*Ich werde vom geistigen Kampf nicht lassen*
Nor shall my sword sleep in my hand	*Noch soll das Schwert ruhen in meiner Hand,*
Till we have built Jerusalem In England's green and pleasant land.	*Bis wir Jerusalem errichtet haben in Englands grünem und lieblichem Land.*

(Quelle 76)

Wahrhaft schön, oder? Krämerseelen, die an diesem ungetrübten Patriotismus etwas zu meckern haben.

Kurt Weil, Martha Argerich, Borodin, Offenbach, Donizetti sind gespielt worden. Internationale Solisten wie Thiedemann, Juan Diego Florez, Anne-Sophie Mutter, Daniel Barenboim und viele andere stellen jedes Jahr wieder die absolute und naturgegebene Globalität Großbritanniens unter Beweis.

Acht Wochen lang verwandeln sich die Royal Albert Hall und ihre Dependancen in ein musikalisches Schaufenster britischer Weltoffenheit. Da wird wohl am letzten Abend ein wenig Patriotismus erlaubt sein? Und doch ist auch im Königreich nicht alles mehr so wie dereinst.

"Rule Britannia", zum Beispiel, wurde schon ein paarmal als eigenständiges Lied aus dem Programm genommen. Einige Verantwortliche empfanden es als zu nationalistisch. Manche *Prommers* waren einverstanden, viele allerdings sahen darin ein Quäntchen Zuviel im undurchdringlichen Dickicht der politischen Korrektheit. So ist es nun wieder da, und Britannien kann weiter über seine Wellen regieren. Und das ist gut so! Warum finden wir ein wenig Nationalstolz so schwer erträglich? Man könnte fast denken, wir wären ein bisschen neidisch?

Noch ein kleines Bonmot für alle Skeptiker: Zur Last Night of the Proms 2016 wurden neben den vielen Union Jack Flaggen auch

Europa-Fahnen geschwenkt. Im Nachklang des Votums sollte auch Europa an diesem Abend nicht zu kurz kommen. In hitzigem Zweikampf wurden schnell noch von den jeweiligen Lagern ihre Symbole gedruckt und so schwenkten Europa-Fahnen Seite an Seite mit Union Jacks. Auch das ist gut so!

Ach ja, und da waren auch noch japanische Flaggen, finnische, amerikanische, dänische, spanische, bayerische und viele andere mehr. Wer hätte das auch anders gedacht? Musik ist global, und London weiß dies besser als viele.

Nur, es ist eben auch ein britisches Spektakel, voller Patriotismus und ungebeugtem Stolz. Nach allem, was wir nun schon über die Briten wissen, sollten wir es ihnen nicht nachsehen?

Bei der großartigen Londoner Olympiade 2012 begrüßte Großbritannien die Welt. Alle waren sich einig: Es war ein tolles Fest. Über die Union Jacks haben wir uns damals noch nicht aufgeregt. Wir sind empfindlich geworden.

Kapitel 21

The English are best"- und was ist mit dem Rest?

Zugegeben, die Engländer haben eine etwas überzogene Selbsteinschätzung. Sind sie deshalb arrogant? Gerade das sind sie eben eigentlich nicht und vielleicht erscheinen sie uns deshalb so liebenswert.

Die geografische Position des Inselvolks und die historische Vergangenheit haben - man muss dies zugeben - zu einem gesunden Selbstbewusstsein der Briten geführt. Imperialisten wie Cecil Rhodes sprachen es deutlich aus:

"Remember that you are an Englishman and have consequently won first prize in the lottery of life.", „Erinnere dich daran, dass Du ein Engländer bist und deshalb in der Lotterie des Lebens den ersten Preis gewonnen hast."

Bevor einige von Ihnen jetzt sofort zur Feder greifen, um einen kritischen Brief zu schreiben: Geschichte lässt sich nicht ungeschehen machen, unsere nicht, aber die der anderen auch nicht.

Wollten wir alle, aus heutiger Sicht ungeliebten, Unmenschen der Geschichte auslöschen, blieben wenige Statuen auf ihren Sockeln. Geschichte gab es leider schon vor der heutigen Norm der politischen Korrektheit mit all ihren erstaunlichen Sensibilitäten. Wir können sie nicht umschreiben.

Im 17. und 18. Jahrhundert war das britische Empire die unangefochtene Welt-Supermacht. Unsere Gymnasiasten lernen heute noch alles über die industrielle Revolution Europas, die in England ihren Ausgang nahm und die Viktorianer erfanden alles, was es so zu erfinden gab, die Fotografie, das Fahrrad, die Briefmarke, den Morsecode, die Nähmaschine, das erste öffentliche Spülklosett, die Schreibmaschine, das Telefon, und vieles mehr.

In zwei großen Kriegen kam die Insel dem europäischen Kontinent zu Hilfe und war siegreich. „In der dunkelsten Stunde", dem Oscar prämierten Film, werden wir dieser Tage offiziell daran erinnert, dass es zunächst nur einen gab, der im europäischen Reigen gegen Hitler-Deutschland stand und zwar einen Briten. Kein Wunder, dass nach britischem Verständnis Gott Engländer ist.

England hat eine der ältesten Demokratien Europas und seit Jahrhunderten eine funktionierende multikulturelle Gesellschaft, die auf gegenseitiger Toleranz und Fairness basiert. Es ist auch hier nicht alles perfekt - wie wäre das auch möglich - aber das Miteinander funktioniert vergleichsweise sehr gut. Vielleicht hat Großbritannien sogar die am wenigsten unperfekte offene Gesellschaft.

Die Hugenotten fanden um 1550 in England ebenso eine neue Heimat wie die späteren Einwanderer aus den Kolonien.

Gestern Abend saßen der Lieblingsengländer und ich bei einem Glas Wein und spielten „Scrabble". Er gewinnt immer, diesmal mit einer Dreifachwertung des Wortes *begat*, das er in eine für normale Sterbliche unmögliche Lücke einsetzen konnte. Ich wollte schon zum Oxford Dictionary greifen, das für solche Kontroversen immer bereitliegt, besann mich aber eines Besseren. Schnell war erklärt, *begat* sei archaisches Past Tense von *to beget*, eine archaische Form für den Akt des männlichen Elternteils, Nachkommen zu zeugen. Also bitte!

Vielleicht war es das Wörtchen archaisch, das ihn hierauf ermunterte mir noch folgendes Bonmot zu servieren, sozusagen von Gewinner zu Verlierer:

"I believe I am right in saying" - eine seiner

Lieblingsredewendungen - *"the British Empire is the only one that grew after it was dismantled"*, und schenkte sich noch ein Glas Rotwein ein.

Das englische Weltreich wuchs also als einziges, nachdem es abgeschafft worden war? Wahrscheinlich hatte er wieder Recht, aber diesmal sah ich ein wenig genauer hin.

Nachdem die Dominions des britischen Empire nicht mehr so ganz zufrieden waren und sich mehr und mehr mit autonomen Gedanken trugen, wurde Anfang des 20. Jahrhunderts in einem Geniestreich der British Commonwealth of Nations gegründet. Die Nachfolge des Empire war gesichert. Kanada, Australien, Südafrika und Neuseeland wurden autonome, gleichgestellte Einheiten, die dem Vereinigten Königreich nicht unterlegen, sondern ihm, bzw. sich selbst nur in der Treue zur Krone verbunden waren. Verfassung oder Statuten gab es keine. Eine erstaunliche Meisterleistung und ein Vertrauensbeweis für die Monarchie.

Im Balfour Bericht von 18. November 1926 und 1931 nochmals im Statut von Westminster wurde die Vereinigung so beschrieben:

"....autonomous Communities within the British Empire, equal in status, in no way subordinate one to another in any aspect of their domestic or external affairs, though united by a common allegiance to the Crown, and freely associated as members of the British Commonwealth)..." (Quelle 77)

Der moderne Commonwealth entstand mit den Beitritten von Indien, Ceylon und Pakistan und wurde in einer neuen Erklärung von London 1949 festgehalten.

Es war nun nicht mehr verpflichtend, dass ein Land den britischen Monarchen als sein Staatsoberhaupt anerkannte. In etwa 10 Jahren verdoppelte sich die Mitgliederzahl von 8 (1955) auf 20 (1964).

Es entwickelte sich der bunte, weltoffene, multikulturelle und multi-ethnische Zusammenschluss von 53 Mitgliedsstaaten, so wie wir ihn heute kennen. Alle sind gleich, verbunden durch Sprache, Geschichte, Kultur und gemeinsame Werte wie Demokratie, Menschenrechte, freie Meinungsäußerung und Rechtsstaatlichkeit.

Der Commonwealth verbindet die ärmsten und die reichsten,

die größten und die kleinsten Länder in Afrika, Asien, Nord- und Südamerika, Europa und dem Pazifik. Er hat sich Demokratisierung und Entwicklungsarbeit auf die Fahnen geschrieben und engagiert sich für Frauenrechte und Jugendprogramme.

Länder traten bei, die nie zum britischen Weltreich gehört hatten, so z.B. Mosambik (1995), eine ehemals portugiesische Kolonie. Es gibt mehr Beispiele, aber dies soll ja kein Geschichtsbuch werden. Obwohl wir uns vielleicht notieren dürfen, dass ein Blick in die Geschichte bei der fundierten Beurteilung aktueller Geschehen durchaus hilfreich sein kann. Ansonsten läuft man leicht Gefahr, sich auf Presseschlagzeilen und Propaganda zu verlassen, und das wollen wir doch nicht, oder?

Wichtig für uns an dieser Stelle ist, dass der Zusammenschluss rein freiwillig und der Ein- bzw. Austritt jederzeit möglich ist.

Wir dürfen uns also freuen, dass unser Inselvolk durchaus eine weltoffene Tradition zu seinen Gunsten verbuchen kann und der Lieblingsengländer sowohl mit seinem „Scrabble"-Sieg als auch mit seinen Gedanken zum Empire wieder einmal den Nagel auf den Kopf getroffen hat.

Als der Ökonom Adam Smith 1776 sein Hauptwerk "Wealth of Nations" schrieb, nannte er die Briten „eine Nation von Ladenbesitzern" (Quelle 78). Später wurde diese Sentenz Napoleon zugeschrieben, aber es ist eher unwahrscheinlich, dass er sie je verwendet hat. Wenn, dann hat er bei Adam Smith abgeschaut. Ladenbesitzer brauchen vor allem eines: freien Handel. Adam Smith hat ihnen hierfür ihr eigenes Altes Testament geschrieben.

Handel war für unsere Lieblingsinsel immer wichtig, ja sogar überlebenswichtig. Ein Ignorant und historischer Analphabet, wer Anderes denkt. England war nie isolationistisch und wird es nie werden.

Bevor Großbritannien als Spalte womöglich bald vom Netz genommen wird, werfen wir noch schnell einen Blick auf die Internetseite von ERLAIM, Stand 29. Juli 2017.

ERLAIM ist das Kürzel für European Regional and Local Authorities for the Integration of Migrants, in deutscher Übersetzung in etwa Europäische Regionale und Lokale Behörden für die Integration von Migranten, offiziell „Europäischer Dialog Integrationspolitischer Akteure" genannt. Der Titel alleine muss alle EU-Skeptiker schon fröhlich stimmen. Über die Integrationspolitik in Großbritannien lesen wir:

„Großbritannien gehört zu den Ländern Europas mit einer weit zurückreichenden Tradition, Einwanderer in das nationale Gefüge zu integrieren. ....Daher besitzen heute weit über 3 Millionen in Großbritannien ansässige Briten aufgrund ihrer afrikanischen, indischen, karibischen oder chinesischen Herkunft einen "Migrationshintergrund", wobei der weitaus größte Teil davon bereits in Großbritannien geboren wurde. In Großbritannien wurde die Politik des "Multikulturalismus" ("Multikulti") über Jahrzehnte zur gefestigten Grundlage staatlicher Politik im Umgang mit Einwanderern....Insgesamt ist die Vielfalt der Einwanderer und ihrer Organisationen in Großbritannien gut vernetzt, in der Öffentlichkeit präsent und auch in den politischen Gremien gut vertreten." (Quelle 79)

Ach? Sie sind also gar nicht so fremdenfeindlich, wie man uns seit Brexit glauben machen mag? Vorsicht mit Schlagzeilen, liebe Leser!
In den Bereichen Unterhaltung, Wissenschaft und Sport haben die Briten der Welt sowieso etwas zu sagen und verfügen gleichzeitig über eine starke Wirtschaft und eine der am besten ausgebildeten Armeen der Welt.
Soweit schließen wir die Hintergrundbetrachtungen zu dem gesunden Nationalstolz der Briten ab.
Dem herrlichen satirischen Witz des Musik Duos Flanders and Swann (1948 – 1967) verdanken wir die Erkenntnis, warum die Engländer auch unter den sonstigen Königreichsbewohnern, wie den Iren, den Walisern oder den Schotten, einfach die „Besten" sind. Es gehört in dieses Buch in voller Länge:

The English, the English, the English are best
I wouldn't give tuppence for all of the rest.

The rottenest bits of these islands of ours
We've left in the hands of three unfriendly powers
Examine the Irishman, Welshman or Scot
You'll find he's a stinker, as likely as not.

The Scotsman is mean, as we're all well aware
And bony and blotchy and covered with hair
He eats salty porridge, he works all the day
And he hasn't got bishops to show him the way!

The English, the English, the English are best
I wouldn't give tuppence for all of the rest.

The Irishman now out contempt is beneath
He sleeps in his boots and he lies through his teeth
He blows up policemen, or so I have heard
And blames it on Cromwell and William the Third!

The English are noble, the English are nice,
And worth any other at double the price

The Welshman's dishonest and cheats when he can
And little and dark, more like monkey than man
He works underground with a lamp in his hat
And he sings far too loud, far too often, and flat!

And crossing the Channel, one cannot say much
Of French and the Spanish, the Danish or Dutch
The Germans are German, the Russians are red,
And the Greeks and Italians eat garlic in bed!
The English are moral, the English are good
And clever and modest and misunderstood.

And all the world over, each nation's the same
They've simply no notion of playing the game
They argue with umpires, they cheer when they've won
And they practice beforehand which ruins the fun!

The English, the English, the English are best
So up with the English and down with the rest.
It's not that they're wicked or naturally bad
It's knowing they're foreign that makes them so mad!

For the English are all that a nation should be,
And the flower of the English are Donald (Michael)
Donald (Michael) and Me!

(Lyrics from Flanders and Swann), (Quelle 80)

Eine herrlich witzige Ballade auf die Anspruchshaltung des Engländers, wobei das natürlich alles nicht so ernst zu nehmen ist.

Unser Königreich ist sportbegeistert. Fußballerisch sind sie unterwegs, und seit dem schicken Gareth scheinen auch Erfolge bei internationalen Wettbewerben möglich. Fußball wird auf der Insel als "*a Gentleman's game played by Hooligans*" bezeichnet, „ein Gentleman-Spiel, das von Trunkenbolden gespielt wird". Daneben gibt es die Königsdisziplin Rugby, "*a Hooligan's Game played by Gentlemen*", in umgekehrter Weise ein „Trunkenbold-Spiel, das von Gentlemen gespielt wird" - eine sehr interessante Beschreibung und absolut zutreffend.

Die inoffizielle Europameisterschaft im Rugby ist das Six-Nations-Turnier, das jährlich ausgetragen wird. Die teilnehmenden Nationen sind England, Irland, Schottland, Wales, Frankreich und Italien. Die ursprünglichen *Home Nations* spielten das Turnier seit 1883, 1910 wurde Frankreich aufgenommen und 2000 Italien.

Der Lieblingsengländer ist großer Rugby Fan und als gelehrige Schülerin konvertierte auch ich unter seiner Führung dazu, die Spiele der Rugby Union dem Fußball vorzuziehen. Zum einen erscheinen mir persönlich die Rugby Spieler deutlich attraktiver als alle Fußballer zusammen – echte Männer eben - , zum anderen ist der Sport auch für den Zuschauer äußerst attraktiv. Das Spiel ist schnell, immer ist etwas los, alle sind in Bewegung. Persönlich bevorzuge ich die etwas kleineren Herren auf der *Scrum-Half*

Position, wie z.B. Morgan Parat aus Frankreich. Ist das verwunderlich, wenn der Lieblingsengländer selbst auf dieser Position gespielt hat? Immer wenn Morgan Parat das Spielfeld betritt, gebe ich vor, besonders an den Kommentaren des Lieblingsengländers interessiert zu sein, der selbstverständlich bestens über die Spielposition des Franzosen informiert ist. Er muss ja nicht meine wahren Beweggründe kennen, oder?

Rugby ist einfach nett. Das Schönste ist, dass die Herren hart im Nehmen sind und nie meckern. Der Schiedsrichter ist über allen Zweifel erhaben, wird mit *Sir* angesprochen und duldet keinen Blödsinn. Der bei den Spielern aller Nationen hochangesehene Nigel Owens, ein Waliser, hat seine Truppe jeweils bestens im Griff. Seine Bonmots sind vielfältig auf You-Tube nachzuverfolgen. Er zitiert regelmäßig einzelne Spieler oder auch ganze Mannschaften zu sich und lässt sie nicht im Unklaren darüber, wer auf dem Spielfeld das Sagen hat. Es ist herrlich zu beobachten, wie diese Riesen vor dem kleinen Schieds-Waliser strammstehen.

Das Interessante für unsern Beitrag ist nun aber, dass die Iren, Schotten und Waliser selbstverständlich alle am liebsten selber gewinnen würden. Wenn sie dies aber nicht schaffen, was vor allem den Schotten weniger und weniger zu gelingen scheint, so ist es ihnen egal, wer gewinnt, solange es nicht die Engländer sind. Möglicherweise die Retourkutsche für den Flanders and Swann-Song? Ein gesunder Wettbewerb ist es in jedem Fall.

Über die *Entente Cordiale*, die englisch-französische „Freundschaft", manchmal besser als Hass-Liebe charakterisiert, könnte ein eigenes Büchlein gefüllt werden. Die Argumente auf beiden Seiten sind überzeugend stark. Es ist also in keinem Fall eine Einbahnstraße und wir haben deshalb dem *Populus* auf beiden Seiten des Ärmelkanals auf den Mund geschaut.

Hier nur einige schlagende Vorurteile, die sich anlässlich einer Umfrage der Guardian Zeitung herauskristallisierten (Quelle 81):

Zehn Gründe, warum die Engländer die Franzosen nicht mögen:

„Es sind unsere nächsten Nachbarn. Niemand mag seine unmittelbaren Nachbarn, oder?"
„Sie essen Dinge, die kriechen und mögen Johnny Halliday"
„Ich glaube nicht, dass wir die Franzosen hassen. Wir machen uns nur gern auf Kosten anderer lustig, und, seien Sie ehrlich, die Franzosen sind ein ziemlich leichtes Ziel."
„Wegen des 100-jährigen Kriegs. Von den circa 20 großen Schlachten haben wir bis auf zwei alle gewonnen und trotzdem haben die Franzosen auf unsportliche Weise den Krieg und ihr Territorium zurückgewonnen."
„Sie haben uns im Zweiten Weltkrieg im Stich gelassen. Ja, einige Tapfere haben in der Résistance standgehalten, aber die meisten waren Feiglinge und Verräter"
„Sie sind langweilig und haben keinen Humor"
„Sie sind unhöflich, arrogant und verklemmt"
„Sie jammern, wenn sie mit 62 in Rente gehen"
„Ich bin Waliser und ich denke, das Einzige, was Schotten, Engländer und Waliser wirklich verbindet, ist: Wir mögen Franzosen nicht."
„Sie mögen uns nicht, deshalb mögen wir sie nicht. So einfach ist das!"

Zehn Gründe, warum die Franzosen die Engländer nicht mögen:
„Sie können keinen Wein einschenken. Sie müssen sehr durstig sein, weil sie immer bis an den Rand einschenken"
„Sie sind so einfach glücklich zu machen" (von einer französischen Kellnerin in Frankreich) „Unsere einfachsten Gerichte machen sie so glücklich"
„Ihre Frauen! Die älteren tragen schlechtsitzende Kleidung und ihre Haare wie einen Helm und die jüngeren gehen halb-nackt auf die Straße"
„Sie mögen keine Gänseleber! Heuchler, gerade haben sie all ihre Dachse ausgerottet!"
„Wir sehen besser aus als sie und sind sexyer"

„Sie kochen ihren Brokkoli"
„Wir kümmern uns nicht viel um die Engländer; Wir haben Besseres zu tun."
„Sie trinken Rotwein zu Muscheln. Das sagt wohl alles"
„Sie snacken zuviel, z.B. Fruit Jellies; man kann sie gastronomisch nicht ernst nehmen"
„Sie schlagen uns im Rugby"

Wir sehen also, sie mögen sich nicht so sehr, obwohl die jeweiligen Gründe auch nicht so tief zu sein scheinen. Ich selbst kenne ein sehr glücklich verheiratetes Ehepaar in London, sie ist Französin, er Engländer. Sie ist, wie es sich für eine Französin gehört, sehr charmant und ihr Akzent auch nach 30 Jahren noch *oh lala!* Kein Wunder, dass Patrick sich in sie verliebt hat. Als wir unsere Zelte in England abbrachen und nach Deutschland rückübersiedelten, meinte Pauline: *"Was it the mushy peas?"* „Waren es die matschigen Erbsen?" Ich konnte ihr versichern, die Erbsen waren es nicht. Im Gegenteil, ich mag *mushy peas*. Pauline ist heute Hundetrainerin und bringt Vierbeinern in den Surrey Hills englisches Benehmen bei. Ab und zu haben wir versucht, für unseren Roten eine Skype Fernlektion einzulegen. Leider ohne nennenswerten Erfolg. Ich persönlich glaube, die Hunde reagieren nur von Angesicht zu Angesicht auf Paulines charmantes französisches Flair.

Pauline und Patrick sind nur ein Beispiel für die vielen netten Menschen, die wir in unserer englischen Zeit kennengelernt haben und mit denen uns bis heute eine tiefe Freundschaft verbindet.

Xenophobie habe ich fast nie erlebt. Vielleicht ist das Einzugsgebiet um London nicht unbedingt repräsentativ für das ganze Land, aber auch auf unseren Reisen im Land fühlte ich mich immer bestens empfangen, britisch freundlich eben.

Eine Ausnahme gab es doch, und auch sie soll erwähnt werden. Unser ältester Sohn hatte gerade das Aufnahmeverfahren an seiner neuen Grammar School bestanden. In den ersten wenigen Wochen wurde er wegen seiner halb-deutschen Abstammung von zwei Mitschülern „Hitler" geschimpft. Wir brachten dies der Klassenleitung zur Kenntnis, es gab eine

Aussprache und das Thema war für alle Zeiten erledigt. Auch so geht Disziplin!

Nun ein kurzes Wort zur Freundschaft – nationenübergreifend, offen und tolerant! Wir haben sie erlebt, nirgendwo so wie in England, und auch das gehört in unser Kapitel und in eine Zeit, in der viele den Engländern Fremdenfeindlichkeit unterstellen.

Zu unseren Freunden zählt eine bunte Mischung aus Brasilianern, Holländern, Iranern, Norwegern, Bayern, Franzosen, Indern, Singapurianern, Australiern, Südafrikaner, Polen, Kanadiern und Arabern, die alle in England eine Heimat gefunden haben. Einige sind mit Briten verheiratet und leben seit Jahrzehnten im Land. Andere sind berufsbedingt in London.

Wer die britische Hauptstadt kennt, wird schwerlich eine weltoffenere Stadt finden.

Das war immer so, und vielleicht müssen wir an dieser Stelle noch einmal die Geschichtsmuffel daran erinnern: London war lange vor 1994 global aufgestellt und wird es immer bleiben. Wie wenigen anderen europäischen Staaten sonst ist Großbritannien die Globalität und die Offenheit quasi in die Wiege gelegt. Es wäre eine grenzenlose Selbstüberschätzung der EU, würde man sich dort einbilden, die britische Zeitrechnung habe erst mit 1994 begonnen.

Da sind, zum Beispiel, Lorette und Narviz, sie Brasilianerin, er Iraner. Die Familie von Narviz gehörte zur iranischen Elite, die nach dem Sturz des Schah Regimes vor den neuen Machthabern nach England floh. Nach vielen beruflich erfolgreichen Jahren rund um die Welt, zuletzt in Rio de Janeiro, setzten sie sich in England zur Ruhe. Sie haben sich immer gut aufgehoben gefühlt.

Nelli und Frits, sie ebenfalls Brasilianerin, er Holländer, kamen mit ihren drei Kindern aus Sao Paulo nach England, der Sicherheit wegen. Nach weiteren Stationen in New York, Paris und Dubai, sind sie heute in Bahrain, jobbedingt. Die Kinder studieren alle drei in England. Für den Ruhestand gibt es ein Häuschen bei London, auf das sie sich freuen.

Da sind Soria und Pete, sie Inderin, er Engländer im Ölgeschäft. Beruflich bedingt lebten auch sie zuerst in Norwegen, dann in Brasilien und zuletzt in England. Von Soria habe ich indisch kochen und innere Ruhe gelernt. Das schöne Gedicht „Desiderata" von Max Ehrmann hing bei ihr in der Küche und ich habe es oft bei ihr studiert. Pete macht die beste Caipirinha außerhalb Rios, und wir haben viel und gern miteinander gefeiert.

Melina und Kurt, sie aus Singapur mit arabischen Wurzeln, er aus Norwegen, bereichern ebenfalls unseren Freundeskreis. Auch Melina kocht wie eine Göttin mit vielen thailändischen und arabischen Elementen im Angebot. Sie ist weltoffene Muslimin und Kurt trat mit seiner Heirat ebenfalls zum muslimischen Glauben über. Tessy, Melinas Mutter, hat mich sozusagen adoptiert und ich sie. Sie ist Araberin und lebt in Singapur. Von ihr habe ich die größte Herzenswärme erfahren und die beste Küche. Tessy ist einmalig!

Marika und Oscar sind aus Südafrika. Sie haben uns oft vom südafrikanischen Lebensstil erzählt, der wunderbar sein muss, genussvoll, *laid-back* und ein wenig langsamer. Wären sie alleine geblieben, so Marika, wären sie nicht aus Südafrika weggegangen. Der Sicherheit wegen zogen sie allerdings mit ihren Söhnen nach England.

Lola ist Holländerin und Künstlerin. Lola ist eine Seelenverwandte und hat mir in schweren Zeiten unendlich viel geholfen. Auch sie ist in England hängengeblieben. Ihr Sohn ist schwer autistisch. Er kann in England auf eine Spezialschule gehen, die es in Holland so nicht gibt, wie sie mir sagt. Nach ihrer Scheidung von Jan, ebenfalls einem Holländer, hatte sie kurz überlegt, in ihre Heimat bei Amsterdam zurückzugehen. Aber ihr Leben, ihre Freunde, ihr kleines Studio, alles, was sie schätzt, ist in England.

Und da sind Joanna und Paul. Sie sind Polen. Es gab eine Zeit in unserem Leben, da wandten wir uns erst von der Kirche ab und ihr dann wieder zu. So fanden wir eine kleine Franziskanergemeinde in Surrey und dort viele gute Freunde. Paul hieß damals noch Brother Corbinian und war Mönch im Kloster. Joanna war jeden Sonntag in der Messe, wie es sich für eine gute Katholikin gehört. So fing alles an. Ihre Geschichte ist lang und steinig, aber heute sind sie glücklich und seit drei Monaten gibt es

Anton. Joanna und Paul sollen für viele polnische Freunde stehen. Sie arbeiten hart und sind willkommen in England.

Vielleicht muss erwähnt werden, dass all unsere internationalen Freunde gut ausgebildet sind und in England gute Berufschancen vorgefunden haben. Seit dem frühen Mittelalter ist England ein Zentrum des Handels, und es hat immer schon Kunstfertigkeit und Talente aus der ganzen Welt angezogen.

Gleichzeitig waren die Grenzen der Insel aufgrund ihrer geographischen Lage allerdings immer gut gesichert; das Meer einerseits, sowie Einreisekontrollen andererseits bescherten dem Land eine hochgeschätzte Stabilität und Sicherheit. So ist es den Briten und den vielen Einwanderern auch recht.

Invasionsbestrebungen wurden jeweils erfolgreich abgewendet. Das bereits eingangs erwähnte Duo Flanders and Swann wendet sich in einer ihrer Vorstellungen zu dem Lied „The English are best" an das Publikum mit dem Satz "*if it hadn't been for the English, you'd all be Spanish*" „Hätte es die Engländer nicht gegeben, wärt Ihr alle Spanier". (Quelle 80)

Gemeint sind natürlich die Invasionsbestrebungen der spanischen Flotte Armada, die siegreich geschlagen wurde. Deutsche Panzerdivisionen mussten vor dem Kanal Halt machen, und so ist den Briten die Sicherheit ihrer Grenzen eine Herzensangelegenheit. Und wer könnte ihnen das verdenken?

Haben wir hier ein weiteres Puzzlestück ernsthafter und aktueller Bedeutung gefunden?

Nach der fünften Erweiterung der EU 2004 schlossen sich deutlich ärmere Nationen, mit deutlich niedrigerem pro Kopf Einkommen, dem Staatenbund an. Die Idee von Europa war politisch, nicht wirtschaftlich geworden. Oder war sie das schon immer? Es scheint fast so.

1999 wurde der Euro mit der Vorgabe eingeführt, die teilnehmenden Länder dürften sich zu maximal 3 % jährlich neuverschulden und einen Gesamtschuldenstand von maximal 60 % ihres Bruttoinlandsprodukts nachweisen. Italien, Spanien, Belgien, Griechenland, auch teilweise Deutschland und Frankreich beschönigten die Zahlen, von den neueren Beitritten ganz zu schweigen. Die EU-Kommission wurde mächtiger und mächtiger, und die Vorgaben wurden und werden kontinuierlich von den Ländern umgangen. Wirkliche Kontrollen gab und gibt es keine. So sind wir bei den heutigen wirtschaftlichen Problemen der EU angekommen. Und dann kamen die Flüchtlingsströme.

Das Inselvolk bekam es mit der Angst zu tun. Die eigene Sicherheit sollte geopfert werden? Das ging zu weit. Die Briten sind nicht fremdenfeindlich. Sie haben es während ihrer ganzen langen Geschichte bewiesen. Aber warum sollten sie ihre Grenzkontrollen aufgeben?

Der Lieblingsengländer rät mir, nicht zu politisch zu werden. Deshalb begebe ich mich schnell wieder auf sicheren Boden.

Liebe geht bekanntlich durch den Magen. Wenn die Briten so fremdenfeindlich wären, müssten sie ja nur *Porridge* und *Fish and Chips* essen. Aber dem ist nicht so. Was denken Sie ist das Lieblingsgericht der Briten?

Bis vor wenigen Jahren war es unangefochten das *Chicken Tikka Masala*, ein herrlich würziges, cremiges Hühnchen-Curry indischer Art. Nichts schlägt ein gutes *Chicken Tikka Masala* und mit einem hausgemachten *Naan* Brot dazu klingeln sozusagen die kulinarischen Himmelsglocken. Der indische Subkontinent hat der englischen Küche wahrhaft gutgetan, und die Briten lieben ihre Currys. Selbstverständlich gibt es solche und solche. Ich hatte das große Glück von wahren Meisterinnen ihres Fachs in der indischen Küche unterwiesen zu werden. Sie haben mich gelehrt, die feinen Gewürze und ihre Dosierungen zu unterscheiden und niemals fertige Würzmischungen oder Currysaucen zu kaufen. Von Melina und Soria, zwei liebenswerte, aber manchmal biestige Konkurrentinnen um die Gunst der jeweiligen Gastesser, habe ich gelernt, wo man am besten Garnelen kauft, wie man Samosas zubereitet und warum ein gutes *Chicken Sweet & Sour* eine Tagesarbeit ist.

Vor zwei Jahren besuchten uns Melina mit ihrer Familie hier im Bayerischen. Es war mein Geburtstag, und wir hatten einige wenige Freunde zu einem kleinen Abendessen eingeladen. Melina war mir der willkommenste Gast, hatte sie doch angeboten, das geplante Buffet mit einigen Nationalgerichten aus ihrem Repertoire aufzupeppen. Melina reist stets mit Gewürzapotheke.

Kein Koffer ohne getrocknete Chili-Schoten, Zitronengrass, Miso-Würfel, Kardamomkapseln und Safran-Fäden. Wir planten ein indisches Festmahl. Der Lieblingsengländer hätte sowieso lieber Melina geheiratet und liegt ihr zu Füßen, wenn sie kocht.

Die Vorfreude war die schönste. Nun ging es an den gemeinsamen Einkauf. Eine strategische Herkulesaufgabe stand uns bevor, zwischen dem bayerischen Standardangebot von Leberkässemmeln, Brezen und Weißwürsten nunmehr Austernsoße, Reisessig und Fischsoße zu finden. Unsere Mission war aber dennoch von Erfolg gekrönt, und wir fanden fast alles. Lediglich an *Thai Sweet*-Basilikum scheiterten wir, denn das war selbst am Grünmarkt in Salzburg nicht zu bekommen war.

Melina ließ kurzfristig den Kopf hängen, entschied sich dann aber kurzerhand für ein österreichisches Gesichtsserum für 150 Euro, das ihre Sorgenfalten wieder glätten würde, und so starteten wir - ohne süßes Basilikum.

Ein Tag Küchenarbeit war vorgesehen, das Abendessen sollte am nächsten Abend stattfinden. Wenn Asiaten kochen, kochen sie stets für ganze Kompanien und immer weit mehr als nötig. Unter anderem waren ein Indisches Chicken Curry, ein Thailändisches Rindergericht, eine asiatische Gemüsepfanne und Bombay Kartoffeln vorgesehen. Wir kochten fröhlich vor uns hin, und ich lernte, dass für das thailändische Gericht acht (!) Stunden Rühren notwendig waren. Melina erklärte mir, dass dies in ihrer Heimat kein Problem sei, da sich alle verfügbaren Tanten, Kusinen, Großmütter, Mütter etc. jeweils beim Rühren abwechseln würden, Staffelrühren sozusagen, wobei die Staffel-Rührerinnen jeweils kurzfristig ihre Positionen verlassen und einkaufen gehen durften, die Kinder von der Schule abholen oder einen neuen Sari nähen konnten. Wir rührten also, tranken Prosecco und unterhielten uns – stundenlang - sehr zivilisiert.

Irgendwann gingen die Männer zu Bett. Der Lieblingsengländer erzählte am nächsten Morgen, er habe irgendwann nur noch das Anstoßen von Gläsern und Gekicher aus der Küche gehört. Er mag Recht haben.

Am Tag des Festes rief mich Andrea, eine der einheimischen Eingeladenen, an, um zu sagen, sie und Michael freuten sich sehr auf den Abend. Irgendeiner Eingebung folgend und weil ich die beiden noch nicht so gut kannte, fragte ich sie, ob sie irgendetwas nicht essen würden. Es war mehr eine rhetorische Frage, da ja alles bereits gekocht war.

Sie antwortete, sie würden alles essen, außer indisch. Da sei Michael sehr empfindlich. Das übliche Vorurteil also.

Ich erbleichte und fragte Melina um Rat. Sie blieb gelassen: „Wir geben den indischen Gerichten einfach malaysische Namen." Alles würde gut sein, so versicherte sie mir. Wir beschrifteten unsere Gerichte mit „Malaysischem Hochzeitsgericht", „Singapurischem Rindereintopf" usw.

Die Gäste kamen, alle waren begeistert. Michael, insbesondere. Ihm schmeckte das „Malaysische Hochzeitsgericht" am besten. Eine herrliche praktische Demonstration gegen Vorurteile, finde ich.

Leider ist das indische Curry Gericht von Platz 1 verdrängt worden. Laut einer neuesten Umfrage, essen die Briten heute chinesische *Stir-Fries* am liebsten. Typisch britische Wokgerichte eben!

Kapitel 22

Nachgesang – der Lieblingsengländer meldet sich zu Wort

Er war treu an unserer Seite und hat uns durch alle Kapitel begleitet. Er ist die graue Eminenz, auf die wir uns in Sachen *Britishness* vollumfänglich verlassen können. Er ist nicht der Anfang der Liebe zum Königreich, aber ihr Vollstrecker und Gütesiegel einer lebenslangen Romanze.

Durch ihn trage ich einen englischen Nachnamen, der in meiner bayerischen Heimat wiederholt für erstauntes Stirnrunzeln sorgt. „Musste es denn unbedingt ein Engländer sein?" werde ich bei Amts- und Behördengängen öfters einmal gefragt.

Der Lieblingsengländer ist im Bayerischen gestrandet, liebt die Gegend und die Menschen, auch wenn er sie meistens dialektbedingt nicht versteht. Besonders die eher handfesten Sentenzen unseres treuen Nachbars, einem Ur-Bayern, etwa wenn es um Holzlieferungen, Heckenschneide-Aktionen und Ähnliches geht, bleiben ihm ewig unerschlossen. Er lächelt und ist charmant, wie es eben einem englischen Gentleman ansteht. Die Menschen hier lieben ihn alle zurück. Er pendelt zwischen London und den

Bergen, und wenn ich ihn am kleinen Flughafen abhole, strahlt er jedesmal: *"It's good to be home!"*

Mit allem zeigt er sich einverstanden, was bislang niedergeschrieben wurde. Es ist Zeit für sein Abschiedsgeschenk an uns. Unser Nachgesang stammt aus seiner Feder. Lesen wir also, was er uns zu sagen hat.

Kapitel 22 ½

"Bravo Britain Unplugged"

Brexit – warum die ganze Aufregung?

Es ist geradezu unmöglich für einen Briten, heute länger als einen Tag in Europa unterwegs zu sein, ohne dass von ihm eine Meinung zu Brexit erbeten wird.

Die Fragen werden üblicherweise konfrontativ gestellt wie z.B. „Wie kann man nur für Brexit sein?" oder, wie zuletzt nach Donald Trumps Wahl zum Präsidenten der Vereinigten Staaten, „Wie fühlt es sich an, nicht mehr das dümmste Land der Welt zu sein?".

Und die Fronten werden immer noch härter.

Die Europäer scheinen unsere Entscheidung, die Europäische Union (EU) zu verlassen, sehr persönlich genommen zu haben.

Ein mir bekannter niedergelassener Arzt ist der Meinung, dass „... die Briten die Uhr auf 1939 zurückdrehen wollen". Ich schätze ihn als Arzt, seine Meinung ist historisch jedoch mehr als fragwürdig. Warum ausgerechnet auf 1939? Wenn die Uhr überhaupt zurückzustellen wäre, dann höchstens auf den 6. Februar 1992, den Tag vor dem Maastricht-Vertrag, als der föderale Anspruch der EU erstmals bedrohende Realität wurde.

Nach dem Brexit Votum überstürzten sich die Schlagzeilen

und verurteilten das Ergebnis aus vielerlei Gründen. Die Unterstellungen reichten vom Vorwurf des Rassismus bis zur psychiatrisch fragwürdigen Diagnose der Idiotie. Viele Menschen regten sich unnötig auf und mischten sich in die Debatte ein. Und das ist leider so geblieben. Es gab und gibt nirgendwo in Europa eine ausgewogene Debatte über die Für und Wider von Brexit. Meinungen bilden sich aufgrund von kurzen Schlagzeilen und die wenigsten machen sich die Mühe, sich ausgeglichen zu informieren.

Erst jüngst hatte ich auf einem Sommerfest wieder das fragwürdige Vergnügen, während eines meinerseits friedlichen Apéritifs von einer entrüsteten Dame konfrontiert zu werden. Nach einem fünf-minütigen Erguss über die arroganten Engländer musste sie Atem holen. Ich fragte sie lediglich, woher sie ihre Informationen bezöge und gab zu bedenken, nicht alles einfach zu glauben, was ihr die Schlagzeilen täglich servieren. Sie antwortete, sie habe schließlich keine Zeit, alles zu hinterfragen. Vielleicht sollte sie das aber?

Die Medien sind einheitlich gegen Großbritannien und werden, so muss man unterstellen, gezielt von der herrschenden Klasse in Brüssel manipuliert. Aus deren Sicht muss das wohl auch so sein. Brexit „muss" für Großbritannien schlecht ausgehen. Selbst ein Kind kann die Transparenz dieser Beweggründe verstehen.

Im Übrigen waren und sind die Schlagzeilen gerade auch in unserem eigenen Land am aggressivsten. Die R*emoaners*, wie wir sie nennen, führen das Wort.

Die Frage, die immer und immer wieder gestellt wird, ist die: „Warum hat das Vereinigte Königreich so gewählt?" - Es gibt sie leider nicht, die eine allein seligmachende Antwort. Es gibt leider viele, und jede trägt ein Stück zum besseren Verständnis bei.

Zunächst fällt es vielen Menschen zunehmend schwer, zwischen der EU und Europa zu unterscheiden. Die EU-Führung und politische Elite dürfen sich hierzu gratulieren. Ihre einseitig gewichteten und zum Teil schlicht falschen Informationen werden dadurch um einiges leichter geschluckt. Nicht nur Trump verfügt über *Fake News*. Wir sollten uns hier nicht allzu sicher fühlen.

Die britische Wahl, die EU zu verlassen, war nun aber keine Wahl, Europa zu verlassen. Dies wäre in jedem Fall völlig absurd und unerwünscht. Mit ihrer Wahl haben die Briten nicht Europa den Rücken zugewandt. Handel und Verkehr zwischen Großbritannien und Europa werden Bestand haben und sich wahrscheinlich weiter ausweiten. So war es zumindest über viele Jahrhunderte vorher, und so wird es bleiben. Warum? Weil es von Vorteil für alle ist. Die Briten werden weiterhin nach Spanien in Urlaub fahren, sie werden nicht aufhören, herrliche deutsche Autos zu kaufen, italienischen Wein zu trinken und holländischen Käse zu essen. Sie werden nicht aufhören, an Lehre und Forschung in Europa teilzunehmen, selbst wenn sich der Mechanismus vielleicht ein wenig ändern wird.

Nein, bei der Wahl ging es schlicht und einfach um die Entscheidung, die Mitgliedschaft in der Europäischen Union aufzugeben. Wir hatten 45 Jahre Zeit, die Entwicklung zu beobachten. Es war meiner Meinung nach eben gerade kein Schuss aus der Hüfte, wie uns dies oft unterstellt wird.

Die meisten Briten haben die EU von jeher mit der Europäischen Kommission gleichgesetzt, einer Gruppe nicht gewählter, politischer Leichtgewichte, die wenig mehr können, als den Steuerzahlern das Geld aus der Tasche zu ziehen. Ironischerweise sind es gerade sie, denen alleine die Gesetzgebung vorbehalten ist.

In der Tat sind die Briten der Meinung, dass gerade die Politiker, die es zu Hause zu nichts bringen, nach Brüssel geschickt werden. So musste z.B. Jean-Claude Juncker als Premierminister von Luxemburg nach einem Korruptionsskandal zurücktreten. Großbritannien selbst entsandte Neil Kinnock nach Brüssel, den ehemaligen Führer der Labour-Partei und eine politische Null. Mr. Kinnock erging es bestens dort, und er schaffte es sogar, seine Frau in das System einzuschleusen, so dass auch sie Millionen scheffeln konnte. Seine EU-Rente beträgt heute noch ca. 1,7 Millionen Pfund.

Die Briten stehen Staatsmacht grundsätzlich misstrauisch gegenüber. Steigender Staatsmacht gegenüber werden sie direkt proportional misstrauischer und erreichen den Superlativ von misstrauisch bei zusätzlichen und unnötigen Lagen von Staatsmacht und Regierungsüberbau, so wie es bei der EU unumstritten der Fall ist.

Das Europäische Parlament genießt bei uns kein recht viel besseres Ansehen als die Kommission, obwohl die Mitglieder hier zumindest gewählt werden. Die Debatten, die im Fernsehen übertragen werden, schaut niemand an, es sei denn, es benimmt sich jemand daneben. Dann lachen wir darüber. Die Sitzungen sind niemals gut besucht, und das ganze Trauerspiel multipliziert sich zulasten des Steuerzahlers in Straßburg für einige Wochen im Jahr.

Das Europäische Parlament kann keine Gesetze anregen oder formulieren und seine Mitglieder genießen in Großbritannien das bescheidene Ansehen, sie wären nur dazu da, den Rest von uns auszusaugen. So stimmten sie jüngst ab, eine Wirtschaftsprüfung ihrer Ausgaben-Budgets abzulehnen, ein Vorgang, den jeder Kleinbetrieb über sich ergehen lassen muss. Es darf gerätselt werden, warum ihnen hieran so gelegen ist, aber noch mehr, warum sie damit durchkommen. Die Regeln, die von diesem Moloch kommen, mögen sogar manchmal sinnvoll sein, es sind aber nicht die unseren.

Als Briten sind wir vor allem im Hinblick auf unsere 1000-jährige Demokratie äußerst dünnhäutig. Wenn wir nur ansatzweise Eingriffe in unser demokratisches Gedankengut befürchten müssen, werden wir bockig. Zu lange und zu hart haben wir dafür gekämpft. Im Übrigen kämpften wir auch für die Demokratie auf dem europäischen Festland zu einer Zeit, als es sonst niemand tat. Niemand will sich daran aber heute mehr recht erinnern.

Und nun wissen wir von der EU-Elite, dass ihnen die Meinung der Wählerschaft recht egal ist. Zahlreiche Aussagen belegen dies. Dieses unangenehme Image von Brüssel hat eine Menge mit dem Votum zu tun. Wir schätzen jede einzelne Stimme unserer Wählerschaft und halten unsere Mitbürger für durchaus fähig, ein gesundes Urteil abzugeben. Wir sind nicht der Meinung, dass diese Fähigkeit nur Politikern vorbehalten sein soll. Warum nur?

Ein weiterer Punkt: man hört Brexit oftmals mit wirtschaftlicher Katastrophe gleichgesetzt. Die damalige britische Regierung verfolgte ihre Kampagne zum Verbleib in der EU mit einer Strategie, die seither als *Project Fear,* also Projekt Angst, bekanntgeworden ist. Es gab unzählige Warnungen vor einem wirtschaftlichen Armageddon, wenn das Vereinigte Königreich tatsächlich die Hartnäckigkeit haben sollte für *"Leave"* zu stimmen.

Der damalige Finanzminister, George Osborne, ließ gar verkünden, er müsste ein Strafbudget erlassen, wenn sich das Volk für Brexit entscheide. Der sofortige Verlust von 500.000 Jobs wurde prognostiziert. Präsident Obama wurde eingeflogen, um uns zu warnen, dass wir uns für ein Handelsabkommen mit den USA hinten anstellen müssten, wenn wir die EU verließen. Wörtlich sagte er, wir müssten *"to the back of the queue"*. Dieser Schuss ging völlig nach hinten los. Da er das Wort *queue* anstelle des amerikanischen *line* verwendete, waren viele davon überzeugt, er habe eher von David Camerons Skript abgelesen, als von seinem eigenen. Die „Leave" Kampagne legte nach Obamas Warnung deutlich zu.

Es gibt gute Gründe, warum diese wirtschaftlichen Warnungen keinen Erfolg hatten. Bei all unseren Fehlern mögen wir Briten es insbesondere nicht, wenn man uns droht. Diese Tatsache haben alle in Brüssel übersehen. Offene Drohungen von führenden EU-Vertretern erzielten das genaue Gegenteil von dem, was sie beabsichtigten.

Das *Project Fear* erfreut sich übrigens bei uns zuhause bester Gesundheit. So wurde uns jüngst mit einer medizinischen Götterdämmerung gedroht. Ein *"No-Deal"* Brexit, so die Weisen, wird angeblich zu einem akuten Notstand bei britischen IVF Samenspendebanken führen, da wir einen Anteil dieses kostbaren Guts auch aus der EU importieren. Wirklich? Wiederum vertraue ich hier ganz auf die erfinderische Kraft des freien Marktes und sehe dieser Herausforderung gelassen entgegen.

Ich höre oft das Argument, Großbritannien wird durch den Austritt aus der EU wirtschaftlichen Selbstmord begehen. Eine objektive Diskussion sollte diesem Mythos den Wind aus den Segeln nehmen. Erstens handeln wir zum allergrößten Teil mit Partnern außerhalb der EU unter World-Trade-Organisation (WTO)-Regeln. Alles läuft hier ganz gut, und die WTO ermöglicht einen gut funktionierende Rahmen. Der Handel mit Europa könnte genauso erfolgen. Ja, einige Änderungen wird es geben müssen: einige Jobs werden vielleicht verschwinden, andere neue werden geschaffen werden. Globale Geschäftsleute haben aber eines gemeinsam: sie wollen Geschäfte machen, und das wirtschaftliche Leben wird deshalb weitergehen. Der Großteil des wirtschaftlichen Wachstums wird sich außerhalb Europas abspielen, und das Vereinigte Königreich wird sich hieran beteiligen.

Der Verhandlungspunkt des *Free-Trade* zwischen der EU und dem Vereinigten Königreich ist hochemotional, insofern als es von EU-Verhandlungsführern als Waffe verwendet wird. Dies ist ein typisch politisches Verhalten. Rational gesehen ist ein freier Handel in jedermanns Interesse, hüben wie drüben. Ironischerweise hat die EU nach dem Brexit-Votum eine ganze Reihe hektischer *Free-Trade* Vereinbarungen getroffen, so z.B. mit Canada und Japan. Haben sie darauf bestanden, dass diese Länder ihre Grenzen öffnen, Abgaben an die EU zahlen oder sich der Europäischen Gesetzgebung unterwerfen?

Bedauerlicherweise muss das Ergebnis aus Sicht der EU schlecht für Großbritannien ausgehen. Warum nur? Haben sie so wenig Zutrauen in ihr eigenes Konstrukt?

So höre ich wieder und wieder Gedanken wie diesen: „Ein Aussteiger sollte nicht die Vorteile einer Club-Mitgliedschaft genießen dürfen." – eine seltsame Analogie, kann man doch eine Nation kaum mit einem Club-Mitglied vergleichen. Die Unterschiede sind zu groß, damit dieser Vergleich auch nur annähernd passen könnte. Großbritannien ist ein schwergewichtiger Netto-Einzahler in das Europäische Budget. Nur Deutschland und Frankreich zahlen mehr.

Mutet es nicht komisch an, wenn dennoch behauptet wird, Großbritannien bezöge sozusagen Gratis-Vorteile von der EU? Das Gegenteil ist der Fall: wir bezahlen für jeden einzelnen Vorteil und mehr. Im Übrigen, wenn schon ein Club-Vergleich: meiner Erfahrung nach funktionieren die meisten Clubs besser, wenn sie offen und transparent sind, die Mitgliedschaft frei wähl- oder kündbar ist und man sich mit anderen Clubs offen austauschen und kooperieren kann.

Verzeihen Sie mir einen kurzen Griff in die Westentasche eines Analysten: Jedes erfolgreiche Unternehmen wird, wenn es einen Großkunden verliert, sich an die eigene Nase fassen müssen. Jeder erfolgreiche Arbeitgeber, der einen hochkalibrigen Mitarbeiter an einen anderen Mitbewerber verliert, wird sich ebenso die Frage stellen müssen: Was haben wir falsch gemacht? Warum konnten wir ihn/sie nicht bei uns halten? Die EU sollte dringend selbstkritisch prüfen und möglicherweise reformieren, wie jeder gute Betrieb oder Arbeitgeber.

Und noch etwas fällt mir ein: die vorhin genannten WTO-Regelungen sehen für Fälle wie Brexit eine 10-jährige Periode für die Neuverhandlung von *Trade Deals* vor. Wirtschaftlicher Schaden kann also nur entstehen, wenn die EU dies zulassen will oder muss.

Die Wahl ging nicht in erster Linie um Geld. Ich bin überzeugt, wenn das ganze politische Kohlenmonoxid erst einmal verpufft ist, werden die Geschäfte weitergehen und sogar sehr erfolgreich, aber selbst dies ist fast nebensächlich.

Bei der Wahl ging es um Demokratie, Verantwortlichkeit und Freiheit, oder - wenn Sie den Begriff bevorzugen – um Unabhängigkeit.

Das Vereinigte Königreich genießt seit 1066 eine privilegierte Geschichte. Es konnte nie erfolgreich erobert werden, zumindest nicht militärisch. Seit einem blutigen Bürgerkrieg Mitte des 17. Jahrhunderts haben wir ein stabiles politisches System auf einer geographischen Insellage entwickelt, an deren Kopf eine konstitutionelle Monarchie steht. Die Wahl, sich einem europäischen Superstaat unterzuordnen, hätte das Ende unserer Monarchie in ihrer jetzigen Form bedeutet.

Das europäische Festland hatte historisch gesehen nicht so viel Glück. Dies erklärt die hier höhere Akzeptanz einer mächtigen Regierung, die als eine Art Schutz gesehen wurde und wird, selbst wenn dies natürlich eine Illusion ist.

Großbritannien konnte sich dagegen mit erstaunlich wenig Einmischung von Aussen entwickeln. Selbstverständlich sind wir dabei ein wenig insular geworden. Mit Schmunzeln hört man von der Times Schlagzeile 1957 erzählen:

"Heavy fog in the Channel. Europe cut off"
"Dichter Nebel über dem Kanal. Europa abgeschnitten.

Ob sie nun wirklich wahr ist oder nicht, schön ist sie in jedem Fall, selbst wenn es sich um einen Mythos handelt.

Großbritannien entwickelte sich allerdings auch global, besonders aufgrund seiner Seehäfen. Das britische Empire kam und wuchs vordringlich wegen ausgeprägter Handelsinteressen, mehr denn wegen des Wunsches nach militärischem Ruhm oder territorialem Machthunger.

Großbritannien fühlt sich instinktiv wohl im Umgang mit der Welt. Als uns klar wurde, dass das neue föderalistische europäische Projekt diesen Weltblick einschränken oder gar verbieten würde, waren wir nicht gerade enthusiastisch. Wir erinnern uns daran, dass die Briten in den 70-er Jahren zugestimmt hatten, einem Markt beizutreten, keiner politischen Einheit.

Der Ehrgeiz der EU beinhaltete einen neuen obersten Gerichtshof, Eingriffe in unser Rechtssystem, Eingriffe in Grenzkontrollfragen und vieles mehr; kurz, Neuerungen, von denen wir keine Ahnung hatten, dass sie auf uns zukommen würden.

Die EU plant ebenfalls ihre eigene Europäische Armee, ein gefährliches Schwäche-Manöver für die Nordatlantik Organisation, NATO, den Haupt-Garanten der europäischen Sicherheit über die entscheidenden Jahrzehnte der Nachkriegszeit. Während der Wahl-Kampagne in unserem Land wurde dies von dem *Remain*-Lager vehement bestritten. Wenige Wochen nach dem Votum bestätigte sich auch dieser Verdacht als wahr.

Als uns also 2016 die Frage gestellt wurde „Ist es das, was Ihr wollt?" antwortete das Land mit „Nein, Danke." Wir waren nie zuvor gefragt worden.

Ich bin überzeugt, dass die EU nur dann überleben kann, wenn Europas Wähler dies aktiv zulassen und deshalb baldmöglichst ein eigenes allgemeines Votum einfordern sollten. Ich glaube, die „Ja" Seite würde gewinnen, und das ist gut so. Großbritannien aber ist kulturell unterschiedlich gestrickt und hat „Nein" gesagt. „Nein" aus einigen wenigen Gründen.

Für Großbritannien wollen wir: Gesetzgebung durch gewählte Vertreter, Gerichte, die an diese Gesetze gehalten sind und Kontrolle über unsere Grenzen. Das Thema Geld ist für uns (fast) nebensächlich.

Zu dem Thema Grenzen ist es wichtig, mit noch einem weitverbreiteten Vorurteil aufzuräumen. Der Wunsch, unsere Grenzen zu kontrollieren, war kein isolationistischer Impuls, wie es oft dargestellt wird.

Wir leben auf einer Insel und haben daher über viele Jahrhunderte eine tiefe Zuneigung zu sicheren Grenzen entwickelt, wie der europäische Kontinent sie selten gekannt hat. Als die Inkompetenz der EU diese Sicherheit bedrohte, fanden die Briten dies kein bisschen lustig.

Niemand allerdings hat vor, unsere Grenzen zu schließen. Dies wäre in der Tat idiotisch, unpraktisch und - vor allen Dingen - extrem unbritisch. Unsere Grenzen waren immer offen. Unter den Nationen, die sich weltweit die obersten Plätze für eine offene Gesellschaft erobert haben, muss Großbritannien sich wahrlich nicht verstecken. Von jeher haben wir Menschen willkommen geheißen, die sich in unseren Gemeinschaften entwickeln und blühen wollen. Wir sind eine Nation von Immigranten. Immigration war und ist eine feste Konstante in unserer Geschichte. Ein historischer Analphabet, wer sie uns heute absprechen will.

Ich glaube immer noch, das Brexit Votum war ein außergewöhnlich reifes, politisches Statement einer wachsamen Wählerschaft. Langfristig wird es ein Erfolg sein. Ich glaube auch für Europa. „Wie das denn?" höre ich Sie fragen. Ganz einfach:

Europa ging es an der Seite eines starken, unabhängigen Großbritannien immer gut. So wird es auch bleiben. Großbritannien wird sich als ein verlässlicher und starker Partner nicht entziehen.

Wenn die EU-Politiker den Mut hätten, ihre Länder zu fragen, ob sie ein Vereintes Europa wollen oder nicht, würde die Wählerschaft aller Wahrscheinlichkeit nach „Ja" sagen. So ist der Lauf der Geschichte. Jetzt präsentiert sich die Gelegenheit zu einer post-Brexit Befragung. Europas Bevölkerung würde, so meine ich, gerne freiwillig und aktiv entscheiden, anstelle durch die politische Hintertür beeinflusst werden.

Ich höre oft den Vorwurf, die Briten würden das Auseinanderbrechen von Europa verschulden. Auch dies ist eine sehr merkwürdige Sorge. Ich sehe in der Tat keine Gefahr für ein Auseinanderbrechen. Im Gegenteil, neue Mitgliedsstaaten werden eifrig angeworben. Großbritannien hat sich dagegen ausgesprochen, eine Region in einem föderalen Europa zu werden. Aber wir sprechen selbstverständlich nur für uns selbst. Wir könnten die EU nicht auseinander dividieren, selbst wenn wir dies wollten. Allein ein illegitimer Machtruck in Brüssel könnte dies schaffen.

Ein letzter und entscheidender Vorteil könnte also sein, dass Brexit das Establishment in Brüssel wachrüttelt, die Kultur parasitischer Macht bröckeln lässt und Platz macht für eine demokratische Regierung, die wirklich von den Menschen gewählt ist. Warum nicht?

Noch eine letzte Anmerkung: als Teil der medialen Propaganda gegen unsere Entscheidung wird häufig angeführt, der Ausgang sei sehr knapp gewesen. Wirklich?

In einer Demokratie, so wie wir sie verstehen, reichte eine einzige Stimme, um über Sieg oder Niederlage zu entscheiden. 52 % der Stimmen waren für Brexit und 48 % dagegen. In anderen Worten, 17.410.742 Wähler stimmten dafür, 16.141.241 dagegen. Hieraus ergab sich eine Mehrheit von 1.269.501 Stimmen für die Unabhängigkeit. Die Wahlbeteiligung war höher als bei jeder General Election seit dem Zweiten Weltkrieg. 52 % scheint vielleicht nicht viel zu sein. Aber man muss bis zur General Election von 1931 zurückgehen, um einen Ausgang zu finden, der der siegreichen Partei mehr als 52 % sicherte. Welcher Politiker der freien Welt würde sich nicht freuen, mit einer Mehrheit von über ein-einviertel Millionen Stimmen gewählt zu werden?

KPT, August 2018

Anhang

If (Rudyard Kipling, 1865 – 1936)

If you can keep your head when all about you
Are losing theirs and blaming it on you;
If you can trust yourself when all men doubt you,

But make allowance for their doubting too;
If you can wait and not be tired by waiting,
Or, being lied about, don't deal in lies,
Or, being hated, don't give way to hating,
And yet don't look too good, nor talk too wise;

If you can dream—and not make dreams your master;
If you can think—and not make thoughts your aim;
If you can meet with triumph and disaster
And treat those two impostors just the same;
If you can bear to hear the truth you've spoken
Twisted by knaves to make a trap for fools,
Or watch the things you gave your life to broken,
And stoop and build 'em up with wornout tools;

If you can make one heap of all your winnings
And risk it on one turn of pitch-and-toss,
And lose, and start again at your beginnings
And never breathe a word about your loss;
If you can force your heart and nerve and sinew
To serve your turn long after they are gone,
And so hold on when there is nothing in you
Except the Will which says to them: "Hold on";

If you can talk with crowds and keep your virtue,
Or walk with kings—nor lose the common touch;
If neither foes nor loving friends can hurt you;
If all men count with you, but none too much;
If you can fill the unforgiving minute
With sixty seconds' worth of distance run—
Yours is the Earth and everything that's in it,
And—which is more—you'll be a Man, my son!

Wenn (Rudyard Kipling "If" (deutsche Übersetzung von Anja Hauptmann)

Wenn du den Kopf behältst und alle anderen
verlieren ihn und sagen: Du bist schuld!
Wenn keiner dir mehr glaubt, nur du vertraust dir
und du erträgst ihr Misstrauen in Geduld

Und wenn du warten kannst und wirst nicht müde
und die dich hassen dennoch weiter liebst,
die dich belügen strafst du nicht mit Lüge
und dich trotz Weisheit nicht zu weise gibst

Wenn du dich nicht verlierst in deinen Träumen
und du nicht ziellos wirst in deinem Geist
wenn du Triumph und Niederlage hinnimmst,
beide Betrüger gleich willkommen heißt

Wenn du die Worte die du mal gesprochen
aus Narrenmäulern umgedreht vernimmst
und siehst dein Lebenswerk vor dir zerbrochen
und niederkniest, wenn du es neu beginnst

Setzt du deinen Gewinn auf eine Karte
und bist nicht traurig, wenn du ihn verlierst
und du beginnst noch einmal ganz von vorne
und sagst kein Wort was du dabei riskierst

Wenn du dein Herz bezwingst und alle Sinne
nur das zu tun was du von dir verlangst
auch wenn du glaubst es gibt nicht mehr da drinnen
außer dem Willen der dir sagt: Du kannst!

Wenn dich die Menge liebt und du noch du bleibst
wenn du den König und den Bettler ehrst
wenn dich nicht Feind noch Freund verletzen können

und du die Hilfe niemandem verwehrst

Wenn du in unverzeihlicher Minute
Sechzig Sekunden lang verzeihen kannst:
Dein ist die Welt - und alles was darin ist
Und was noch mehr ist - dann bist du ein Mensch!

In Flanders Fields

    In Flanders' fields the poppies blow
Between the crosses, row on row,
That mark our place: and in the sky
The larks, still bravely singing, fly
Scarce heard amid the guns below.
    We are the dead. Short days ago
We lived, felt dawn, saw sunset glow,
Loved and were loved, and now we lie
In Flanders' fields.
    Take up our quarrel with the foe;
To you from failing hands we throw
The torch; be yours to hold it high,
If ye break faith with us who die
We shall not sleep, though poppies grow
In Flanders' Fields.

Mohnblütengedicht

    Auf Flanderns Feldern blüht der Mohn
zwischen Reihen von Kreuzen,
wo unser letzter Ruheplatz ist; und am Himmel
fliegen immer noch die prächtig singenden Lerchen;
kaum hörte man ihren Gesang unten bei den Geschützen.

    Wir sind die Toten. Vor kurzem noch
lebten wir, nahmen die Morgendämmerung wahr;
liebten und wurden geliebt. Und jetzt liegen wir
auf Flanderns Feldern.

    Führt unseren Kampf mit dem Gegner fort!

    Euch werfen wir aus kraftlosen Händen
die Fackel zu; sie hoch zu tragen sei eure Pflicht.
Haltet ihr uns Toten nicht die Treue,
werden wir nicht ruhen, auch wenn der Mohn blüht
auf Flanderns Feldern.

The Roast Beef of Old England

When mighty Roast Beef was the Englishman's food,
It ennobled our brains and enriched our blood.
Our soldiers were brave and our courtiers were good
Oh! the Roast Beef of old England,
And old English Roast Beef!

But since we have learnt from all-vapouring France
To eat their ragouts as well as to dance,
We're fed up with nothing but vain complaisance
Oh! the Roast Beef of Old England,
And old English Roast Beef!

Our fathers of old were robust, stout, and strong,
And kept open house, with good cheer all day long, Which made
their plump tenants rejoice in this song—
Oh! The Roast Beef of old England,
And old English Roast Beef!

But now we are dwindled to, what shall I name?
A sneaking poor race, half-begotten and tame,
Who sully the honours that once shone in fame.
Oh! the Roast Beef of Old England,
And old English Roast Beef!

When good Queen Elizabeth sat on the throne,
Ere coffee, or tea, or such slip-slops were known,
The world was in terror if e'er she did frown.
Oh! The Roast Beef of old England,
And old English Roast Beef!

In those days, if Fleets did presume on the Main,
They seldom, or never, return'd back again,
As witness, the Vaunting Armada of Spain.
Oh! The Roast Beef of Old England,
And old English Roast Beef!

Oh then we had stomachs to eat and to fight
And when wrongs were cooking to do ourselves right.
But now we're a... I could, but goodnight!
Oh! the Roast Beef of Old England,
And old English Roast Beef!
(Henry Fielding)

Quellenangaben

Einleitung
Direkte Quellen:
Quelle 1: Statista, Anzahl der Besucher in Großbritannien, 2016
Quelle 2: Statista, Herkunftssprachen der Übersetzungen für den deutschen Buchmarkt, 2016
Quelle 3: Pearl S. Buck, Die Frauen des Hauses Wu, Fischer Verlag, 2. Auflage
Indirekte Quellen:
Loriots Gesammelte Sketche, DVD Kollektion

Pimm's – der britische Sommer kann kommen
Indirekte Quellen:
James Pimm: https://en.wikipedia.org, 17. Juli 2017
Pimms: https://www.anyoneforpimms.com, 17.Juli 2017; https://www.mixology.eu, 17. Juli 2017

A Cup of Tea – Erste Hilfe auf Britisch
Keine Quellen

Über manche Dinge spricht man nicht – die feine englische Art
Direkte Quellen:
Quelle 4: Bildmaterial vor Veröffentlichung entfernt
Indirekte Quellen:
Goodwood: https://www.goodwood.com, 8. August 2017
Duke of Richmond: www.dailymail.co.uk, 2.9.2017

Stiff Upper Lip – eine Ode an die Oberlippe
Direkte Quellen:
Quelle 5: http//www.erzählmirmehr.com/selbstbetrachtungen-mark-aurel, 3.11.2017
Quelle 6: https://www.telegraph.co.uk, 18.6.2015
Quelle 7: Edward Baines, History of the Wars of the French Revolution, from the Breaking Out of the War, in 1792, to the Restoration of a General Peace in 1815: Comprehending the Civil

History of Great Britain and France, During that Period, Longman, Hurst, Rees, Orme, and Brown, 1818. p. 468
Quelle 8: https://yesterday.uktv.co.uk, 5 Grisly facts about the battle of Waterloo, 10. August 2017
Quelle 9: Quelle: Edward Baines, History of the Wars of the French Revolution, from the Breaking Out of the War, in 1792, to the Restoration of a General Peace in 1815: Comprehending the Civil History of Great Britain and France, During that Period, Longman, Hurst, Rees, Orme, and Brown, 1818. p. 468 ff
Quelle 10: Notes and Queries, 3rd S. II, September 27, 1862, p. 249
Quelle 11: The life I lead, Mary Poppins, https://www.discogs.com/Richard-M-Sherman-Robert-B-Sherman, 5. Februar 2018
Quelle 12: https://www.poetryfoundation.org/poems/46473/if, 13. Dezember 2017
Quelle 13: https://www.abendzeitung-muenchen.de, 17.06.2014
Indirekte Quellen:
Henry Paget, 1. Marquess of Anglesey: https://de.wikipedia.org, 13. August 2017
The Battle of Waterloo: https://www.telegraph.co.uk, 18.6.2015
Captain Horace Seymour: www.historicalportraits.com/HoraceSeymour, 13. August 2017
Viktor Frankl, Ärztliche Seelsorge, 1946

Understatement – a way of life
Direkte Quellen:
Quelle 14: https://www.businessinsider.com.au/captain-announcement, 25.2.2013, Henry Blodget, Übersetzung Susanne Tansley
Quelle 15: https://asiancorrespondent.com/2010/04/plane-incident-in-volcanic, 17.4.2010 by Jo Lane, Übersetzung Susanne Tansley
Quelle 16: www.cinema.de, 25. November 2017
Quelle 17: https://www.youtube.com/watch?v=7IfsjYVWNaM, 22. Oktober 2017
Quelle 18: https://www.theguardian.com/uk, John

Ezard,14.4.2001
Quelle 19: https://www.theguardian.com/uk, John Ezard,14.4.2001
Quelle 20: https://www.directlinegroup.com/media/news, 23.3.2017
Quelle 21: Hommage to George Mikes, http://www.daimon.org/education/english/homage_to_george_mikes_an_international_english_writer.htm, 18. März 2018
Indirekte Quellen:
Britisch Airways Flug 9: https://de.wikipedia.org/wiki/British-Airways-Flug_9, 30. August 2017
Stanley Donen, Indiskret: https://de.wikipedia.org/wiki/Indiskret, 5. März 2018

Happy Hour – die Hüllen fallen
Keine Quellen

Deadpan Humour – ein Einstieg in den englischen Humor
Direkte Quellen:
Quelle 22: https://www.youtube.com/watch?v=4WU5fT7Q9uw, 28. März 2018
Quelle 23: https://www.theguardian.com/film/2015/jul/31/paper-towns-author
28. März 2018
Indirekte Quellen:
Speak like a Pro: https://www.marketingforowners.com/speak-like-pro-11-tips-make..., 27. March 2018

The Dinner Party – at home
Indirekte Quellen:
Debretts: https://www.debretts.com; Debrett's Correct Form, Headline Verlag, 22. März 2018
Loriot's Benimmschule: https://www.youtube.com, 17. Oktober 2017

Remembrance Sunday – der feierlichste Tag des Jahres
Direkte Quellen:
Quelle 24: http://www.bbc.co.uk/remembrance/how/silence, 3. Oktober 2017, Übersetzung S. Tansley
Quelle 25: www.greatwar.co.uk/poems/john-mccrae-in-flanders-fields.htm, 3. Oktober 2017, für deutsche Übersetzung: https://weltkrieg1914.wordpress.com, 9.2.2013
Quelle 26: BBC, Newsbeat, a spokesman of The Royal British Legion, 10.11.2017, Übersetzung: S. Tansley
Quelle 27: www.britishlegion.org.uk › Remembrance › Remembrance events, 2. March 2017
Indirekte Quellen:
"Remembrance, 19. November 2017; www.bbc.co.uk/newsround vom 6. Sunday", https://en.wikipedia.org11.2017; https://www.britishlegion.org.uk, 7. Oktober 2017; https://www.telegraph.co.uk vom 12.11.2017
Colonel John McCrae:
https://en.wikipedia.org/wiki/John_McCrae, 3. November 2017; www.poemhunter.com,› John McCrae › Bio, 3. November 2017; "The Story of the Poppy", https://www.britishlegion.org.uk, 1. September 2017
Who, What, Why: Which countries wear poppies, By Rema Rahman BBC News: www.bbc.co.uk/news/magazine vom 9.11.2011
"Moina Michael", https://en.wikipedia.org, 1. November 2017; https://www.alaforveterans.org/features/moina-michael, 1. November 2017
"Anna Guérin", https://poppyladymadameguerin.wordpress.com, 19. Februar 2018
Major George Howson: blog.gforces.co.uk/tag/major-george-howson, 7.11.2012
The Poppy Factory: https://www.poppyfactory.org, 23. November 2017
"Cenotaph", www.bbc.co.uk/remembrance/how/cenotaph, 25. Oktober 2018; https://en.wikipedia.org, 25. Oktober 2018
Silence in the Square Ceremony:
https://www.britishlegion.org.uk, 21. Januar 2018
Robert Laurence Binyon „For the Fallen":
www.greatwar.co.uk/poems/laurence-binyon-for-the-

fallen.htm, 7. März 2018
Royal Chelsea Hospital: www.chelsea-pensioners.co.uk, 7. März 2018

Schule – nicht immer „umsonst"?
Keine Quellen

Kreatives Schreiben – eine Schulstunde
Direkte Quellen:
Quelle 28: Buch und Buchhandel in Zahlen, Frankfurter Buchmesse 2016
https://www.buchmesse.de/...pdfs/2016/buchmarkt_deutschland_2016_dt.pdf_58507, 19. August 2017
Quelle 29: Statista, Statistikportal, 6. Oktober 2017
Quelle 30: Bildmaterial vor Veröffentlichung entfernt
Quelle 31: Quelle: Reichenhaller Tagblatt, Neue Passauer Presse, S.3, Christoph Arens, 1.8.2017
Quelle 32: Bildmaterial vor Veröffentlichung entfernt
Quelle 33: Bildmaterial vor Veröffentlichung entfernt
Quelle 34: YouGov UK, 15.2.2015, by Will Dahlgreen, https://yougov.co.uk/news/2015/02/15/bookish-britain-academic-jobs-are-most-desired/
Quelle 35: http://cdn.yougov.com/de-pdf/Traumberufe-der-Deutschen.pdf
Quelle 36: https://www.merkur.de/leben/karriere/tierpflegerin-profisportler-diesen-jobs-traeumen-deutschen-zr-7400130.html
Indirekte Quellen:
Letterland: www.letterland.com › Information, 26. März 2018
Dead Poets Society: Buch: N.H. Kleinbaum, 3. September 2006, Verlag Kingswell, Uk Edition, 1.September 2006, Gesamttext; Film: https://www.youtube.com/watch?v=oO_xEUb7NIk;

A Festival of Education – it's cool to be clever
Direkte Quellen:
Quelle 37: Duden, 16. März 2018
Quelle 38: Harper Lee, Wer die Nachtigall stört, Rowohlt Verlag, 4. Auflage, September 2017, S. 325 ff

Quelle 39: Grammar Schulen, deutsche Wikipedia, 22. März 2018
Quelle 40: Blair, Tony. A Journey: My Political Life. Random House. p. 579. ISBN 0-09-192555-X, Übersetzung S. Tansley
Quelle 41: Reichenhaller Tagblatt, Bayern, 6.3.2018, Seite 12
Quelle 42: Reichenhaller Tagblatt, Bayern, 5.3.2018, Seite 10
Quelle 43: Karrierebibel, Laterales Denken, 23. November 2017
Quelle 44: mündlich überliefert von Mr. Scirrow, aus zweiter Hand von unserem Sohn Justin, Juni 2006
Quelle 45: www.mundmische.de, 4. Oktober 2017
Quelle: 46:
https://www.wellingtoncollege.cn/.../congratulations-to-wellingto..., The Week Magazine, 6.9.2015;
Quelle 47: Wellington Festival of Education Programmes 2011,2012,2016
Indirekte Quellen:
Grammar Schools:
https://www.theguardian.com/education/2017/aug/01/labour-social-mobility-educational-goal-schools, Selina Todd, 1.8.2017;
http://www.bbc.com/news/education-34538222, by Hannah Richardson, 8.9.2016;
https://de.wikipedia.org/wiki/Grammar_School, 14. August 2017;
http://www.dailymail.co.uk/news/article-177432/Abolish-grammar-schools--NUT-chief.html, 21. November 2017;
http://www.educationengland.org.uk/history/chapter06.html, by Derek Gillard, 2011; 5. September 2017;
http://www.bbc.com/news/education-30483031, Sean Coughlan, 15.10.2015;
https://www.theguardian.com/education/2016/dec/06/english-schools-core-subject-test-results-international-oecd-pisa, by Richard Adams, Sally Weale, Helena Bengtsson and Severin Carrell, 6.12.2016
http://www.telegraph.co.uk/education/2016/08/26/gcse-results-2016-state-school-results/, by Josie Gurney-Read, 26. August 2016
Eduard de Bono: https://www.edwdebono.com, 2. März 2018; Teach your Child how to think by Edward de Bono, Viking Verlag

Anthony Seldon:
https://www.schoolhousemagazine.co.uk/education/anthony-seldon/, Anthony Seldon on the Future of Education, 25. August 2017
Festival of Education
https://www.wellingtoncollege.org.uk/leading-education/festival-of-education/, 21. März 2018

"What's the Dresscode?" – ein Plädoyer
Direkte Quellen:
Quelle 48: Debrett's,
https://www.debretts.com/expertise/etiquette/dress-codes, 4. August 2018
Quelle 49: https://www.goodreads.com/quotes/558084, 16. August 2017 "Imitation is the sincerest form of flattery that mediocrity can pay to greatness." Übersetzung S. Tansley
Quelle 50: Debrett's:
https://www.debretts.com/expertise/etiquette/dress-codes, 29.
Indirekte Quellen:
Debrett's: https://www.debretts.com/expertise/etiquette/dress-codes, 5. September 2017
Downton Abbey: alle Folgen

Der Gentleman und sein Club

Direkte Quellen:
Quelle 51: https://www.indy100.com/article/quiz-are-you-a-true-gentleman-according-to-country-life--Z1BoXqo8Og, 17. März 2018, Übersetzung Susanne Tansley
Quelle 52: http://www.countrylife.co.uk/luxury/gentleman/the-39-steps-to-being-a-gentleman-78780, 18.3.2017, Übersetzung Susanne Tansley
Indirekte Quellen:
Gentleman's Clubs:
http://www.sueddeutsche.de/panorama/london-frauen-no-please-1.2554589, 7.7.2017, by Alexander Menden, London
https://www.express.co.uk/news/weird/472103/Country-File-s-rules-to-be-a-gentleman-broken-down-by-those-in-the-know, by Dominic Midgley, Anna Pukas, 24.4.2014
https://www.telegraph.co.uk/women/life/murfield-golf-club-

now-allowing-women-7-still-dont/whites-club-st-jamesone-oldest-exclusive-clubs-london-whites/, 15.3.2017
https://theculturetrip.com/europe/united-kingdom/england/london, 6. August 2017
https://de.wikipedia.org/wiki/Gentlemen's_club, 6.August 2017
Athenaeum Club: www.athenaeumclub.co.uk, 28. März 2018
East India Club: www.eastindiaclub.co.uk, 28. März 2018
The Garrick Club: https://www.garrickclub.co.uk, 28. März 2018
White's Club: https://en.wikipedia.org/wiki/White's, 28. März 2018
The Carlton Club: https://www.carltonclub.co.uk, 17. Februar 2018
The Army and Navy Club: https://www.armynavyclub.org, 17. Februar 2018
The Travellers Club: www.thetravellersclub.org.uk, 17. Februar 2018
The Reform Club: https://www.reformclub.com, 17. Februar 2018
The Royal Automobile Club: https://www.royalautomobileclub.co.uk, 12. April 2014
Gentleman: www.modernbritishgent.com/tag/british-gentleman, August 2014
Bespoke Tailoring: www.modernbritishgent.com, Bespoke Tailoring, 29.9.2013
Saville Row: www.savilerowbespoke.com/members/member-houses, 13. August 2017;
https://sartorialsavillian.wordpress.com/2010/02/16/made-to-measure-vs-bespoke-vs-custom-made, 16.2.2010, by Savillian
Beau Brummel: https://www.britannica.com/.../Beau-Brummell-English-dandy, 3. März 2018;
https://en.wikipedia.org/wiki/Beau_Brummell, 3. März 2018
Gentleman and Manners: http://www.modernbritishgent.com/manners, 8. August 2017

https://www.independent.co.uk/extras/lifestyle/the-39-steps-to-becoming-a-modern-british-gentleman-have-been-revealed-by-

country-life-a6711811.html, by Jess Staufenberg, 28.10.2015

Die „Firma" – eine Monarchie „well done"
Direkte Quellen:
Quelle 53: http://www.quotez.net/german/england.htm, 19. März 2018
Quelle 54: www.historyplace.com/speeches/elizabeth.htm, 19. März 2018, Übersetzung S. Tansley
Quelle 55: https://www.royal.uk/queens-speech-lambeth-palace-15-february-2012, März 2018, Übersetzung S. Tansley
Quelle 56: peerage.org/genealogy/royal-prerogative.pdf, 19. November 2018
Quelle 57: http://researchbriefings.files.parliament.uk/documents/SN03861/SN03861.pdf, by Gail Bartlett and Michael Everett, 10. August 2017
Quelle 58: www.royalyachtbritannia.co.uk, 10. August 2017, Übersetzung Susanne Tansley
Quelle 59: https://yougov.co.uk/news/2011/04/28/royal-wedding-what-britain-public-opinion-thinks-/28.4.2011
Quelle 60: https://thecollectorsshopblackrock.wordpress.com/2014/06/08/rare-stamps-the-famous-mauritius-post-office-issues-of-1847/comment-page-1, 16. März 2018, Übersetzung S. Tansley
Quelle 61: http://www.rhymes.org.uk/remember_remember_the_5th_november.htm, 16. März 2018
Quelle 62: https://www.gutefrage.net/frage/englischer-text-suche-uebersetzung, 25. April 2018
Indirekte Quellen:
http://listabuzz.com/facts-about-british-monarchy/, 18. März 2018
https://www.nytimes.com/2017/02/06/world/europe/queen-elizabeth-uk-sapphire-jubilee.html, By CEYLAN YEGINSUFEB, 6. Februar, 2017

Defender of the Faith:
http://www.bbc.com/news/uk-england-18056322, 3. November

2017
The Royal Prerogative:
https://www.theguardian.com/politics/2003/oct/21/uk.freedom ofinformation, 25. November 2017
The Ceremony of the Keys:
http://changing-guard.com/ceremony-of-the-keys.html, 18. Februar 2018
Graham Smith, Republic: https://www.republic.org.uk, 18. März 2018
Oliver Cromwell:
https://www.britannica.com/biography/Oliver-Cromwell, 3. April 2018
Royal Philatelic Society:
http://www.atlasobscura.com/places/the-royal-philatelic-collection, 29. Dezember 2017
www.rpsl.org.uk/home, 22. März 2018
https://thecollectorsshopblackrock.wordpress.com/2014/06/08/rare-stamps-the-famous-mauritius-post-office-issues-of-1847/comment-page-1, 7. März 2018
Vermögen der Königin: http://fortune.com/2016/04/21/tqueen-elizabeth-birthday-net-worth, By Erik Sherman April 21, 2016
Gunpowder Plot:
https://de.wikipedia.org/wiki/Gunpowder_Plot
www.kalender-uhrzeit.de › Feiertage, 25. März 2018
diepresse.com/home/zeitgeschichte/4854611/Pulververschwoerung, von Hellin Sapinski, 05.11.2015
Guy Fawkes: https://en.wikipedia.org/wiki/Guy_Fawkes, 23. März 2018

Authority and Rules – und wann sie beachtet werden
Direkte Quellen:
Quelle 64: Reith, Charles (1956). A New Study of Police History. London: Oliver & Boyd. p. 140, Übersetzung S.Tansley, 23. Mai 2018
Quelle 65: BBC News, 29. Mai 2002
Quelle 66: http://www.dailymail.co.uk/news/article-4019322/Nicky-Morgan-dropped-Tory-meeting-swipe-995-PM-s-trousers.html, by Daniel Martin, 10.12.2016, Übersetzung S. Tansley
Quelle 67: Bildmaterial vor Veröffentlichung entfernt
Quelle 68: https://www.youtube.com/watch?v=KnhYJhu-vCc, 7. Juni 2018

Indirekte Quellen:
Policing by Consent: https://www.gov.uk/government/publications/policing-by-consent, 9. April 2018
Robert Peel: https://www.historic-uk.com/HistoryUK/HistoryofEngland/Sir-Robert-Peel, April 2018
Popular Professions: http://news.bbc.co.uk/1/hi/uk/2014128.stm, 29.5.2002

"Come over for Sunday Lunch" – ein Sonntag bei Freunden
Direkte Quellen:
Quelle 69: Bildmaterial vor Veröffentlichung entfernt
Quelle 70: Tate Britain Katalog, 16. November 2017
Quelle 71: Bildmaterial vor Veröffentlichung entfernt
Quelle 72: www.cookuk.co.uk/meat/beef/yorkshire-pudding.htm, 13. April 2018
Indirekte Quellen:
William Kitchiner: https://en.wikipedia.org/wiki/William_Kitchiner, Mai 2018; martinwguy.co.uk/martin/books/Oracle, 2. April 2018
The Spruce, Elaine Lemm, A Brief History of the Great British Sunday Roast, https://www.thespruceeats.com/history-of-the-british-sunday-roast..., 2. April 2018
https://www.thespruceeats.com/history-of-the-yorkshire-pudding-435209, 2. April 2018
Henry Fielding:
https://en.wikipedia.org/wiki/The Roast Beef of Old England, 29. März 2018
Charades: https://en.wikipedia.org/wiki/Charades, 17. September 2018
Makepeace Thackeray: gutenberg.spiegel.de/autor/william-makepeace-thackeray-590, 25. Mai 2018

The Pub Quiz – eine englische Institution
Direkte Quellen:
Quelle 73: The University Challenge Quiz Book, https://books.google.de/books?isbn=1446417662, March 2018
Quelle 74: The Daily Telegraph, Brian Viner, 22. September 2012
Indirekte Quellen:
The University Challenge Quiz Book, BBC Books, 2010

The Mammoth Quiz Book, by Nick Holt
https://www.spectator.co.uk, Markus Berkman, 7. Januar 2017
http://www.telegraph.co.uk/lifestyle/9696424/Great-British-Institutions-The-pub-quiz.html, 23. Januar 2018

The Last Night of the Proms – ein patriotischer Sommerabend
Direkte Quellen:
Quelle 75: Royal Albert Hall Website, 6. Juni 2018, Übersetzung S. Tansley
Quelle 76:
https://de.wikipedia.org/wiki/And_did_those_feet_in_ancient_time, 3. August 2017
Indirekte Quellen:
https://de.wikipedia.org/wiki/Proms, 18. November 2017
https://en.wikipedia.org/wiki/Fantasia_on_British_Sea_Songs, 18. November 2017
Henry Wood: https://en.wikipedia.org/wiki/Henry_Wood, 2. August 2017
https://de.wikipedia.org/wiki/Rule,_Britannia!, 2. August 2017http://www.independent.co.uk/life-style/food-and-drink/features/q-what-is-one-of-britain-s-fast-growing-pastimes-a-the-pub-quizzes-that-are-seeing-big-screens-8507761.html, 19. Oktober 2017https://www.royalalberthall.com/tickets/proms/proms-2017/day-"Promming", 22. November 2017

https://www.royalalberthall.com/about-the-hall/news/2017/june/what-is-"Promming"-become-pro-prommer-this-bbc-proms-season, 1. August 2017
https://www.royalalberthall.com/about-the-hall/news/2016/march/happy-birthday-jerusalem-englands-unofficial-national-anthem-turns-100/, 1. August 2017
https://www.theguardian.com/music/2016/sep/07/last-night-of-the-proms-nicholas-kenyon-brexit, 1. August 2017
https://www.royalalberthall.com, 1. August 2017;
https://www.londonpass.de/london-attractions/royal-albert-hall.html, 1. August 2017

"The English are best" – und was ist mit dem Rest?
Direkte Quellen:
Quelle 77: https://www.britannica.com/topic/dominion-British-Commonwealth, 14. Oktober 2018
Quelle 78: https://www.definitions.net/definition/nation of shopkeepers, 10. Februar 2018
Quelle 79: www.erlaim.eu, 31. August 2017
Quelle 80: www.traditionalmusic.co.uk/folk-song-lyrics/English.htm, 20. September 2017
Quelle 81: https://www.theguardian.com/notesandqueries/query, 24. November 2017
Quelle 82: Flanders and Swann, "The English are best"https://www.youtube.com/watch?v=1vh-wEXvdW8, 26. Oktober 2017
Indirekte Quellen:
The Commonwealth: thecommonwealth.org, September 2017, www.commonwealthofnations.org, 1. März 2018
Adam Smith, Wealth of Nations: https://www.britannica.com/biography/Adam-Smith, 9. Februar 2018

Nachgesang – der Lieblingsengländer meldet sich zu Wort
Keine Quellen

Brexit – warum die ganze Aufregung?
Keine Quellen

Über die Autorin

Susanne M.F. Tansley, geboren 1963 in Bad Reichenhall, Bayern, studierte Sprachen und Wirtschaft in München. Während ihrer internationalen Karriere als Vizepräsidentin einer amerikanischen Depotbank war sie in München, Boston und London tätig. 2009 wechselte sie ins Education Management an einer englischen Gesamtschule. Heute ist sie freiberuflich tätig. Nach insgesamt 30 Jahren Exil, davon 20 in ihrer Zweitheimat London, kehrte sie vor fünf Jahren nach Bayern zurück und lebt hier mit dem periodisch einfliegenden Lieblingsengländer, zwei Söhnen, zwei Katzen und einem irischen Setter. „Als internationaler Migrant endet man irgendwo im Niemandsland, ist weder hier noch dort ganz zuhause, aber ich würde den Weg jederzeit wieder so gehen", so Tansley. „Man sammelt interessante Menschen, die einem die _eine_ Heimat ersetzen." Schreiben wollte sie immer schon und erfüllt sich nun diesen Traum. In dritter Karriere, sozusagen, mit Blick auf die bayerischen Berge. „Für meine Eltern, die immer der Meinung waren, ich hätte auch das Schreiben zum Beruf machen können." Das nächste Buch ist in Planung. Ein Briefwechsel – Nightletters – erzählt erschreckend authentisch von der dunkelsten Zeit im Leben zweier Frauen.

Printed in Poland
by Amazon Fulfillment
Poland Sp. z o.o., Wrocław